Bernd Müllender

# Belgien
Ein Länderporträt

Bernd Müllender

# Belgien

## Ein Länderporträt

Ch. Links Verlag, Berlin

Auch als e book erhältlich

Die Deutsche Nationalbibliothek verzeichnet
diese Publikation in der Deutschen Nationalbibliografie;
detaillierte bibliografische Daten sind im Internet über
www.dnb.de abrufbar.

1. Auflage, September 2017

Schönhauser Allee 36, 10435 Berlin, Tel.: (030) 44 02 32-0
www.christoph-links-verlag.de; mail@christoph-links-verlag.de
Umschlagentwurf und Innengestaltung: Stephanie Raubach, Berlin
Karte: Peter Palm, Berlin
Satz: Eugen Lempp, Ch. Links Verlag
Lektorat: Günther Wessel, Berlin
Druck und Bindung: Druckerei F. Pustet, Regensburg

ISBN 978-3-86153-969-8

# Inhalt

# Vorwort – Land zu verkaufen

Über Belgien und über die Belgier weiß man hierzulande erstaunlich wenig. Unser Nachbarland wird kaum als eigenständiger Staat wahrgenommen, nur als Durchfahrtsland statt Urlaubsland, als Sitz der EU, als Dorado des Sprachenstreits, als Doppelappendix von Holland im Norden und Frankreich im Süden, mit dem EU-Moloch Brüssel dazwischen. Ein Patchworkland. Ein Flickenteppich-Staatsgebilde, das irritierenderweise auch noch ein urinierendes Kind zum Landessymbol erhebt (Manneken Pis). Das seine Fußballnationalmannschaft gemeinschaftlich auf Englisch anfeuert (»Belgium, Belgium«). Ach ja: Viele Fritten und einen König haben sie auch.

Belgien, hat Harald Schmidt einmal verraten, sei sein »heimliches Lieblingsland«. Das mag damit zu tun gehabt haben, dass Schmidt einige Jahre nahe Eupen wohnte, wo die Steuern für Künstler lange so unheimlich lieblich niedrig waren (pauschal 15 Prozent) und alle freundlicherweise auch noch Deutsch sprechen. Aber, so darf man unterstellen, haben Schmidt auch andere Dinge gefallen: Skurrilitäten, Absonderlichkeiten und ungewohnt Seltsames; lauter Dinge, die das Herz eines Kabarettisten, Lästermauls und Satirikers höher schlagen lassen.

Das Image des Unbekannten hat auch damit zu tun, heißt es immer wieder, dass sich das Land nicht recht verkaufen kann. Das stimmt auch, und zwar aus typisch belgischem Prinzip: Flamen und Wallonen achten seit jeher eifersüchtig und sorgsam darauf, dass ihr Landesteil mindestens so gut wegkommt wie der andere, bis man zu einem faulen Kompromiss kommt, der vielleicht keinem richtig nutzt, aber alle gleich gut dastehen lässt (vor allem die anderen nicht besser).

Was aber, wenn das ganze Land sich verkaufen würde? Also im Wortsinne, als große Immobilie:

*Land zu verkaufen: Belgien*
Grundfläche: 30 528 km². Grundriss: gekipptes Viereck mit eleganten Rundungen und Einbuchtungen, einer Blumenblüte nicht unähnlich. Baujahr 1830. Zentrale Bestlage mit attraktivem Umland in Mitteleuropa, umgeben von sehr unterschiedlichen Kulturen und heutzutage friedliebenden Nachbarn. Teilweise modern neu bebaut (Klinker bevorzugt), neben liebevoll erhaltener alter Bausubstanz vieler Epochen, die von Vorbesitzern aus ganz Europa künden (Römer, Franken, Burgund, Habsburg, Spanien, Niederlande). Aggressive widerrechtliche Landbesetzer (Preußen, Deutschland) wurden immer kurzfristig nach wenigen Jahren geräumt. Grundbuchgarantien: Vereinte Nationen.

Mittelpunkt des Kaufobjektes ist die Hauptstadt Brüssel, ein bunter Schmelztiegel europäischer Geschichte, multilinguales Epizentrum der Gegenwart mit der weltweit größten Zahl an Diplomaten samt Entourage. Hier ist auch ein schlagkräftiger Sicherheitsdienst (Nato) zuhause, dazu eine leibhaftige Königsfamilie (bestehenslanges Wohnrecht), die für repräsentative Anlässe gebucht werden kann.

Kaum anderthalb Autostunden rund um Brüssel sind Landschaften und Städte eingebettet in einer Dichte und Vielseitigkeit wie kaum sonst wo auf der Welt auf so engem Raum: breite Strände des Nordatlantik aus feinem Sand (»Sahara Belgiens«), Wintersportgebiete für Alpin- und Langlaufski, mittelalterliche Siedlungen zu Dutzenden, einsame und zerklüftete Gebirgszüge mit romantisch tief eingeschnittenen Tälern, bewacht von Burgen und Schlössern, die an Zahl und Pracht ihresgleichen suchen. Alter und neuer Baumbestand, mannigfaltige Sport- und Kulturangebote aller Art indoor wie outdoor. Vielfach hochwertig-liebevolle Sanierung der Stadtkerne mit denkmalgeschützten Fassaden und prachtvollen Plätzen. An vielen Stadtrandgebieten sind indes Renovierungsarbeiten anzuraten. Landesweit prägen Gemeinschaftsgärten und -parks das Weichbild, in den Besiedlungen zahllose Abstellflächen (Hinterhöfe, Mikrogärten, Schuppen).

Es besteht ungehinderter Zugang zur Nordsee. Dort beste Infrastruktur mit drei großen Seehäfen (Antwerpen, Zeebrügge, Ostende), an Land jeweils viele tausend, exklusiv rund um die Uhr beleuchtete Kilometer Autobahn (teils renovierungsbedürftig) und 3592 Kilometer Schienenwege, dazu fünf internationale Flughäfen. Nötig scheint allerdings, besser kurz- als mittelfristig, ein Umbau des veralteten Energiesektors: derzeit versucht das Land noch weltexklusiv, mit eingeschränkter Sicherheitskultur strahlendem Schrott Strom abzuringen (AKWs Tihange und Doel). Daher derzeit Klassifizierung Energieeffizienzklasse: ungesichert. Eine weitreichende Finanzierung über EU-Mittel ist möglich.

Besonders hervorzuheben ist eine gehobene bis luxuriöse Ausstattung an Kultur. Zum Beispiel in der Musik – sowohl aktuell durch alle Genres (Plastic Bertrand, Stromae, Helmut Lotti) als auch historisch: von Orlando di Lasso als Renaissance-Komponist bis zum Chansonnier Jacques Brel und Jazzgrößen wie Django Reinhardt. Die Maler Bruegel, Rubens, Magritte haben Weltruhm, ebenso der Kriminalschriftsteller George Simenon. Kinderzimmer sind comicgeschmückt mit Motiven aus Tim und Struppi, den Schlümpfen, Lucky Luke und den Daltons – alle stammen aus Belgien.

Die Küchenausstattung erlaubt eine kulinarische Bandbreite sondergleichen. Bewohner dieser kompakten Top-Immobilie haben sich verdient gemacht um die Erfindung von Pommes Frites, die Entwicklung von Pralinen und Waffeln, sie hat weltweit die größte Biervielfalt (Kühnheiten wie Kirschbier eingeschlossen) und in ihrem flämischen Landesteil die höchste Dichte an Sternerestaurants. Gourmets sagen, die beste französische Küche gebe es in – eben. In Belgien wurde die Abseitsfalle im Fußball erfunden, der Body Mass Index, das Saxophon, der Impfstoff gegen Keuchhusten, Technomusik und vieles mehr. Zehn Mal bekamen seine Einwohner einen Nobelpreis, 17 Unesco-Kulturdenkmäler (materiell und immateriell) sind integraler Teil des Verkaufsobjektes.

Cineasten sehen sogar Anzeichen, dass hier einst die ganze Welt erschaffen worden ist. Im Kinofilm »Das brandneue Testament« aus dem Jahr 2015 von und mit Benoît Poelvoorde heißt es: »Gott existiert. Er wohnt in Brüssel.« Demnach wäre Belgien sogar so etwas wie der Himmel auf Erden.

Besichtigungen dieser dreisprachigen EU im Kleinen möglich zu jeder Tages- und Nachtzeit ohne Voranmeldung (Schengen). Die adelsgeführte Staatsimmobilie ist bezugsfrei nach Absprache. Preis: VB. Courage: ja. Courtage: keine.

So ein tolles Land möchte man sich doch mal angucken und näher kennen lernen, oder? Wäre es nicht sogar fantastisch, dort zu wohnen, zumindest wochen- oder jahresweise? Der Brüsseler Schriftsteller Geert van Istendael sagt mit Blick auf das mächtige und zuletzt zunehmend wacklige Gebilde Europäische Union: »Europa muss belgisch werden, oder es wird untergehen.« Da staunt man doch.

Von außen aber hacken alle gern auf Belgien herum: Königreich Absurdien, Chaosland, Anarchistan Mitteleuropas, ein Gebilde voller Merkwürdigkeiten. Die Hamburger *Zeit* schrieb Belgien einmal »Gefummel als Größe« zu. Immerhin: Größe.

Ich lebe und arbeite seit Anfang der 1980er Jahre in Aachen, also direkt nebenan. Da hat man unzählige Kontakte nach Belgien, auch zu Leuten, die abenteuerlustig dorthin gezogen sind. Mich hat es bei Ausflügen seltener ins aufgeräumte, durchstrukturierte Holland gezogen, sondern viel lieber in dieses Königreich Großfrittannien – ob wandernd in den Ardennen, radelnd durchs Eupener Butterländchen, zur Sonnenfinsternis an meinem Geburtstag im August 1999 an die französische Grenze (hier klappte das Spektakel zu 100 Prozent, während Deutschland nebenan fast ganz unter Wolken blieb), auf Strandurlaub an der Küste. Dazu beruflich auf Recherche für die *Zeit*, den ehemaligen *Rheinischen Merkur* oder die Berliner *taz*: in Mons (Europas Kulturhauptstadt 2015) oder in einer der vielen bezaubernden Städte wie Antwerpen, Gent oder Brügge, Namur, nach Lüttich, Spa und Brüssel sowieso.

Immer wieder wohne ich auch in Belgien: Wir haben seit Jahren einen Wohnwagen in Sippenaeken kaum zehn Kilometer hinter der Grenze. Unter Campern lernt man Belgien von sehr weit unten kennen. Tres anders, heel maal anders, dieses Königreich Belgien, Koninkrijk België, Royaume de Belgique? Ja.

Bernd Müllender — Aachen, im Sommer 2017

## Von 11 Millionen auf 0 – Countdown in Zahlen und Statistiken

**11 322 088:** Einwohnerzahl zum 1. 1. 2017 laut belgischem Bevölkerungsregister, davon etwa 5,56 Millionen Männer und 5,76 Millionen Frauen.

**360 000:** Euro. Höchster Preis, der weltweit jemals für eine Taube gezahlt wurde: Ihr Name: Golden Prince. Ihre Spezialität: »Internationale Weitstreckenflüge«. Sie ging im März 2017 von einem Züchter in Wevelgem in Westflandern nach Südafrika. Ob sie sich selbst ans Kap zustellte, ist unbekannt.

**217 581:** Gemischtbevölkerte Ehen aus Wallonen und Flamen (höchstprivate Schätzung des Autors).

**39 523:** Anzahl der mit erstem Wohnsitz gemeldeten Deutschen in Belgien (2016). Zum Vergleich: Einwohner der Deutschsprachigen Gemeinschaft: 76 700.

**30 528:** Größe des Landes in Quadratkilometern.

**5244:** Anzahl der Personen in Brüssel mit Diplomatenstatus. Weltrekord!

**1830:** Revolution. Das Jahr, in dem alles anfing.

**1500 – 1700:** Regenmenge in Litern pro Jahr und Quadratmeter im Hohen Venn. Doppelt so viel wie sonst im ohnehin recht nassen Belgien.

**1190,5:** der schwerste Kürbis der Welt in Kilogramm (2016, gezüchtet von Mathias Willemijns).

**694:** Signal de Botrange, der höchste Berg in Metern (im Hohen Venn zwischen Eupen und Malmedy). Von hier lässt es sich gut auf die pannekoekenflachen Niederlande gucken, die an Erhebungen ja höchstens Dünen kennen? Nein: Der höchste Berg der Niederlande reckt sich ganz in der Nähe auf 322,7 Meter (Vaalserberg bei Aachen). Und wenn man es ganz genau nimmt, müssen die Belgier sogar viel höher gucken – bis zum Mount Scenery auf der karibischen Insel Saba. Mit der Auflösung der Niederländischen Antillen im Oktober 2010 wurde Saba als »Besondere Gemeinde« in das Königreich der Niederlande eingegliedert. Damit ist der Vulkan de hoogste punt van Nederland: 877 Meter. Armes Flachland Belgien.

**665:** Höchstgelegene Gemeinde in Metern: Mürringen, Teil von Büllingen im deutschsprachigen Kanton St. Vith, gleichzeitig östlichste Gemeinde Belgiens.

**589:** Anzahl der Kommunen.

**541:** Anzahl der Tage ohne Regierung (2010 / 11). Weltrekord!

**448:** Filialen Aldi Nord, siehe auch 0.

**350 – 400:** Anzahl der Stände auf dem größten Antiquitätenmarkt Belgiens in Tongeren, der ältesten Stadt des Landes. Immer sonntags ab 6 Uhr.

**320:** Anzahl der registrierten Chocolatiers.

**181,7:** Durchschnittliche Körpergröße (in Zentimetern) belgischer Männer, die 1996 geboren wurden. Das ist weltweit Platz 2 hinter den Niederlanden (182,5). Flamen vermuten, ohne mitgemessene (kleinere) Wallonen wäre sie on top. Belgische und niederländische Frauen belegen keine Spitzenplätze.

**141:** World Ranking des Landes an Größe in Quadratkilometern.

**102:** Höhe in Metern des Atomiums in Brüssel. Mit Abstand größtes Atom auf Erden.

**99,9:** Regentage im Jahr (Deutschland: 96).

**98,7:** Prozent der Christen in Belgien sind Katholiken. Von allen Einwohnern sind 75 Prozent römisch-katholisch, 1 Prozent Protestanten, 8 Prozent Muslime, 16 Prozent ohne Konfession (Deutschland: 34 Prozent).

**84:** Prozent aller Diamanten weltweit werden in Antwerpen gehandelt. 2015 kamen 227 Millionen Karat zusammen.

**81,4:** Lebenserwartung in Jahren (Männer 78,8; Frauen 83,9). Damit leicht vor Deutschland (81,2). EU-Spitzenreiter: Spanien, 83,3.

**66,5:** Küstenlänge in Kilometern.

**65:** Verkehrstote pro Jahr auf eine Million Einwohner. Das ist sehr weit vorn in der EU. Deutschland kommt auf 42 pro Jahr.

**50 : 50:** Bücherquote. Nach dem streitbedingten Bau einer zweiten Hochschule von Löwen (Leuven) direkt hinter der Grenze in der Wallonie (Louvain-la-Neuve) wurden die teils Jahrhunderte alten Bestände der alten flämischen Universitätsbibliothek, 1,3 Millionen Bände, fifty-fifty aufgeteilt: Die mit den ungeraden Nummern blieben, die geraden Nummern gingen. Dann konnte man tauschen.

**39,3:** Prozentzahl der Frauen im nationalen Parlament. Das ist der höchste europäische Wert südlich von Skandinavien.

**32:** Telefonvorwahl, genauer 0032.

**21.:** Juli. Nationalfeiertag. Der Tag an dem der erste König, Leopold I., 1831 gekrönt wurde.

**17:** Platzierung Belgiens im Weltglücksbericht (Deutschland 16). Weltkulturerbestätten oder -brauchtümer laut Unesco: Von den flämischen Beginenhöfen über die alten Schiffshebewerke im Hennegau, vier wallonische Bergbaustätten wie Grand-Hornu bei Mons, die Karnevale von Aalst und Binche, die Krabbenfischer zu Pferd von Oostduinkerke bis zu den Drachen bei Prozessionen – und seit Ende 2016 die belgische Bierkultur. Deutschland kommt auf 62. Somit hat Belgien pro Einwohner doppelt so viele, gemessen an der Landesgröße sogar das 3,2-Fache. Dazu kommt noch das Papierarchiv Mundaneum in Mons aus dem Jahr 1895, das seit Mai 2014 als Unesco-Dokumentenerbe zum »Gedächtnis der Menschheit« zählt. Es umfasst unzählige Dokumente aus allen Wissensgebieten und Epochen, *Le Monde* gab ihm den Titel »Google in Papierform«.

**13:** Parteien im Föderalparlament (Legislaturperiode 2014 / 19). Platzierung laut WHO im weltweiten Wirtschaftsleben – sowohl bei Export wie Import.

**12:** Prozent ist das Leben in Belgien teurer als in Deutschland.

**11:** Zahl der Grand-Slam-Siege im Tennis (vier von Kim Clijsters, sieben von Justine Henin).

Zahl der Universitäten (6 flämische, 4 wallonische, 1 in der Deutschsprachigen Gemeinschaft). Dazu viele Hochschulen, Kunsthochschulen, theologische Fakultäten und das Europakolleg in Brügge.
Die weltweite Platzierung im Ranking Anteil der Stadtbevölkerung (97,9 Prozent; als Städte gelten Orte mit mehr als 5000 Einwohnern). Ein enorm hoher Wert, abgesehen von Stadtstaaten wie Monaco oder Gibraltar (100 Prozent), der mit Abstand höchste in Europa (Deutschland: Platz 65 mit 75,3 Prozent). Es gibt in Belgien also sehr wenige Dörfer. Sie haben zusammen nicht mal 250 000 Einwohner. Das lässt sich unterwegs spüren: mit weiten leeren Landschaften zum Genießen.

**10:** Provinzen – sehr paritätisch: 5 flämische, 5 wallonische. Nobelpreise – 4 Frieden, 1 Literatur, 1 Physik, 1 Chemie, 3 Medizin.

**9,5:** Prozent verdienen Frauen weniger als Männer (Deutschland: 13,4; Bestwert in Europa: Luxemburg mit 8).

**8:** sam mit der 8 muss man sein, der wichtigsten Kugel beim Lochbillard. In Belgien werden 80 Prozent der Billardkugeln weltweit hergestellt.

**7:** Städte über 100 000 Einwohner. Neben Brüssel (1,19 Millionen) und Antwerpen (517 000) sind dies: Gent, Charleroi, Lüttich, Brügge und Namur.
Philippe (seit 2013) ist König Numero 7.

**6:** Schokoladenkonsum in Kilogramm pro Einwohner pro Jahr. Das ist Weltrekord vor der Schweiz mit 5,7 (Deutschland 4,3). Damit isst jeder Belgier statistisch jeden Monat etwa zehn Tafeln Schokolade.

**5:** Ranking weltweit bei der Zahl der Suizide (Deutschland: Platz 22),
Ranking in der Nutzung von Atomenergie zur Stromerzeugung (ca. 40 Prozent),
Zahl der Nachbarländer bis 1919. Da existierte noch der Zwergstaat Neutral-Moresnet im Grenzgebiet bei Aachen und bildete

auf dem Vaalserberg (siehe 694) mit den Niederlanden, Belgien und Preußen ein:

**4:** -Ländereck.
Zahl der Nachbarländer heute (Frankreich, Niederlande, Deutschland, Luxemburg).

**3:** Schlachtschiffe,
offizielle Landessprachen,
Farben auf der Staatsflagge (schwarz-gelb-rot, nicht schwarz-rot-gelb; dazu quergestreift).

**2:** Anzahl der 3-Sterne-Restaurants.
Anzahl Belgier im Weltall (Dirk Frimout, Frank de Winne).
Anzahl der Autobahnringe um Brüssel. Wegen Dauerverstopfung wollen viele mindestens weitere 2 dazu. Alternative: weniger Autos.

**1:** Königshaus (König z. Z. Philippe), ehemaliger IOC-Präsident (Jacques Rogge), angebliches uneheliches Kind des Exkönigs Albert II., belgische Südpolstation, deutschsprachige Tageszeitung (*Grenzecho,* Eupen), häufigster Nachname (Peeters), häufigster Vorname weiblich (Emma), männlich (Noah), in Brüssel (Mohamed in allen Schreibweisen), einmaliger Radler (Eddy Merckx), einmaliger gelegenheitsgedopter Radler (Eddy Merckx), Position der Fifa-Weltrangliste (2015/16 monatelang), olympische Winter-Goldmedaille (1948, Eiskunstlauf Paar), Sieg bei European Song Contest (1986, Sandra Kim; dazu weitere 23 Top-ten-Platzierungen), Geschlecht ausreichend für eine Ehe (für Homosexuelle seit 2003 möglich, seit 2006 uneingeschränktes Adoptionsrecht).

**0:** Siege in der Champions League, große Fußballtitel Nationalelf, Rudi Völler, Filialen Aldi Süd, Moleküliums, Kolonien mehr, Höhe von Ostender Normalnull in Metern und Zentimetern, wallonische Küste in Kilometern. Weitere Ideen des Autors.

## Deftigkeit im Dasein – auf der Suche nach belgischer Identität

Absurdistan und Chaosstaat oder ein Vorbild für Europa? Auf der Suche nach der Identität eines angeblich so zerrissenen Landes – abgewogen vom Eupener Schriftsteller Freddy Derwahl bei Rotwein und den womöglich besten Pommes Frites des Planeten

*»Also, Belgien ist eine wunderschöne Stadt und ein herrlicher Ort – großartige Gebäude.«*
(Gebäudebauer Donald Trump, zur Zeit US-Präsident)

Freddy Derwahl stellt gleich mal klar: »Ich bin leidenschaftlicher Belgier mit Haut und Haar.« Derwahl, Jahrgang 1946, Romanschriftsteller, Essayist und Journalist, soll Auskunft geben, wie Belgien tickt und abschätzen, was andere gesagt haben. Wir sitzen im Wohnzimmer seines alten Bauernhauses am Stadtrand von Eupen, ein Glas Rotwein in der Hand. Bis unter die dicken Deckenbalken ist das Zimmer voll mit Büchern, vielfach historische, wie es sich für einen Schriftsteller gehört, der Romane und Erzählungen geschrieben hat, die in verschiedenen Epochen seines Landes spielen.

Herr Derwahl, was ist so toll an Belgien? Die Antwort kommt sofort: »Das Bukolische, das Leichte, Lebensart und Lebensstil, mit dieser großen Deftigkeit im Dasein: Freiheit, Lebendigkeit, Revolution.«

Fragt man Deutsche, was ihnen zu Belgien einfällt, kommt nichts von Deftigkeit und Revolution, sondern meist die üblichen Klischees: Fritten, Bier, Schokolade und die Sache mit den Flamen und Wallonen, Sprachenstreit genannt. Belgien ist irgendwie anders, sagen viele. Anders als? Als viele andere. Und wie genau anders? Tja, also … Weil Belgien so unüblich frei ist von Nationalstolz, arm an gemeinsamen Symbolen und Folklore, an Mythen und Helden der Vergangenheit, bedient es schnell Vorurteile wie: gesichtslos, ohne Spezifika, irgendwie seltsam. Anders halt.

Belgien ist ohne Zweifel in vielerlei Hinsicht hochkompliziert: sprachlich, historisch, kulturell. Und so gibt es zahllose kluge Thesen und auch bunt-schrille Texte, vor allem aus Belgien selbst, wie das Land funktioniert, was an ihm so besonders ist. Die Erklärungen sind oft so komplex wie auch widersprüchlich: Sie lobpreisen, argumentieren, vergleichen, verspotten, auch mit saftiger Selbstironie. Freddy Derwahl soll an diesem Abend einordnen, abschätzen, zustimmen, ergänzen oder dagegen argumentieren.

Beginnen wir an der Grenze: Alice Smeets, junge Starfotografin aus Eupen, sagte einmal, an Belgien liebe sie die Nähe zu anderen Sprachen und Kulturen. »Diese Mischung aus deutscher Wesensart und die Herzlichkeit wallonischer Kultur, zielstrebig sein und immer gelassen.« Es gebe im belgischen Grenzgebiet »viel Wärme im Miteinander«, an der deutschen Grenze merke man es sofort, dass die Menschen etwas kälter würden. Derwahl nickt: »Sehr gut beobachtet. Als ich in den 1960er Jahren mit dem Bus aus Eupen immer zur Arbeit nach Aachen gefahren bin, standen die Deutschen an den Haltestellen brav in Reih und Glied, in ihren uniformen grauen Mänteln. So anders, so genormt, so gewollt und prätentiös.« Auch die deutschen Zöllner seien immer »so korrekt und obrigkeitsfixiert gewesen«. Zur Sicherheit will sich Derwahl wie alle anderen hier klar abgrenzen: »Niemand darf sagen, die Menschen in der Deutschsprachigen Gemeinschaft sind deutsch. Wir bleiben in heiterer Weltstimmung deutschsprachige Belgier und genießen das.« Und er fügt hinzu, alle seine Kinder sprächen vier Sprachen. »Als einigermaßen sprachgewandter Belgier galt und gilt man in Aachen schon als polyglotter Exot.« Er sagt das mit unüberhörbarem Stolz.

Die einen nennen Belgien spießig, muffig, dumpf, hinterwäldlerisch, manchmal schmuddelig, vielleicht sogar korrupt, ein ganzes Land als Sinnbild für tiefste Provinz, zusammengepuzzelt aus Widersprüchen. Andere lieben Belgien genau wegen solch unperfekten Charmes. Nichts funktioniert, aber das richtig. Und wenn man mal wieder etwas nicht versteht, sagt man: Tja, ist halt dieses belgische Absurdistan. Finales Argument: Das Land verstehen ja nicht mal die Belgier selbst. Und schon ist man als Außenstehender aus dem Schneider und braucht sich nicht um nähere Erklärung bemühen.

Freddy Derwahl ist unwohl bei solchen Zuschreibungen. Er überlegt einen Moment und schüttelt den Kopf, während hinten im Hof ein paar Hühner gackern und im Gehöft gegenüber einer der vier Esel iat. Nein, das Land sei »zwangsläufig kompliziert, aber deswegen sind wir Belgier nicht verrückt oder Chaoten. Wir sind ein buntes, vielfältiges Gebilde auf intensiv kleinem Gebiet.« Auch Absurdistan gefällt ihm nicht. »Das sind immer diese einfachen Bilder, diese Klischees, die über Belgien in jeder Sommerreportage zirkulieren.« Gerade die Deutschen maulten oft ahnungslos über Belgien: Ein Kuriosum voller Widersprüche, sagten sie, nichtssagend, ohne Identität, und dann kommt noch Dutroux als Stichwort. Das nerve einen Belgier mit der Zeit. Ihm gefällt es deutlich besser, wenn deutsche Besucher einigermaßen unbefangen über Alltäglichkeiten staunen. Wie diese Kölnerin, die kürzlich in Sint Truiden war. Sie hatte gesagt: »Ich habe nur dagestanden und die Bauarbeiter beobachtet, wie sie die Leitungen unter der Straße verlegten. Das wirkte alles seeehr südländisch, ich konnte mich gar nicht sattsehen an dem Durcheinander. Und in der Innenstadt alles ganz schnieke. Echte Kontraste.« Ja, sagt Derwahl, das seien durchaus »kennzeichnende Detailbeobachtungen«.

Einer der pointiertesten Denker über sein Land ist der Brüsseler Schriftsteller Geert van Istendael, Autor des Buches *Das belgische Labyrinth.* Er nennt sein Land »eine Ansammlung, ja einen unentwirrbaren Knoten von Paradoxien«. Für ein Beispiel blickt er weit zurück. »Belgien ist älter als Belgien.« Seit 1585 teilen sich

Flamen und Wallonen, lange bevor sie mal Belgier wurden, dieselben wechselnden Besatzer: Spanier, Habsburger, Franzosen, schließlich die Holländer. Das schweiße unbewusst enorm zusammen, sagt Istendael. Mit dem Geburtsjahr 1830 sei das Land längst ein Senior unter den Staaten Europas, älter als Deutschland, Italien, Polen und viele andere. »Ein Belgier will nicht sichtbar sein. Diskretion ist eine Tugend besetzter Völker.« Das gelte es zu rühmen. Und er fragt pointiert: »Wundert es Sie also, dass nichts einem Flamen mehr gleicht als ein Wallone?«

»Einverstanden«, sagt Freddy Derwahl, »nur Diskretion würde ich spezieller ausdrücken. Eine Mischung aus Lebensklugheit, Weitsicht, stillem Genießen. Und abwarten. So ein bisschen wie in Köln: et kütt wie et kütt.« Einspruch: Der Kölner ist laut. Wir einigen uns auf: Der Belgier ist so was wie der stille Kölner. »Aber still ist man in Belgien nur abgesehen von den Festen. Da wird gesoffen bis zum Umfallen. Auch Brel, der stille melancholische Mann? Von wegen: Manche seiner Chansons sind Schreie.«

Geert van Istendael glaubt: »Einen patriotischen Belgier wird man nicht mal mit der Lupe finden können.« Das klingt weise: Ist Postpatriotismus nicht ein Wert an sich? Und Belgien damit, ohne nationalen Schnickschnack, womöglich seiner Zeit voraus? Aus sich heraus multikulti, weltoffen, vielseitig, vorbildlich liberal im besten Sinne. Klinge gut, sagt Derwahl, aber ein wenig möchte er doch dazwischen grätschen: Am Nationalfeiertag 21. Juli oder am Waffenstillstandstag zeige Belgien durchaus Patriotismus. Dann hängen auch überall die belgischen Fahnen. Das werde richtig gefeiert.

In Belgien, sagen auch zugezogene Deutsche immer wieder, lebt es sich entspannter, lebensgenießerischer, hektikfreier, salopper, toleranter, weniger getrieben, unpünktlicher auch. Gelobt wird immer wieder eine landestypisch unfassbare Geduld. Mal fünf gerade sein lassen, das sei typisch und besonders reizvoll für Deutsche mit ihrer Tüchtigkeit und Ordnungsliebe. Der deutsche Historiker Herbert Ruland, der seit gut 40 Jahren in Belgien wohnt und mittlerweile auch belgischer Staatsbürger ist, sagt mit hörbarer Freude: »Hier ist es nicht so schrecklich geordnet wie in Deutschland. Im Alltag galt und gilt: Wenn du hier keinem auf den Schlips trittst, lassen sie dich in Ruhe. Es ist nicht so überbürokratisiert, dirigistisch. Die Dinge werden nicht so genau genommen, so kontrolliert. Belgien ist angenehm schminkefrei, individualistisch und sehr spontan.« Manchmal komme ihm seine zweite Heimat vor »wie eine späte Karikatur auf den preußischen Obrigkeitsstaat«. Freddy Derwahl lächelt. »Das ist richtig schön.«

Freddy Derwahl will mir noch mehr Bücher über Belgien zeigen. Wir ziehen um nach oben. Das ganze Haus wirkt wie ein riesiger Privatflohmarkt: Überall hängen Bilder und Stiche an den Wänden, alles steht voll, die Garderobe biegt sich von Mänteln und Jacken. Über enge Holzstiegen geht es in Derwahls Büro. Wow! Das sind erst mal Büchermassen. Dagegen ist das Wohnzimmer unten ein kleiner, geordneter Zettelkasten. Und alles in einer herrlicher Unordnung, die nur ihr Urheber durchblicken kann. »Könnte ich mal«, sagt Derwahl, »du meinst ja immer, du hast alles noch mal nötig. Irgendwas wirst du noch mal nachgucken wollen, eine Kleinigkeit, ein schönes historisches Zitat. Irgendwo ist hier ein Buch von Cees Nooteboom, darin ist eine Reise durch Ostbelgien beschrieben … Das suche ich gerade …« Derwahl guckt in alle Richtungen. »Nee, ich finde das nicht wieder.«

Mit dem belgischen Historiker Patrick Weber war Derwahl kürzlich aneinander geraten. Weber hatte anerkennend gesagt: »Dieses Land ist Kafka.« Derwahl schrieb darauf: »Das tönt wie eine Todesnachricht und würde auf heftigen Widerstand des dunklen Prager Dichters stoßen. Seine Abgründe führten in Seelentiefe, die belgischen ertrinken in einem Glas Bier.« Warum so heftig? Derwahl nippt am roten Wein. »Man darf den Seelenschmerz nicht verharmlosen, Kafka war in dunklen Regionen der Einsamkeit, der Depressionen, mit sehr existenzieller Tiefe. Das passt doch nicht zu uns. Belgien ist ein sehr lebenslustiges Land.

Der Kafka-Vergleich ist völlig daneben.« Im Gegenteil: »Wir haben uns über die Jahrhunderte von all den Durchmarschierern, ob den Deutschen, Habsburgern, Spaniern, immer das Beste abgeguckt und behalten: Die flämische Dorfkirmes oder die Braukunst der Trappisten tief in den Ardennen. Zwischendurch haben wir die Fritten erfunden. Und das Bukolische bezieht sich auf die burgundische Zeit.«

König Baudouin hat einmal in den 1960er Jahren über sich zu einem Vertrauten gesagt: »Der König ist krank von Belgien.« Ein Herrscher leidet an seinem Land – auch nicht gerade alltäglich. Damals, als der Sprachenstreit richtig tobte, ist Baudouins Konvoi sogar mal ganz in der Nähe von Eupen auf der Autobahn von wütenden wallonischen Extremisten angehalten und bedroht worden. Voran gingen die Happart-Brüder, die sich gegen die flämische Enklave Voeren auflehnten. Derwahl weiß: »Später bekamen die Brüder gutdotierte Posten im EU-Parlament, einer wurde auch Minister im wallonischen Parlament.« Problem belgisch still gelöst. Gut befriedet. Und keine öffentliche Empörung. Baudouin konnte gesunden und blieb bis 1993 König.

Duzen ist üblich in Belgien, auch im Geschäftsleben. Man konsumiert leichtherziger, sagen Zugezogene oft, in Deutschland will man sich immer dafür rechtfertigen, was man gekauft hat. Meist lässt man den anderen einfach, was aber Ausdruck von Desinteresse sein kann: Denn gleichzeitig gilt der Belgier als oberflächlich. *Hoe gaat het met jou?* erwartet das gleiche unverfänglich gut, prima als Antwort wie das amerikanische *How are you?* Deutsche in Belgien vermissen oft die ernsthafte Auseinandersetzung unter engen Freunden statt fröhlicher Unverfänglichkeit, zumindest in Flandern. Freddy Derwahl nennt das lieber Lässigkeit. »Die äußert sich in der Kleidung und im Auftreten. Der Schnitt ist gleich sofort ab Grenze zu sehen, augenblicklich.« Belgier sind reservierter und leben deutlich lieber in der Familie als im Freundeskreis, am besten in der Großfamilie über alle Generationen. »Die Bande des Blutes«, hat die deutsche Autorin Marion Schmitz-Reiners vor Jahren mal geschrieben, »sind in Belgien dicker als das Wasser der schwermetallbelasteten Flüsse.«

Und das katholische Belgien hat offenbar das Sünde-Sühne-Prinzip weitergedacht: Nicht zuerst Unrechtes tun und das schlechte Gewissen dann wegbeten, sondern die Sünde, die Grenzüberschreitung, sich ganz pragmatisch gleich erlauben. Derwahl schluckt kurz. Und grinst. Der Katholik und Klosterkenner, der viele Mönche nicht nur in Belgien kennt und das Abteileben bewundert, findet eine solche Zuspitzung nicht falsch, wenn auch übertrieben. »Wir waren schon immer muntere sündige Katholiken. Mit diesen zugebundenen Niederländern, das konnte nicht gutgehen. Sich nie gängeln lassen, das ist belgisch.«

Die Wallonen trinken statistisch mehr Wein, die Flamen mehr Schnaps. Bier eint alle. Geert van Istendael: »Alle Belgier trinken Bier, als koste es sie das Leben.« Niemand würde je einen solchen Satz bestreiten. Derwahl auch nicht, auch wenn er lieber Wein trinkt. Darauf einen Schluck. »Ich weiß aber, wo ich in der Stadt ab und zu mein Trappistenbier bekomme. In der richtigen Kneipe. Mit der passenden Käsesorte dazu. Aber jetzt am Abend, da soll ja ein Roter gut sein fürs Herz.« Santé! Aus der Küche kommen feine Wölkchen lockenden frischen Fettgeruchs.

Der flämische Autor Rik Vanwalleghem schrieb einmal über die belgische Identität, Flamen seien genauso wenig Niederländer wie Wallonen Franzosen sind. Freddy Derwahl fährt sich durch den weißen Fünftagebart – und widerspricht: »Auf die Flamen trifft das zu, da sind vor allem die großen religiösen Unterschiede zwischen den katholischen Flamen und dem puritanischen Protestantismus in den Niederlanden.« Bei den Wallonen aber, vermutet Freddy Derwahl, hätten viele nichts gegen einen Anschluss an Frankreich. »Käme es zum Schwur, ich würde mich über kein Ergebnis wundern. Als François Mitterand einmal in Lüttich war, ist der von hunderttausenden wie im Rausch empfangen worden. Das wäre undenkbar gewesen mit Beatrix in Antwerpen.«

Elio Di Rupo ist seit Jahrzehnten eine vielfach schillernde Figur der belgischen Politik. Der Sohn einer italienischen Gastarbeiterfamilie war erst lange wallonischer Ministerpräsident, dann zeitweilig Premierminister ganz Belgiens (2011 – 2014), ist seit 1999 einflussreicher Chef der wallonischen Sozialisten, dazu seit 2001 Bürgermeister von Mons. Und er war einer der ersten bekennenden Schwulen weltweit in einem derart hohen politischen Amt. Sein Outing in den späten 1990er Jahren, als etwa Guido Westerwelle noch lange mit camouflierender Beistelldame seine repräsentativen Termine absolvierte, wurde in Belgien nicht weiter thematisiert oder gar skandalisiert. In Belgien mache man um das Privatleben von Prominenten eben nicht so viel Aufhebens, sagt Freddy Derwahl, zudem gab es in Belgien kein Pendant zum deutschen Skandalparagrafen 175. So ist es eben, und so ist es gut. Folglich (oder in diesem Fall: volklich) haben die Menschen darüber geschmunzelt, »vielleicht noch ein paar Bemerkungen zum überaus smarten, immer modisch gekleideten und gewinnend sympathischen Mann mit der roten Fliege gemacht. Aber das war es auch.«

Ähnlich wenig Aufregung in der Öffentlichkeit gibt es um das angeblich uneheliche Kind des früheren Königs Albert II. (1991 – 2013). Naja, interessant schon, heißt es, aber kann ja jedem passieren. Erst recht wenn der König, heute weit über 80, eben ein Frauenheld war, wie man das früher nannte. Auch egal. Seit Jahren will Delphine Boël, 1967 geboren, vor Gericht in Brüssel klären lassen, dass Albert ihr Vater sei. Freddy Derwahl sagt, es könne niemand leugnen, dass sie ihm wie aus dem Gesicht geschnitten aussieht. Richter denken anders. Zwar gelang Boël per DNA-Test der Nachweis, dass ihr angeblicher Vater nicht ihr leiblicher Vater ist. Da dieser es aber, so das Gericht in seiner kuriosen Begründung Anfang 2017, rechtlich weiterhin sei, musste die Klage auf Feststellung von des Exkönigs Vaterschaft als unzulässig zurückgewiesen werden. In der Öffentlichkeit plaudert man belustigt über die Justizposse und interpretiert Alberts öffentliche Andeutungen von gelegentlichen Eheproblemen mit Königin

Paola vor vielen Jahren als diskretes, indirektes Eingeständnis. Das reicht der wenig voyeuristischen Öffentlichkeit. Freddy Derwahl wundert sich nur, dass der Frau Boël niemand »ein paar Millionen zugesteckt hat, zumal ja sicher auch erbliche Fragen dahinterstecken«.

»Der Belgier beugt sich jeder Autorität, ist im Grunde des Herzens aber überzeugter Anarchist.« Das hat Marion Schmitz-Reiners nach Jahrzehnten in Antwerpen einmal geschrieben. Freddy Derwahl sagt, er kenne und schätze Schmitz-Reiners, »aber das ist nicht richtig. Sich beugen, nein. Belgier finden immer neue Wege, Autoritäten aus dem Weg zu gehen. Der Belgier ist gerade kein Knecht, sondern ein Schlitzohr. Und Anarchie ist eine Legende, damit mystifiziert man nur das lässige Dasein. Höchstens heitere Anarchie ist passend, damit es sich nicht nach Volksfront anhört.« Aber der Begriff reizt viele, auch Herbert Ruland (siehe Kapitel »Dieses Land ist die reine Wundertüte« – ein Interview mit Herbert Ruland): »Immer, wenn du meinst, das Land zu verstehen, passiert etwas völlig Neues, Unerwartetes. Das Land ist die reine Wundertüte, manchmal ein Stück Anarchie in Vollendung.«

Ist nicht eher Derwahls Büro Anarchie in Vollendung? Da lachen wir beide. »Wenn ich Geld hätte, würde ich den ganzen Stall umbauen wollen. Ich bräuchte da keine Tapete, nur Bücher an den Wänden.« Die Hühner und Enten würden staunen. Derwahl ist mit *morbus schriftstellerensis* infiziert: »Ich kann ja nichts wegwerfen. Bücher schon mal gar nicht. Bücher sind vertraute Freunde, ich streichle manchmal ihre Rücken.« Dicke Bände stapeln sich hier: *Folklore in Belgien*, oder *Die spanische Welt*. Was nicht in die Regale gepresst werden konnte, ist in durchsichtige Plastikwannen verteilt. Beim Belgischen Rundfunk in Eupen war Derwahl lange Kulturredakteur. »Ich wurde beschossen von den deutschen Verlagen. Manche haben mir unaufgefordert ihr ganzes Jahresprogramm geschickt.« Kubikmeterweise bedrucktes Papier. »Ich liebe Bücher. Aber irgendwann ist die Sache explodiert.« Die spirituelle und theologische Literatur sei auch zu viel des Guten. »Inzwischen weiß ich, dass die Bibel und einige Kirchenväter alles sagen.« Immer neue Katzen und Hunde streichen einem bei Derwahls um die Beine. Und Gattin Mona fragt von unten, ob das okay sei in einer Viertelstunde?

Die Schriftstellerin Rosine De Dijn aus Antwerpen hat einmal herumgefragt, wie sich *Deutsche unter Belgiern* (so ihr Buchtitel) so fühlen. Zu Wort kommt der Antwerpener Modedesigner Prof. Stephan Schneider, ein gebürtiger Duisburger, der sich an seine ersten Auftritte vor über 20 Jahren erinnert. Die gelangen gut, »vielleicht weil ich mich sehr typisch deutsch verhalten habe…« Bitte? »… indem ich versuchte, mich so gut wie möglich nicht deutsch zu geben.« Also erst mal im Tarnkappenmodus: Deutschsein heiße die Unsicherheit mitzutragen, tendenziell erst mal abgelehnt zu werden, und also ist man nicht, wie man ist, sondern gibt sich große deutsche Mühe, undeutsch zu erscheinen. Und sein Sujet, die Mode? Viel lässiger in Belgien, sagt Schneider. Die Deutschen denken pragmatisch: Lieber sei ihnen ein Kleidungsstück, das praktisch sei und gut waschbar, zudem der Freundin gefällt, als es einfach selbst nur himmlisch schön zu finden, einmalig gewagt oder bezaubernd elegant. Und dann kommt auch das A-Wort wieder: »In Antwerpen herrscht eine Art bürgerlicher Anarchie, die einen nicht einengt.« Derwahl lächelt, weil der Begriff wieder auftaucht. »Französisches Savoir-vivre gepaart mit deutscher Ordentlichkeit«, so Schneider, »das ist in etwa das Lebensgefühl hier.« Ansonsten sei die Stadt »herrlich altmodisch«. Sagt der Modemacher.

Wallonen gelten, so die Klischees, als weniger raffiniert als Franzosen, auch weniger formell. »Insofern«, erklärt die Psychoanalytikerin Susann Heenen-Wolff, gebürtige Deutsche mit Lehrstuhl in Löwen, »sind sie ein bisschen handfester und zugänglicher als die Franzosen. Eine gute Mischung aus germanischer und romanischer Mentalität.« Das Lässige mag auch der protestantische Pastor Jürgen Baumgart, gebürtig aus der Lausitz, der nach der Wende aus Ostdeutschland nach Malmedy zog. Ihm gefällt »das Provinzielle, manchmal Kleingeistige und Kleinkarierte, wie das Unperfekte, die Straßenverhältnisse, marode Wohnviertel und eine gewisse Sorglosigkeit«. Und die paradiesische Ruhe in den Ardennen: Gerade 300 Menschen betreut er in einem Gebiet bis zur luxemburgischen Grenze (in ganz Belgien gibt es gerade mal 80 000 Protestanten). Aus dem Überwachungsstaat, dessen Stasispitzel über ihn 3000 Seiten Dokumente fertigten, in den Laisser-faire-Staat.

Auskunft gibt auch Isabelle Weykmans, Kulturministerin der Deutschsprachigen Gemeinschaft seit 2004 (damals war sie mit 24 die jüngste Ministerin Europas). Belgien in drei Sätzen? Das sei »ein Ding der Unmöglichkeit«, sagt sie, »alle Belgier haben eines sicher gemeinsam: große Offenheit und Interesse für den anderen.« Um mit Inbrunst zu ergänzen: »Wir sind Kosmopoliten auch in der Provinz.«

Freddy Derwahl überlegt einen Moment: »Ja, die Richtung stimmt. Kosmopolitisch ist mir aber etwas übertrieben. Kosmopoliten sind Weltbürger. Ganz so weit sind wir zumindest in Ostbelgien noch nicht. Dafür laufen hier auch zu viele Dummköpfe herum.« Er lässt offen, ob er Politiker meint oder einfache Leute. Oder beide. Derwahl empört sich plötzlich. »Wir dürfen nicht in romantisierenden Belgizismus verfallen, um Effekte wie im Zirkus Roncalli zu erzielen. Wir sind doch keine elf Millionen Clowns. Da fehlt mir jedes Verständnis. Da fehlt mir Präzision. Das ist diese Belgienlegende, vor allem in den Medien in Deutschland. Das müssen wir entmythologisieren. Da werden immer nur Kontraste, Gegensätze, Pointen hintereinander gesetzt.« Ist es der Hunger, der ihn plötzlich so mürrisch macht? »Unser Dasein hat Ursprünge und Motive, geografisch, historisch, geopolitisch, die Einflüsse der Nachbarländer.«

Einverstanden ist Derwahl dagegen mit solchen Sätzen: Dass man im Ausland so wenig über ihr Land wisse, hatte Weykmans gesagt, störe die Belgier wenig: »Wir waren immer sehr diskret.

Das ist unsere Bescheidenheit, nicht im Vordergrund stehen zu wollen. Sich zu sehr nach außen zu hängen, ist für Belgier nicht prioritär, weder für Bürger noch für Politiker. Der Belgier weiß, was Belgien zu bieten hat.« Allerdings, sagt Derwahl, »das wissen wir wirklich!«

Und der Nationalstolz? Sagen Flamen nur »Ik ben Vlaming« und die Wallonen »Je suis wallon«? »Mir war das Belgischsein immer sehr wichtig«, erklärt Weykmans, »insofern fühle ich belgisch. Ansonsten ist das typisch belgisch individualistisch: Das macht jeder mit sich aus. Manchmal fühlen sich Wallonen besonders belgisch, manche Brüsseler sehen sich nur als Hauptstädter. Manchmal ist das Land schon etwas surrealistisch, aber das macht es ja so spannend!« Abgucken könnten sich die Deutschen »ein bisschen romanische Lebensweise vielleicht. Wir Belgier sind ja Bonvivants, Genießer. Einer unserer Charakterzüge – und gleichermaßen Klischee.« Derwahl nickt. Noch ein Schluck? »Im Sport ist Belgien sehr nationalstolz. Das Außenseitertum steckt mit drin. Fußball, da sind alle eins, wenn es um die Roten Teufel geht. Aber Sport ist ja auch politisch ungefährlich.«

Geert van Istendael lobpreist sein Land nicht nur, er weist ihm auch eine Vorbildfunktion zu, auch dies sehr plakativ: »Europa muss belgisch werden, oder es wird untergehen.« Keine Ironie! »Bei uns leben viele Kulturen und Sprachen sehr eng zusammen. Die riesigen Probleme Europas kennen wir seit langem schon auf kleinem Raum. Deswegen sind wir ein Modell, wie eine Märklin-Eisenbahn.« Belgien als Labor für Europa. Und mittenmang in diesem Potpourri-Labor liegt Brüssel, die Schaltzentrale der EU: Das Parlament hat über 750 Abgeordnete aus 28 Ländern, die in acht Fraktionen 300 Parteien repräsentieren. Das, sagt der frühere Parlamentspräsident Martin Schulz begeistert, sei doch »wirklich multikulturell und einzigartig«.

Sein Land, meint Derwahl, »war seit 1830 immer gefährdet, aber nie richtig erschüttert.« Einmal sogar 541 Tage ohne Regierung – Weltrekord! Vielleicht, sagt er, spiele auch die Art der

Staatsgründung eine Rolle. Derwahl zitiert den Historiker Prof. Léopold Génicot, der den Aufruhr 1830 »improvisiert und zufällig, aber siegreich« nannte. Das passe, so Derwahl, bis heute zur Beschreibung Belgiens. Als Verfassungspräambel, schlägt er vor: »Durchwurschteln als höchstes Prinzip.«

Puuuh. Ein gutes Schlusswort. Aber zum Glück nicht das Ende des Besuchs. Mona bittet in eine Küche, die ebenso trödelmarkthaft voll ist mit Kochgerätschaften, Krims und Krams wie die Bücherlandschaften ihres Mannes. Freddy Derwahl spricht das kurze Tischgebet. Was Mona in ihrer kleinen Küchenfriteuse gezaubert hat – handgeschnitten, vorgebacken, endfrittiert – haut einen schier um. Das sind Fritten, die mit der Perfektion flirten: knackig-knusprig und schön braun außen statt blässlich-gelb, innen nichts als Samt ohne jede Mehligkeit, mehr wie eine feste Creme. Stark gesalzen, wie es sein muss. Salzarm kann man alles andere essen. Bintje-Kartoffeln, sagt sie. Dazu ein paar Streifen von einem Steak, ein wenig grüner Salat. Diverse Saucen. Und selbstgemachte Mayonnaise, schön fettig, wie es auch sein muss. Fettarm kann man alles andere essen.

Mit am Tisch zwei Töchter des Hauses. Tina, wird mir stolz berichtet, durfte als echte Belgierin König Albert II. bei einem Eupen-Besuch ein Geschenk überreichen und erhielt zum Dank von ihm einen Kuss. Ja, vom König persönlich; Tina strahlt. Die andere Tochter, Teresa, im Sweatshirt mit der Rückenschrift »Belgium«, ist extra mit ihrem Freund Maxime aus Aachen gekommen, wo sie als OP-Schwester arbeitet und er Zahnmedizin studiert. Mutters Fritten sind der Magnet, der Sauerteig des Familienlebens. Bei Derwahls gibt es jeden Mittwoch Fritten, manchmal auch am Wochenende, je nach Besuchslage der insgesamt fünf Kinder, sagt Mona. Und immer, wie überall in Belgien üblich, als Hauptgericht. Fleisch, Gemüse oder Salat sind Beilagen, notfalls auch verzichtbar. Das ist sie, die Deftigkeit im Dasein, hier wird man als Gast zum lebensfrohen Belgier auf Zeit. »Tja«, meint Freddy Derwahl, »so sind wir.«

## Scheinitaliener, Fastdeutsche, Vonwegenfranzosen – alles Belgier

Große Erfindungen, Nobelpreise, Weltkulturstätten und reichlich Prominenz: Was und wer nicht alles aus diesem unscheinbaren Land stammt!

Berühmte Belgier? Hmmm … Also zum Beispiel große Erfinder, weise Wissenschaftler mit Nobelpreisehren oder andere wichtige Persönlichkeiten aus Kunst, Literatur, Film, Tanz, Musik und Sport? Oder nachhaltige Erfindungen?

Die Liste ist lang: Belgischem Forschergeist verdanken wir zum Beispiel den Impfstoff gegen Keuchhusten, die Audiokassette, Rollschuhe, den Neoprenanzug. Elektrische Klingel, elektrische Straßenbahn oder der moderne Straßenasphalt – alles ist belgischen Ursprungs wie auch der Body Mass Index oder das Stroboskop. Womöglich würden wir ohne Belgien bis heute nicht mal telefonieren: Charles Bourseul aus Brüssel gilt als Vordenker der elektrischen Stimmübertragung, 1854 publizierte er seine Ideen, versäumte aber eine Vermarktung. Die offiziellen Erfinder Edison und Bell (1882) nannten Bourseul ihre wichtigste Inspirationsquelle. Die belgische Erfindung Bakelit war der erste Kunststoff überhaupt, somit hat uns das Land ins Plastikzeitalter geführt – mit zwiespältigem Gewinn, wie wir heute wissen. Ernest Solvay erfand das Sodawasser. 2013 erhielten der Belgier François Englert aus Etterbeek und der Brite Peter Higgs gemeinsam den Physik-Nobelpreis. Typisch für belgische Zurückhaltung, dass die Elementarteilchen nach Higgs und nicht nach Englert benannt wurden.

Im Brüsseler Exil haben Karl Marx und Friedrich Engels *Das Kommunistische Manifest* geschrieben. Andere Schriften machten später Karriere: Belgien ist Weltcomicland Nummer eins Tim und Struppi, Lucky Luke, alle von Belgiern in Belgien ausgedacht.

Das Marsupilami ist belgisch wie die Schlümpfe auch. Malen, wenn auch klassischerer Art, war hier schon immer Hochkunst: Pieter Bruegel der Ältere ist aus dem heutigen Belgien wie auch sein Sohn Pieter der Jüngere und alle malenden Verwandten; Paul Rubens lebte und schuf seine Werke in Antwerpen (wo er auch verstarb). Andere Erstliganamen des Pinselstrichs: James Ensor, die Surrealisten René Magritte und Paul Delvaux.

Es gibt auch Menschen, von denen man kaum ahnt, dass sie in Belgien das Licht der Welt erblickten. Die CDU-Politikerin Ursula von der Leyen kam 1958 in Brüssel zur Welt, im gleichen Vorort Ixelles / Elsene wie die britische Schauspielerin Audrey Hepburn 29 Jahre vor ihr, womöglich sogar im gleichen l'Hopital / Ziekenhuis. Der argentinische Schriftsteller Julio Cortázar, unter anderem Autor der Erzählung *Der Verfolger* (über Charlie Parker) und Drehbuchautor von Antonionis Kultfilm »Blow Up«, wurde 1914 ebenfalls dort geboren. Der deutsche Fußball-Weltmeister Herbert Wimmer von 1974, berüchtigt als ewiger Mittelfeldrenner (und Wasserträger von Günter Netzer), stärkte seine Lungen mit den ersten Schreien im deutschsprachigen Eupen. Der Kartograph Gerhard Mercator, der für die Navigation auf See bahnbrechende Mercator-Projektion bekannt ist, stammt nicht etwa aus Duisburg (wo er später lange forschte), sondern aus Rupelmonde in Flandern. Auch Frankenkönig Karl der Große ist ein Export. Er ist nicht etwa in Aachen zur Welt gekommen, wo er bis zu seinem Tod lange residierte. Historiker vermuten Herstal nahe Lüttich als Geburtsort.

Belgier haben den Gewürzspekulatius erfunden, den Reisfladen, die Waffel, die erste Praline, den Rosenkohl und den Chicorée. Und höchstwahrscheinlich auch die Pommes Frites. Heute hält Chris Verschueren aus dem flämischen Kastel den Weltrekord im Dauerfrittieren: 83 Stunden, 1,5 Tonnen Kartoffeln. Vorher hatte, was man für mäßig passend halten muss, ein Engländer das Ranking angeführt.

Der Architekt Henry van de Velde aus Antwerpen, Mitbegründer des Deutschen Werkbunds, der unter anderem die Kunstgewerbeschule und die Großherzoglich-Sächsische Kunstschule Weimar entwarf, hat Weltruf. Noch mehr: Victor Horta, der Meisterarchitekt des Jugendstils aus Brüssel. Eddy Merckx, größter Radrennfahrer aller Zeiten, überstrahlt im Sport seines Landes alle. Belgische Trainergenies haben im Fußball Ende der 1970er Jahre die Abseitsfalle erfunden. Belgien war 2015/16 monatelang Erster der Fußball-Weltrangliste. Und womöglich entstand in Belgien sogar das Golfspiel (siehe Kapitel: Sportnation – im Zweifel auf Englisch).

Und erst die Musik! Jacques Brel, einer der größten Chansonniers, ist kein Franzose, wie viele glauben, sondern im Brüsseler Ortsteil Schaerbeek geboren. Schmachttenor Helmut Lotti ist Scheinitaliener. Er kommt aus Gent. Django Reinhardt, der virtuose Zweifinger-Gitarrist, wurde zum Vater des Gypsy Swing, was unsere Eltern »Zigeunermusik« nannten. Er ist aus Liberchies bei Charleroi. Bedeutend im Jazz sind Gitarrist Philip Catherine und Mundharmonika-Virtuose Toots Thielemans (2016 mit 94 Jahren gestorben), der mit Legenden wie Ella Fitzgerald, Charlie Parker oder Benny Goodman spielte und die Hintergrundmusik der US-Fernsehserie Sesamstraße komponierte. Sänger Plastic Bertrand provozierte in den 1970ern das Establishment. Er ist aus Brüssel wie auch der Rapper Stromae, der längst mit Jacques Brel verglichen wird, weil er mit ähnlich harter Sprache Lieder macht, die tief unter die Haut gehen. Techno und House sind belgische Erfindungen.

Orlando di Lasso, einer der größten Renaissance-Komponisten, mag wie Lotti einen italienisch klingenden Namen haben, stammt aber aus dem wallonischen Mons. César Franck, einer der wichtigsten Komponisten und Organisten des späteren 19. Jahrhunderts: aus Lüttich. Beethovens Opa, selbst Musiker, stammte aus Mechelen. Instrumentenbauer Adolphe Sax, geboren 1814 in Dinant an der Maas, erfand das Saxophon. Einen Belgier namens Tromp, Klav, Gei oder Schlagz gibt es allerdings nicht.

Der Astronom Adolphe Quetelet baute in Brüssel eine der drei ersten Sternwarten der Welt. George Lemaître aus Charleroi hatte Anfang der 1930er Jahre ganz weit zurückgeguckt, etwa 13,7 Milliarden Jahre, und die Urknall-Theorie entwickelt. Der Mann war Physiker und Theologe (eine in diesem Zusammenhang aparte Kombination) und glaubte, die Welt habe mit einem Uratom begonnen, »ein kosmisches Ei, das im Moment der Entstehung des Universums explodierte«. Das klang verrückt, er fand aber bald Albert Einstein als Unterstützer seiner Theorie. Ein Multitalent Mitte des 19. Jahrhunderts muss der Erfinder und Hobbyforscher Etienne Lenoir aus Virton gewesen sein. Er entwickelte erstmalig Emaillierungsverfahren, per Elektrolyse ein neues Verfahren zum Versilbern und Verkupfern kleiner Gegenstände, was Goldschmiede eifrig nutzten. Danach baute Lenoir den ersten funktionstüchtigen Gasmotor, der testweise in einen Wagen, später erfolgreich in Boote und einen Zeppelin eingebaut wurde. Zum Ende seines Lebens besaß er 80 Patente, erfand noch das gesundheitsschonende Gerben mit Ozon und musste erleben, dass sein Motor diesem neuen Otto-Motor unterlegen war. Aber seiner war allerdings auch, wie er selbstironisch einräumte, »monströs unperfekt«.

Ohne Belgier gäbe es auch den Euro nicht. Nicht nur, dass er in Brüssel erdacht, von dort aus geplant und eingeführt wurde. Der Name stammt von Germain Pirlot, das Symbol-Design von Alain Billiet. Und die belgischen Euro-Münzen sind ein besonderes Mysterium: Wenn man eine 1-Euro-Münze beispielsweise hundert Mal dreht, müsste etwa 50 mal Zahl und 50 mal der König von der Rückseite oben liegen. Nicht so bei der Münze mit König Albert II.: 60 – 62 mal ist er zu sehen. Physiker, Chemiker, Numismatiker und Mystiker haben kurz nach der Münzeinführung 2002 eine Erklärung gesucht. Erfolglos. In Belgien kann man, nun ja, eben vieles nicht so richtig erklären. Dann dankte Albert 2013 ab. Und schlagartig funktionierte das seltsame Spiel nicht mehr; die Münzen fallen wieder allen Schwerkraftgesetzen gehorchend ziemlich genau 50:50. Egal, ob die alten mit Albert oder die neuen mit König Philippe. Monarchisten sind entzückt, Mystiker dito.

Welches war rund 150 Jahre lang die industriell fortgeschrittenste Region Europas? Das Kohle- und Stahlrevier zwischen Lüttich und der französischen Grenze im Süden. Das Ardennenstädtchen Spa lud als erstes zum wohligen Baden und wurde zum weltweiten Synonym für Heilbäder.

Wer hat die Metro in St. Petersburg und Moskau sowie die Transsibirische Eisenbahn geplant? Ingenieure aus Belgien. Im Bankhaus Nagelmackers in Lüttich hat man sich in den 1870er Jahren zeitweilig arg gelangweilt beim Geldzählen, und so entwickelte der tüftelfreudige Georges Nagelmackers die prachtvollen Wagen für den Orient-Express. 1883 startete der erste Zug aus Paris, später auch ab Brüssel, Richtung Konstantinopel. Großsponsor und Protegé war praktischerweise der belgische König Leopold II.

Im Orient musste auch einmal der kleine Hercule Poirot ermitteln. Der zwirbelschnauzbärtige Detektiv kommt in fast einhundert Kriminalgeschichten der Engländerin Agatha Christie vor, darunter eben auch im *Mord im Orient Express.* Poirot ist Belgier. Christie hatte die Kunstfigur eines Belgiers, der 1920 nach Großbritannien emigriert war, in ihren Krimis wohl durchdacht: Belgier galten den Briten als heldenhaft, weil sie den Deutschen im Krieg so tapfer widerstanden hatten – so auch Christies Großbritannien-Flüchtling Poirot. Zudem war ein Belgier kein Franzose, die die Briten schon damals als *frogs* verspotteten. Und ein Ausländer, zudem aus niedrigen Gesellschaftsschichten, konnte in der britischen Upper Class, wo viele Fälle spielten, glaubhafter ermitteln als ein einheimischer Kommissar. Kurz vor ihrem Tod 1975 schrieb Agatha Christie in ihrer Biografie: »Die Belgier waren geheimnisvoll und verdächtig, mit nichts beschäftigt als Geld zu sparen und ihren Garten umzugraben.« Als sie den schrulligen Dandy Hercule Poirot in ihrem letzten Roman sterben ließ, kam der Belgier in der *New York Times* zu besonderen Ehren: Er wurde als erste Kunstfigur auf der ersten Seite mit einem Nachruf bedacht.

Schriftsteller Georges Simenon wird (wie Jacques Brel auch) oftmals für einen Franzosen gehalten – er stammt aus Lüttich. Action-Schauspieler Jean Claude van Damme (»the muscles from Brussels«) ist aus Berchem nahe der Hauptstadt. Die Fabel von Reinecke Fuchs stammt aus Belgien, das erste Buch mit den Abenteuern von Till Eulenspiegel wurde in Damme bei Brügge verlegt. Im Theater und Tanz sind Flamen seit den 1980er Jahren die Avantgarde, zumindest in Europa: Jan Fabre oder Anne Teresa de Keersmaeker heißen die Stars.

Seit den 1990er Jahren machen belgische Autorenfilmer auf internationalen Festivals von sich reden. Die Werke der Regisseure Luc und Jean-Pierre Dardenne spielen seit Jahren immer im schmuddelig-schönen Vorort Seraing von Lüttich, wo man in der Authentizität der Stahl-Epoche schwelgen kann. Zweimal gewannen sie die Goldene Palme in Cannes (für »Rosetta« und »Das Kind«) – das haben nicht viele geschafft. »Für uns«, sagt Luc Dardenne, »ist Seraing ein Laboratorium. Dort lässt sich der Verfall der Industriegesellschaft besonders gut zeigen: Einwanderung, Arbeitslosigkeit, die Probleme der Arbeiterklasse – bei allen diesen Themen ist die Stadt beispielhaft.« Seraing ist ein Musterbeispiel für misslungene Stadtentwicklung und fehlende Transformation der alten Industrieepoche ins Heute. Die *Süddeutsche Zeitung* feiert die beiden Brüder als »Kino-Humanisten«.

Auch Jaco Van Dormael, Bouli Lanners oder zuletzt vor allem Filme von und mit Benoît Poelvoorde werden gefeiert und räumen Preise ab. In »Saint Amour« von Gustave Kervern und Benoît Delépine spielte er mit und sorgte 2016 auf der Berlinale für die größten Brüller. Apropos Berlin: Das dortige Theater Hebbel am Ufer hat mit Annemie Vanackere eine belgische Intendantin, und die Volksbühne bekommt mit Chris Dercon als Nachfolger von Frank Castorf einen belgischen Leiter.

In Belgien entstehen die skurrilsten Filme des Kontinents, und hochpolitisch sind sie auch. »Das belgische Kino ist ein Paradies, es ist der Himmel«, schrieb die Berliner *Jungle World* 2016 und nominierte den oft dreckigen, wunderbar chaotischen Benoît Poelvoorde zum »Idealbelgier«, der »das Leben unter der Oberfläche, abseits von Hip- und Coolness« verkörpere. Im Kinofilm »Das Brandneue Testament« spielt Poelvoorde die Hauptrolle: den Allmächtigen – ein göttlicher Tyrann im schmuddeligen Schlafanzug.

# Besondere Orte 1: Brüssel – Von A bis Z

Belgiens Hauptstadt ist ein monströser Widerspruch an sich, für sich, in sich. Ein A–Z soll bei der Orientierung helfen

*»Brüssel ist ein elendes Loch«*
(Donald Trump im Wahlkampf, auf Amerikanisch *a hellhole*)

Wer mit dem Zug nach Brüssel reist, vorbei an den üblichen kilometerlangen Autostaus, versteht nur Bahnhof. Aber welchen? Es gibt Brüssel Nord / Noord, dann Brüssel Central / Centraal und schließlich Brüssel Midi / Zuid. Wo muss ich aussteigen? Kein Hauptbahnhof offenbar – und einer heißt Central, ein anderer Midi, also sinngemäß wohl auch Mitte. Ist Zentral und Mitte verschieden und wenn wie? Und wieso heißt der gleichzeitig auf Flämisch Zuid, also wohl Süd? Thalys-Reisende haben es leicht: Ihr Zug hält nur in Midi / Zuid, der deutsche ICE indes auch in Nord, belgische ICs halten überall.

Glücklich, wer Französisch kann: Midi heißt Süden, abgeleitet von midi = zwölf Uhr, Mittagsstunde. Und weil mittags die Sonne im Süden steht, ist die geografische Bestimmung geklärt. In Zuid/Midi starten auch die internationalen Verbindungen nach Amsterdam, Lille, Paris, London. Über 1200 Züge fahren hier täglich, noch ein paar mehr als in Deutschlands emsigstem Bahnknoten Köln. Bis 2027 soll eine neue, eng getaktete Stadtbahn RER ähnlich wie in Paris entstehen. Dann fahren nach Zuid / Midi noch mehr Züge.

Brüssel ist ein monströser Widerspruch in sich: mal schick, hinter der nächsten Kreuzung abgewrackt, dann wieder mondän oder verspielt. Brüssel ist ein Dorado der Abrissbirnen und Großbaustellen. Historische Gebäude sind seit den 1960er Jahren durch Betonbunker, Glaspaläste und hoch wuchernde Bürokomplexe ersetzt worden. Diese Art der Stadtplanung mit dem Bagger heißt heute weltweit Brüsselisierung. Eine kulturelle Großbaustelle bleibt Brüssel auch innerhalb Belgiens: Die Stadt gilt als zweisprachig, ist eine eigene, de facto französischsprachige Region, die mitten in Flandern liegt, wodurch Brüssel im Bewusstsein der Frankophonen von einer Art Niemandsland umgeben ist und für die Flamen eine Bastion des französischsprachigen Bürgertums, das die Stadt besetzt hat. Gleichwohl ist Brüssel Verwaltungssitz Flanderns.

Was hört man häufiger: Niederländisch oder Französisch? Antwort: Arabisch. Dieser Spott bezieht sich auf Viertel wie Molenbeek und Schaerbeek mit vielen Einwohnern mit nordafrikanischen Wurzeln. Zwei Drittel der Brüsseler sprechen daheim Französisch (und eine andere Sprache, aber nicht Niederländisch), je 15 – 20 Prozent Niederländisch oder vornehmlich eine dritte Sprache. Ein Elendsloch ist Brüssel, siehe Stadtkenner Trump, nur stellenweise. Die *New York Times* urteilte unlängst »Brüssel ist das neue Berlin«: Hip, auf- und anregend, multi-alles, immer neu, die pulsierende widersprüchlich-wilde Metropole eines widersprüchlich-wilden Landes. Tatsächlich: Dieses Babylon ist verstörend abwechslungsreich und prinzipiell unaufgeräumt. Unser A – Z soll ein paar Orientierungspunkte liefern:

**A wie Atomium.** Die 165-milliardenfache Vergrößerung eines Eisenkristallmoleküls ist das Wahrzeichen der Stadt. Das monumentale und fragile Kugelkunstwerk, 1958 als Symbol der Atomnutzung zur Weltausstellung eröffnet, war Anfang des Jahrtausends kaum mehr als ein Haufen Schrott. Immerhin, es wurde nicht weggebrüsselt, sondern 2006 innen wie außen komplettsaniert, etwa mit 50 000 Einzelteilen aus poliertem Edelstahl für die neun Kugeln. Im Innern hat man das Gefühl, sich in einem Raumschiff zu bewegen und verliert schnell die Orientierung. Das liegt auch an den Lichteffekten des Münchner Designers Ingo Maurer, der ein *spacey feeling* erzeugen wollte. Was ihm gelungen ist. Heute ist das Atomium dank grünem Strom zum

Ökologium geworden. In einer Kugel können auch Schulklassen übernachten. Das Restaurant in der oberen Kugel in 92 Metern Höhe mit schönsten Panoramablicken über Brüssel ist die wohl einzige Gastronomie Belgiens ohne Pommes Frites.

**B wie Beaux Arts,** königliches Museum. Die weite weiße Eingangshalle nimmt einen unmittelbar gefangen: Diese herrliche Platzverschwendung, die so viel Sichträume auf die riesigen Werke der schönen Künste an den Wänden zulässt. Direkt daneben das Magritte-Museum.

**C wie Comic Museum.** So erwachsen kann man gar nicht geworden sein, als dass hier das Kinderlächeln nicht zurückkäme. Comic-Shop mit tausenden Bänden, Comic-Bibliothek – und: waren nicht Höhlenmalereien und die sprechenden Bilder der Ägypter erste Comics? »Tintin kann alles«, heißt es über Hergés großen Helden, »ein universeller Charakter. Er ist jedermann, er ist auch du.«

**D wie Drogenbos.** Nach »Drogenbos Chateau / Kasteel« fährt eine Straßenbahn. Bitte?! Haben hier Drogenbosse ein offizielles Schloss, sogar mit ÖPNV-Anschluss? *Drogenbos* heißt wörtlich übersetzt: trockener Wald und ist eine Gemeinde im Südwesten Brüssels.

**E wie Europaviertel.** Eine Welt für sich. Die 2017 dreierlei Neuigkeiten brachte: 1. die Nachricht deutlich wachsender Besucherzahlen (Besuchen Sie Europa, solange es das noch gibt?) 2. Eine lichte Kühnheit mit dem im Januar eröffneten Gebäude des Europarates: Fensterrahmen aus recycelten Balken von Eichen, die in allen 28 Mitgliedstaaten gewachsen sind, filigran wirkende Wände aus viel Glas und Stahl und der alte Residence-Palast, ein Art-déco-Gebäude nebenan, architektonisch raffiniert integriert. 3. Seit Mai das HEH: Das Haus der Europäischen Geschichte im Park gleich hinter dem Parlament.

**F wie Fahrradstadt.** Wie Paris mit beliebtem Leihsystem (Tagesgebühr 1,50 Euro), alle Fahrten bis 30 Minuten Dauer frei. 5000 grellgelbe Räder an 360 Stationen. Aber nur für Abenteurer zu empfehlen: Brüssels Radwege sind katastrophal und meist zugeparkt. Viel Kopfsteinpflaster. Mehr bergauf, bergab als man denkt. Und Autofahrer prinzipiell ignorant. Eigenes Rad besonders wenig empfehlenswert (siehe auch J wie Justizpalast).

**G wie Grand-Place / Grote Markt.** »Die schönste Theaterkulisse der Welt« (Jean Cocteau) ist ein Muss. Überall im fußballplatzgroßen Karree aus Rathaus, Zunft- und Gildehäusern glitzert es gülden: Mit Goldfarbe einheitlich angestrichen sind Wappen, Putten, Muscheln, mächtige Adler, Säulen, Balkonsimse, Verzierungen. Ärgerlich: Nie geht alles zusammen auf ein Foto, da können sich die Touristen allüberall mit den gereckten Selfie-Stangen noch so grotesk verbiegen. Auf der Maison des Brasseurs – dem Bierbrauerhaus – steht in güldenen lateinischen Lettern: »Aus den Gaben von Himmel und Erde ist dank des heiligen Arnold und menschlichen Wissens der göttliche Gerstensaft entstanden«. Abends ist die Place herrlich kitschig illuminiert. Dann tauchen die Smartphones die Szenerie in güldenes Blitzlichtgewitter.

**H wie Helbich, David.** Deutscher Fotograf aus Brüssel. Er hat den Irrsinn der Hauptstadt (ohne Grand-Place) mit wunderbar eigenwilligen Bildern dokumentiert. Brüssel dreckig, chaotisch, schräg at its best: belgian-solutions.be/photo-gallery/. (Ein noch größeres Geschenk ist das Buch *Belgicum* des Fotografen Stephan Vanvleteren aus Kortrijk: ein Panoptikum belgischen Alltags inklusive der »Königin der Frittenbuden«: stephanvanvleteren.com/en/portfolio/detail/belgicum)

**I wie Instrumente-Museum.** Schlagen, zupfen, streicheln, hämmern, treten, pusten: Was sich menschliche Kulturen so alles ausdachten, um unterschiedlichste Materialien zum Klingen zu bringen! Per Kopfhörer kann man sich Vieles vor den Vitrinen anhören. Ein herrliches Bild sind gut ein Dutzend Blähsäcke nebeneinander: Ja, der Dudelsack, er kommt in immer aberwitzigeren Formen auch aus Bosnien, Ungarn, Bulgarien oder dem Kongo.

**J wie Justizpalast.** Ein eklektizistischer Beton-Trumm außerordentlicher Hässlichkeit von 104 Metern Höhe und mehr Grundfläche als der Petersdom. Seit 30 Jahren ist das Gebäude eingerüstet. Sanierungsarbeiten. Mittlerweile scheint schon das Gerüstemikado eingerüstet und steht wahrscheinlich längst selbst unter Denkmalschutz. Im Innern (Kassationshof, 27 Gerichtssäle) erschlägt einen die Größe neben den Säulen von fast zehn Metern Umfang noch mehr. »Wenn Liebe Arbeit ist«, hat einer innen auf die Mauern geschrieben, »bin ich Sklave bis zum Ende.« Und wenn Architektur abschrecken würde, denkt man so albern vor sich hin, wäre Brüssel ohne Kriminalität. Haha: Eine Stunde später war das eigene Fahrrad (siehe F) gestohlen, am helllichten Tag, angekettet mitten in der belebten Stadt.

**K wie Kongo.** Das königliche Museum zum Thema Kolonialzeit ziemlich außerhalb in Tervuren. Es ist erschreckend wenig kritisch der eigenen ekelhaft rabiaten Geschichte gegenüber.

**L wie Lunch im Leopoldpark.** Angesagtes Mittagsritual im Sommerhalbjahr von Studierenden, Angestellten, Anwohnern. Nebenan Naturkundemuseum mit 35 Saurierskeletten.

**M wie Marollen.** Klassisches altes Arbeiterviertel nahe dem Südbahnhof. Auf der Place du Jeu de Balle täglich Flohmarkt. Unfassbarer Ramsch, Schrottteile, Kitsch, Nippes, aber vielleicht doch …? Das meiste auf dem Boden. Es suchen Notleidende beim Schnäppchenverheißer, plappernde Afrikanerinnen beim Araber, Arnoud und Denise bei Ahmad, Arbeitslose beim coolgesichtigen Türken. Das finden wir dann pittoresk.

**N wie Nuits Botanique.** Umgeben von Hochhausklötzen nahe dem Nordbahnhof eine romantische Minioase: Brüssels botanischer Garten. Draußen Engel, Plastiken, Springbrunnen, Blumenarangements, Gärtnereikunst. Innen angejahrter Marmor, Säulen, Schmiedeeisen, Lichtdächer, die Wandelgänge bunt bemalt mit Urwaldgeranke, feuchtes Klima, semitropische Gewächse, Goldfische. Angegliedert ist ein Kulturzentrum mit Orangerie, Café, Museum. In der Rotunde übt gerade ein Streichorchester.

Botanische Nächte heißen die fast allabendlichen Konzerte: mal Klassik, mal Jazz, auch Hiphop und Worldmusic.

**O wie »On s'arrange«;** wir arrangieren uns schon. Leitspruch der Brüsseler. Eine Mischung aus »Wir schaffen das« und »Et hätt noch immer jot jejange«. Bitte nicht einem Flamen gegenüber mit »klar kommen« übersetzen. »Klar komen« heißt auf Niederländisch guten Sex haben. Alles klar?

**P wie Pissen.** Das tut das berühmte Manneken. Ähnlich berühmt sind die vornehmlich asiatischen Touristinnen, die beim Anblick prachtvoll winziger Männlichkeit kichern müssen. Oder die US-amerikanischen Besucher und Besucherinnen, die ihren kleinen Kindern schamgeplagt die Augen zuhalten. Ein paar Ecken weiter findet sich die weibliche Entsprechung: die hockende Jeanneke Pis.

**Q wie Quai du Hainault.** Anschrift des Mima. Das ist das Millennium Iconoclast Museum of Art in Molenbeek, dem angeblichen Terror-Kiez. Eröffnet vier Wochen nach den Anschlägen 2016. Punky, bunt, anregend, dadaistisch. Verschachtelte Räume und Objekte. Begehbare Großinstallationen. Alle Dimensionen verschwimmen sinnestäuschend und -bestürmend. Dazu kakophon berieselte Ohren. Panta rhei. Und ein toller Flipper wartet im Dauermodus. Klock-klack.

**R wie Rue de la Révolution.** Diese Straße zwischen Schaarbeek und Europaviertel (gleich beim Barrikadenplatz) wurde den Flamen früher – wie verschieden können Sprachen wirken! – auf einem Schild mit Opstandstraat, also Aufstandstraße erklärt. Heute verlangt die Bilingualität Brüssels zweisprachige Straßenschilder: Man wählte Omwentelingsstraat, zu Deutsch: Umsturzstraße. Auch nicht viel besser. Was wohl Karl Marx, der zeitweilige Brüsseler Schriftsteller *(Das Kommunistische Manifest)*, dazu sagen würde?

**S wie Shopping.** Man kriegt alles, natürlich. Erfrischend: Rund um die Grand-Place tauchen kaum die üblichen Ketten auf (außer man zählt die allgegenwärtigen Chocolatier-Mogule Neuhaus und Leonidas dazu). Die Galeries Royales Saint-Hubert von 1847 in italienischer Neo-Renaissance gelten als eine der schönsten Ladenpassagen der Welt. Die Preise sind entsprechend.

**T wie Tram Experience.** Zwei Stunden abendliche Galadinner-Rundfahrt in umgebauten, weiß angemalten Straßenbahnen. Preise zwischen 90 und 120 Euro pro Person für das Sechs- oder Siebengangmenü wechselnder Sterne-Köche, Weine inklusive.

**U wie Übelkeit.** Häuser von Victor Horta, Meisterarchitekt des Jugendstils, sind in der Stadt allgegenwärtig. Im Musée Horta ist auch alle Einrichtung jugendstylish schief, verspielt, verschlängelt, gerundet, schräg. Sensible Mägen rebellieren, bis sie auf der Straße wieder mit diesen herrlich geraden Linien und gewohnten Strukturen eingenordet sind.

**V wie Verkehrshistorie.** Im Museum Jubelpark wird rund 400 Oldtimern gehuldigt. Dem Minerva zum Beispiel. Das war einmal eine belgische Luxusmarke aus Antwerpen. Übermäßig weise war die Verbreitung des Automobils nicht: Im Ranking der verstopftesten europäischen Städte ist dem Moloch Brüssel ein Platz unter den Top 10 seit Jahren sicher. Wer mehr auf Schienen setzt: Im Eisenbahnmuseum am Bahnhof von Schaarbeek haben Dampfrösser ihren Alterssitz, teils groteske Elektroungetüme stehen im alten Depot des Brüsseler Straßenbahnmuseums.

**W wie Waffeln.** Lütticher Waffeln in Brüssel sind von Belgaufra besonders gut. Kommen seit 1950 aus Wavre (nicht Waffelre) – in Flandern.

**X,Y wie seltene Buchstaben.** Auch in Brüssel.

**Z wie Zaventem,** Brüssels Flughafen, wo am 22. März 2016 der schreckliche IS-Anschlag stattfand, weshalb am 22. März 2017 im Z wie Zonienwald (Bois de Soignies, Zonienwoud) im Südosten der Stadt ein kreisrundes Monument aus 32 Blaustein-Elementen des Landschaftsarchitekten Bas Smets eröffnet wurde. Für die 32 Opfer wurden 32 Birken gepflanzt, die sich anzufassen scheinen. »Birken symbolisieren das Leben. Nach einem Waldbrand sind Birken die ersten Pflanzen, die wieder wachsen«, sagt der Künstler.

# Besondere Orte 2: Mittelaltermania – Gent, Brügge, Antwerpen

Die Nachbarperlen in Flandern. Was ist schöner: das prachtvolle, aber überlaufene Brügge oder der Geheimtipp Gent? Wer sich nicht entscheiden will, dem bleibt das pulsierende Antwerpen.

Gent ist gefährlich. Wie es sich für eine mittelalterliche Stadt gehört, ist alles kopfsteinpflasterbelassen. Die Pisten in immer neuen Variationen sind meist schief und uneben, gern auch glatt, zudem oft abgeschrägt von den Häusern zur Straße hin. Überall drohen Stolperfallen. Und in der Enge daneben tobt das Leben: Radler überall, auch in Fußgängerzonen, eng getaktete Straßenbahnen dazwischen, Autos auch. So fällt schlendern stellenweise schwer in der Viertelmillionenstadt. Gucken und staunen empfiehlt sich im Stehen. Man meint sogar, deutlich weniger Leute der Kopf-unten-Generation mit ihren Smartphones herumlaufen zu sehen.

Das mittig in Flandern gelegene Gent ist deutlich weniger bekannt als der Nachbar Brügge. Der Reiseführer *Lonely Planet* hat die Stadt vor Jahren zum »bestgehüteten Geheimnis Europas« ernannt. Das Stadtmarketing tut alles, um die Aussage zu entkräften. Dennoch kommen ins »mittelalterliche Manhattan« (wegen der Skyline sakraler Gebäude neben der St.-Michael-Brücke) deutlich weniger Touristen als ins berühmte Brügge nebenan.

Stefan Zweig hat mal über die Kanäle von Brügge geschrieben: »Ergreifend ist ihr Anblick, und sie rühren in ihrer Stummheit, ganz ohne die geschwätzige Romantik der Kanäle Venedigs wirken sie…« Ergreifend sind sie immer noch, allerdings längst von großer Geschwätzigkeit umhüllt: Brügge, dessen eiförmige Innenstadt mit ihren vielen Grachten 2000 zum Weltkulturerbe erklärt wurde, muss mit seinen kaum 120 000 Einwohnern

5,5 Millionen Touristen pro Jahr verkraften, ein Großteil von ihnen Ü60. Sie werden in Buskarawanen angeliefert, neuerdings auch gern von den Kreuzfahrtschiffen, die in Zeebrügge festmachen, dem 15 Kilometer entfernten Nordsee-Hafen der Stadt.

Brügges Schönheit hat es zu einem Disneyland des Vorgestern gemacht, ein Freilichtmuseum für Tagesbesucher, das Venedig des Nordens. Brügge bietet überbordende Romantik, Schwäne in den Grachten, Makellosigkeit. Brügge fehlt: Graffiti, weitgehend Werbeplakate, Schmutz, Bausünden, Hektik. Um die Altertümlichkeit zu konservieren, ist man durchaus modern: So wurde kürzlich eine drei Kilometer lange Bierpipeline unterirdisch quer durch die Innenstadt verlegt, um das Bier von einer Brauerei zur Abfüllanlage außerhalb zu transportieren. Die ständigen Transporte per Lastwagen störten. Im Zentrum von Brügge sind sogar Satellitenschüsseln verboten, um die Optik authentisch zu halten.

In Gent sieht man Schüsseln vereinzelt. Die Innenstadt, weitgehend erfreulich autobefreit, zeigt sich als eine erstaunlich luftige Pracht. Luftig wegen der weiten Kanäle zwischen den Zeilen der Giebelhäuser, von denen eines älter und prachtvoller als das andere ist. Die betagtesten rund um Korenlei und Graslei, das Zentrum des alten Handelshafens, sind aus dem 11. Jahrhundert. Da ist das Grafenschloss direkt daneben schon ein Neubau: spätes 12. Jahrhundert. Nirgends sonst auf der Welt, sagen sie in Gent, steht ein dermaßen massives Schloss mitten im Stadtzentrum. Und da wird es schon wieder gefährlich: »Wer Gent besucht, ohne das Schloss betreten zu haben«, so ein Touristenflyer, »verdient Daumenschrauben, das Verlies oder sogar das Fallbeil.« Die Nötigung zieht: Nichts wie rein.

Beim Rundgang über enge, rutschige Wendeltreppen findet man reichlich Waffen und Folterwerkzeuge, schick poliert, restauriert. Etwa eine gruselige Streckbank mit Halszwingen, daneben ein zeitgenössisches Ensemble von Daumenschrauben, beliebt bei Hexenprozessen, wie es heißt. Das schönste Exponat ist ein Fallbeil mit einem authentisch wirkenden ausgefransten Leinensack. Da purzelten die Köpfe rein. Alle gucken hinein; nein, heute noch kein Opfer. Und ein Verlies gibt es auch, entweder man starb den Hungertod, heißt es erläuternd, oder man ging elendiglich an den hygienischen Zuständen zugrunde. Tolle Zeit, dieses Mittelalter, dem in Gent alle fröhnen. Die Kollegenstadt Brügge hat sogar ein eigenes Foltermuseum. Da gibt es noch mehr: Schädelpressen, Rattenkessel, glühende Knochenbrecher und allerlei mehr Sadistenwerkzeug.

In Gent geht es auch draußen gespenstisch zu: Fünf tanzende Teufel auf einem Barockgiebel, ein riesiger Drache auf dem Bergfried, der in der weiten flämischen Landschaft Feinde sichten sollte. Nebenan in der St.-Bavo-Kathedrale findet sich eines der wichtigsten Werke der flämischen Kunstgeschichte: Die Anbetung des Lamm Gottes, ein Polyptychon mit 12 Tafeln, geschaffen im frühen 15. Jahrhundert von den Brüdern van Eyck. Auftraggeber des Altars war der Händler und Politiker Jodocus Vijd, so etwas wie der Genter Bürgermeister damals. Das Werk war bald schon das berühmteste Ölgemälde seiner Zeit und ist bis heute einer der wichtigsten Kunstschätze der Welt. Der US-Kunsthistoriker Noah Charney schrieb: »Der Genter Altar ist das weltweit am meisten umdrängte Kunstwerk. In Paris würde er die Mona Lisa ohne weiteres in den Schatten stellen.«

Bis Mai 2020 ist das Œvre allerdings ausgelagert – nicht in den Louvre, sondern zum Restaurator: 1,2 Millionen Euro, erklärt eine Hinweistafel in der Kathedrale, kosten Analyse und Detailarbeit. Restaurator klingt nach ein wenig Staub und Schmutz entfernen, minimale Schäden ausbessern, nachtupfen mit frisch leuchtender Farbe und bei einem Flügelaltar wie dem Lamm Gottes vielleicht – humorlose Kunsthistoriker bitte überlesen – noch die Aufklapp-Scharniere ölen. Von wegen: Wie umfassend allein die Vorarbeiten sind, kann man anhand der Berichte des leitenden Restaurators Bart Devolder, der die Arbeiten seit Oktober 2012 im Königlichen Institut für Kulturgut koordiniert, ahnen.

»Wir entdeckten, dass große Teile des Werks bei einer Restaurierung im 17. Jahrhundert übermalt wurden. Das war damals die allgemein anerkannte Methode, ein Gemälde zu restaurieren.« Nach drei Jahren hatte man, so Devolder, »bereits kleine Fenster an bestimmten Stellen der Tafeln freigelegt«. Und festgestellt, dass »die Farben, Details und Faltentiefen, die zum Vorschein kamen, von erstaunlicher Qualität« seien. Die Originalschicht befinde sich, wie versiegelt unter der Nachmalerei, noch immer in gutem Zustand.

Als nächstes müsse man diese Schicht entfernen. Und schon habe man, welch Fund, weitere, bis dahin unbekannte Details im Bild von stattlichen 4,40 x 3,40 Metern Größe entdecken können, etwa »ein Spinnennetz über den Köpfen von Jodocus Vijd und seiner Frau Elisabeth Borluut«. Im Genter Caermersklooster und im MSK (Museum Schoone Kunsten) kann man bis 2020 die Restauratoren bei der Arbeit bewundern und dabei mit Glück ein paar Blicke auf die Genter Mona Lisa erhaschen. Das Werk war übrigens seit seiner Aufstellung Opfer von sieben Diebstählen. Der letzte, quasi eine Geiselnahme, fand am 11. April 1934 statt, als die Tafel der »Gerechten Richter« eines Nachts verschwand. Lösegeldforderung: eine Million belgische Franken. Man verweigerte die Zahlung. Und so fehlt die Tafel bis heute.

Ein großer Liebhaber flämischer Altmeister ist Till-Holger Borchert, gebürtig aus Norddeutschland, Anfang 50, seit 2000 »als Exil-Deutscher«, wie er sich nennt, Kurator der Museen in Brügge, seit 2015 Generaldirektor. Der wichtigste Kunstort ist das Groeningemuseum mit seiner weltberühmten Sammlung altflämischer Größen, darunter auch van Eycks. Oft schon, sagt Borchert, habe er sich gefragt, »warum Menschen aus aller Welt die flämischen Primitiven seit jeher so fesselnd gefunden haben. Die Antwort ist vielleicht, dass wir erstmals in der Kunstgeschichte erkennbaren Personen und vertrauten Gegenständen gegenüberstehen, die unserer heutigen Realität entsprechen. Die flämischen Primitiven legten die Grundlage eines künstlerischen Konzepts, dessen Realismus perfekt wiedererkennbar war; sie entdeckten das Individuum. Was für eine Leistung!«

Borcherts Brügge gilt als ganzstädtisches Museum – und ist sogar montags geöffnet. Hier stauen sich die Menschen Tag um Tag in den unzähligen Sträßchen und unten die Ausflugsboote in den vielen romantischen Grachten und Kanälen. Hier war auch Jan van Eyck zu Hause und hier starb er 1441, der Mitschöpfer des Lamm Gottes. Im 15. Jahrhundert war Brügge eine der reichsten Städte der Welt, was sich an vielerlei Pracht bis heute offenbart. Ein Drittel der Künstler war Ausländer, viele kamen aus dem Rheinland. »Wie heute Künstler nach New York ziehen«, erzählt Borchert, »kamen sie damals nach Brügge, um dort kräftig Geld zu verdienen.«

Am Abend wird in Brügge früh das Licht ausgeknipst. Ein Nachtleben ist fast unbekannt. In Gent, der größten Unistadt Belgiens mit fast 40 000 Studierenden, mit den vielen Kellerkneipen, Bars und Bodegas werden abends die Lichter erst angemacht. Mit einem ausgeklügelten Lampensystem taucht die Altstadt abends in ein neues Licht: spektakulär. Als wäre alles noch einmal in neuer Gestalt erwacht. Die flämische Schriftstellerin Griet Op de Beeck liebt Gent wegen seines »wilden, poetischen Flairs«. Wahrscheinlich kommt sie deshalb besonders hoch hinaus: Ihr Erfolgsroman heißt *Viele Himmel über dem siebten.*

Die zahllosen Nachtbars, Clubs und hippen Kneipen von Gent sind Legende. Im Waschsalon Wasbar gibt es Live-Musik und auf Wunsch einen Haarschnitt zum Wartebier. Glühwein heißt auf Niederländisch Glühwein. Im Winter verkauft ein Stand am zentralen Korenlei »Glühwein met Jägermeister«. Met heißt nicht Met sondern mit und macht die Mischung also nicht zum Alkoholikatriple. Aus der Kanälestadt stammen so unterschiedliche Personen wie Schmachtsänger Helmut Lotti und der ehemalige IOC-Chef Jacques Rogge.

Seit 2009 nennt sich Gent Veggie-Hauptstadt »die erste offizielle der Welt«, wie die Stadt schreibt. Was in Deutschland die

Grünen beim Bundestagswahlkampf 2013 zum Gespött machte (der Vorschlag, in öffentlichen Einrichtungen einen fleischlosen Tag obligatorisch zu machen), ist hier lange umgesetzt. Donnerstags essen die Stadtbediensteten vegetarisch. Auch Kita-Kinder bekommen nur Gemüsekreationen, Reis, Nudeln, Tofu, Käse, Suppen. Städtische Kantinen haben vegetarische Menüs verpflichtend im Portfolio. Zwölf rein vegetarische Restaurants gibt es im Umkreis von zwei Kilometern rund um das Zentrum. Selbst Sterne-Köche der Stadt bieten vegane Gourmetmenüs. In einem Stadtplan sind sieben vegetarische Frittenbuden aufgelistet. Bitte? Da in Belgien gemeinhin in Rinderfett gebraten wird, sind die landesüblichen Pommes Frites für kompromisslose Vegetarier tabu und Pflanzenöl die Erlösung.

Ich folge dem Tipp eines Kollegen und gehe ins schummrig-gemütliche Café René: Crevettenkroketten, Salat, Rinderfettfritten, dazu ein Trappistenbier. Ein klasse Tipp. Gut, dass nicht immer Veggie-Donnerstag ist. Und dann noch nebenan bei einem der vielen Zuckerbäcker eine Portion Genter Cuberdons. Das sind Gelee-Haufen, klassischerweise aus Himbeeren, mit dicksaftiger Füllung. Der angesagteste Chocolatier in Gent, manche sagen ganz Belgiens, ist seit 2017 der junge Shootingstar Joost Arijs mit seinem Salon du Chocolat – seine Pralinentürme und Designertorten sind Kunstwerke, seine Cuberdons macht er mit einer Mousse aus Kumquat-Früchten.

Fluchtort aus dem rundum herrschenden Genter Mittelalter ist das Design-Museum. Welche Wohltat: Strenge Formen hier, selbst ein Thonet-Schaukelstuhl aus dem 19. Jahrhundert will heutig erscheinen. Modernere Sachen aus den 1930ern, aus den 1960ern sind für Genter Verhältnisse gestern Spätnachmittag. Was die jungen Kreativen der Jetztzeit geschaffen haben, ob Betten, Lampen oder Tische, wird vielfach inmitten von Barockmöbeln und Gemälden alter Meister platziert. Dadurch strahlt es auf besondere Weise heraus. Und das Museum hat ein begehbares Depot. Schnäppchen fürs Auge in einem gestapelten Gewimmel aus teils kühnen Versuchen mit Stühlen, Vasen, Bestecken, Geschirr.

Übrigens: Wenn Sie Gent aussprechen, sagen Sie bitte nicht Deutsch Gent. Sondern so weich gesäuselt wie möglich: Chent. Wallonen sagen Gant.

Und wenn man sich zwischen Brügge und Gent entscheiden muss? Nehmen viele Antwerpen. Diese pulsierende Mischung aus Betriebsamkeit des zweitgrößten Seehafens Europas (nach Rotterdam) und alter Hochkultur. Über die Schelde ist die Stadt mit der Nordsee verbunden. Das gibt Weite. Der Stadtkern aus dem Mittelalter mit Gildehäusern und Goldgiebeln ist fast komplett erhalten. Das weitet den Blick auf Jahrhunderte. Im 15. und 16. Jahrhundert war Antwerpen eine der größten Städte der Welt, Metropole der spanischen Niederlande und zeitweise die wichtigste Handelsmetropole des Kontinents. Hier fanden die Olympischen Sommerspiele 1920 statt. 1993 war Antwerpen Kulturhauptstadt Europas. Außerdem: Rubensstadt. Modestadt. Avantgarde hier, Antiquitätenmeile dort, Wasser allüberall.

Antwerpen ist eine echte Herausforderung. Man weiß nie, ob man die Firstclass-Museen lobpreisen soll oder zuvörderst die Gebäude, in denen sie untergebracht sind. Das Museum der Schönen Künste. Und seit 2011 die Museen im MAS (Museum aan de Stroom), ein zehnstöckiger, roter Klotz wie aus Containern geschachtelt. Es liegt direkt am Hafen mit kostenloser Dachterrasse und dem Zweisternerestaurant »t'Zilte«. Das Museum der Schönen Künste, 2017 eckig rundumerneuert. Antwerpen ist auch Architekturmetropole Belgiens, avantgardistisch, schräg, kühn – oder die Vergangenheit wiederbelebend: Der unfassbar prachtvolle, renovierte Jugendstil-Bahnhof, eine Schienenkathedrale und von *Newsweek* mal unter die Top 5 der Weltbahnhöfe gewählt.

Der Name Antwerpen stammt wahrscheinlich von »an de warp«, Deutsch: an der Warft, wo die ersten Siedler gelebt haben. Klingt langweilig. Das fanden die Menschen schon vor

500 Jahren, übersetzten Antwerpen mit »Hand werfen« und erfanden die Brabo-Legende. Darin besiegte der junge Held Silvius Brabo den Riesen Druon Antigon, der den Schiffen Wegezölle abpresste, hackte ihm die geldgierige Hand ab und warf sie in die Schelde. Willkommen im zollfreien Handwerfen. Vor dem Renaissance-Rathaus erinnert eine mächtige Statue an die Befreiungstat.

Auch heutzutage erhebt Antwerpen die Hand, politisch. Anfang 2017 war das. Lob und Begeisterung für ihre Stadt sind die Antwerpener und Antwerpenerinnen gewohnt, aber was die Reporterin der *New York Post* in einer hymnischen Reportage zu Papier brachte, war den heimischen Zeitungen schon eine Erwähnung wert: »Eines der coolsten der weniger bekannten Reiseziele in Europa« hatte sie geschrieben. Besonders lobte sie zum einen das Auswanderermuseum Red Star Line Museum (drei Millionen Flüchtlinge in die USA, Startpunkt zehntausender deutscher Juden in die Freiheit), das ohnehin vielfach gepriesen wird. Zum anderen das eben erst eröffnete diamantförmige Hafenhaus der irakisch-britischen Stararchitektin Zaha Hadid, auch das eine der ganz großen städtebaulichen Attraktionen. Eine Extraerwähnung bekamen Antwerpens »zukunftsweisende Restaurants«.

Das nahmen sich die Inhaberinnen des Café Zeezicht umgehend zu Herzen und warfen Coca Cola, Jack Daniel's Whiskey oder Heinz Ketchup zu den Fritten aus dem Angebot. Das Restaurant will solange keine US-Produkte mehr anbieten, wie dieser Donald Trump Präsident sei, der gerade begonnen hatte, die Welt in Angst und Schrecken zu versetzen. »Es muss etwas geschehen. Darum wollen wir nur noch verkaufen, woran wir glauben und wo hinter wir stehen können. Trumps Politik wird oft an der Theke kritisiert, doch mit einer Cola in der Hand ist das scheinheilig.« Es sei denn, die Cola kommt von der ostflämischen Marke Roman, die die Amibrause im Zeezicht seitdem ersetzt. Auch das Mineralwasser Chaudfontaine aus der gleichnamigen Ortschaft nahe Lüttich wurde uitgelisted. Chaudfontaine gehört zum Coca-Cola-Konzern.

Wirtschaftsboykott, sagen die Betreiber, sei »wahrscheinlich das einzige, was Trump begreift. Wir wollen ein Statement abgeben. Das ist für uns ein logischer Entschluss.« Laut der *Gazet Van Antwerpen* gab es schnell Nachahmer. So verzichtet die viel gerühmte Frittenbude De Frieterij seitdem auf US-Saucen als Beigabe. Selbstgemachte belgische Mayonnaise ist ohnehin besser: immer mit 80 Prozent Fett und 7,5 Prozent Eigelb, so hat es 1955 der König verfügt. Per Dekret! Gruß an den US-Präsidenten. Möge die *New York Post* berichten.

Fast taggleich wurde Antwerpens Innenstadt zur ersten Umweltzone Belgiens ernannt. Stinker ohne mindestens Euro-Norm vier müssen seitdem draußen bleiben – das betrifft etwa jedes fünfte zugelassene Auto in Belgien, schätzen die Behörden. Wer trotzdem fährt: 125 Euro. Das gilt auch für Oldtimer, die bei uns als umweltfeindliches Kulturgut Narrenfreiheit haben, sprich: alles verpesten dürfen, auch deutsche Umweltzonen. So etwas wie ein steuerreduzierendes H-Nummernschild in der Autorepublik Deutschland ist in Belgien unbekannt.

Brügge oder Gent? Politisch gesehen: Antwerpen. Ökologisch aber legte Gent sofort nach: Im April 2017 gingen in der Innenstadt die ersten drei Elektrobusse in Dienst. Autofreie Zone erweitert, Bustransport umsonst.

## Arienrevolution: Geschichte und Politik

Von der Opernrevolte über vorbildliche Judenrettung im Zweiten Weltkrieg bis zum föderalen Kompromissstaat mit der »Gemeinsamen Gemeinschaftskommission«.

*»O Belgien, o teure Mutter,*
*Dir gehören unsere Herzen, unsere Arme!«*
(Aus der belgischen Nationalhymne)

Belgien gibt es länger als 2000 Jahre. Als Julius Caesar das damalige Gallien erobert hatte, nannte er die nördlichen Provinzen Gallia Belgica und taufte ihre Einwohner Belgae, ins Deutsche übersetzt Belgen. In *De bello Gallico* hat er sie mit einer Erwähnung gleich im ersten Satz geadelt: »Gallia est omnis divisa in partes tres, quarum unam incolunt Belgae, aliam …« Und er verglich sie ein paar Sätze später mit den Nachbarn: »Die Belgen aber sind von allen die tapfersten.« Gut, der römische Feldherr nannte seine Belgen-Helden aus den dunklen Ardennenwäldern auch »Säufer, Querulanten und Dummköpfe« – geschenkt. »Streitlustig« gab es noch als Attribut, aber da hat Caesar aus dem fernen Rom vielleicht etwas ungenau nach Norden geguckt; die streitlustigsten Gallier waren doch diese seltsamen Typen in dem Dorf weiter westlich in der Bretagne.

Oder war Caesar ein Seher? Denn Streitlust ist bis heute konstituierende Eigenschaft der Belgier, intern allerdings. Wallonen oder Flamen streiten sich wie *les rétameurs* respektive wie die *ketellappers*, zu Deutsch: Kesselflicker. Das führte zur oberflächlichen Chiffre Sprachenstreit. Genauer ist es ein Streit um Einflusssphären, um Mitsprache, um Rechte. Die eigene Identität gilt es zu bewahren. Eher müsste es also Kulturstreit oder Völkerstreit heißen, befeuert durch immer neue Eifersüchteleien, unvollständige politische Befriedungen und immer neu aufflammendes

Misstrauen untereinander. Belgien mag ein Exot sein, viele Flamen und Wallonen halten sich gegenseitig auch für Exoten. Für diese komischen Fremden im eigenen Land. Diese Konflikte beherrschen seit Jahrzehnten die belgische Gesellschaft und absorbieren mehr Energie als die altersschwachen belgischen AKWs erzeugen können. Andererseits: Man muss sich ständig neu arrangieren. Belgisch heißt: Mehrfachkultur statt Patriotismus, immerwährendes Ringen statt festgefahrene Wahrheiten.

Das moderne Belgien als eigenen Staat gibt es seit 1830. Vorher, nach dem Zerfall des römischen Reiches, stand das Land ab dem 14. Jahrhundert zunächst unter dem Einfluss Burgunds. Karl V., ein Katholik, bestieg 1515 den spanischen Königsthron und erbte die Niederlande, zu denen auch das heutige Belgien gehörte. Über 300 Jahre lang blieb das Staatsgebiet ein Spielball der Mächtigen: 1579 teilten sich die Niederlande, in einen protestantischen nördlichen Teil und in die katholischen Spanischen Niederlande inklusive Belgien. Nach dem spanischen Erbfolgekrieg herrschten die Habsburger, jetzt hieß man Österreichische Niederlande. 1790 scheiterten die Brabanter und Lütticher Revolutionsversuche. Statt Unabhängigkeit kamen Napoleons Truppen und annektierten das Land. 1815, nach dem Wiener Kongress, wurden die belgischen Provinzen zwangsvereinigt mit dem Königreich der Niederlande. Es regierte der autoritäre König Wilhelm, Calvinist. Ausschließliche Amtssprache: Niederländisch.

Die große Mehrheit der Belgier aber war katholisch. Selbst das flämische Bürgertum sprach damals Französisch. Und besonders den Wallonen waren die Niederlande kulturell etwa so fern wie Südschweden oder Osttimor. Zudem ging es den Menschen wirtschaftlich schlechter als noch unter der Herrschaft der Franzosen. In Eupens Tuchfabriken und den Spinnereien von Verviers gab es Aufstände. Öffentlich wurden Maschinen zerstört.

Am 25. August 1830 wurde in der Brüsseler Oper »La muette de Portici« (Die Stumme von Portici) des Komponisten Daniel-François-Esprit Auber mit einem Libretto von Eugène Scribe und Germain Delavigne gegeben. So sollte eigentlich der 58. Geburtstag des Königs gefeiert werden. Das Thema der Oper ist die Revolte der Neapolitaner gegen Spanien im 17. Jahrhundert. Als der Ruf nach Freiheit erklang, verfing er sogleich im Publikum und als der Held im dritten Akt mit einer Axt in der Hand schmetterte: »Laufet zur Rache! Die Waffen, das Feuer! Auf dass unsere Wachsamkeit unserem Leid ein Ende bereite!« stürmten die Menschen auf die Straßen. Die Geburtstagsfeier war verdorben.

Eine Arie als Auftrag. Die bis dahin Stummen von Brüssel skandierten »Vive la liberté!«. Aus den Kneipen rundherum brüllten die Besoffenen mit und schlossen sich den kulturell Aufgestachelten an. Volk und Bourgeoisie spontan verbündet – historisch selten. Gemeinsam besetzte man den Justizpalast. Nieder mit den Niederländern, weg mit dem komischen Calvinismus. Wortführer waren Wallonen und das Französisch sprechende Brüsseler Bürgertum, die katholischen Flamen blieben wohlwollend im Hintergrund. Ein Anführer, den man bis heute verehren könnte, ist nicht überliefert – auch das ungewöhnlich. Der spontane Umsturz gelang auch ohne einen Helden, nachhaltig und weitgehend unblutig. Sechs Wochen später erklärte Belgien seine Unabhängigkeit.

Im Opernhaus soll es damals flämisches Rinderragout gegeben haben, das aus Kübeln von Balkonen auf die aufmarschierenden niederländischen Truppen geschüttet wurde. Nun mag eine *Carbonade flamande* kaum revolutionsentscheidend sein, dass man aber ausgerechnet in diesem Land der Essensliebhaber Köstlichkeiten als Waffen einsetzt statt sie zu genießen, musste die flammende Ernsthaftigkeit des Aufstands unterstreichen. Den Nachbarn passte derweil ein eigenes Belgien im *Carrefour Europe*, Europas Kreuzung, sehr gut als Puffer zwischen die Einflusssphären. König Wilhelm willigte ein, wenn man ihm nur die Provinzen Maastricht und das heutige Luxemburg ließe. Man ließ und suchte sich einen neuen König. Leopold von Sachsen-

Coburg übernahm den Job, ein deutsches Blaublut also. Belgien formierte sich zur unabhängigen konstitutionellen Erbmonarchie. Am 21. Juli 1831 schwor der König den Eid auf die Verfassung und konnte schon 1843 frohlocken: »Belgien hat Elemente der Zufriedenheit wie wenige Länder.«

Die Sache lief nicht ganz so glatt weiter. Im Gegenteil. *L'Union fait la force – Eendracht maakt macht – Einigkeit macht stark:* Mit solch einem Wahlspruch wäre man gut bedient, wollte man in die heutige belgische Verfassung surrealistische Anklänge einbetten. Indes: Der Satz in den drei Amtssprachen gehört aber tatsächlich zum belgischen Wappen mit dem goldenen Löwen, dem *leo belgicus*. Da staunt man: Ist nicht gerade Uneinigkeit und Streit bis heute konstituierendes Merkmal im Königreich Belgien?

Nun muss man die offiziell proklamierte Einigkeit nicht als Beschreibung sehen sondern als Ziel. Belgien ist sehr kompliziert aufgebaut, so dass man Einigkeit immer wieder erarbeiten muss, zäh oft und hart. Man nennt das die immerwährende Suche nach *le compromis à la belge.*

Belgien war lange ein Zentralstaat, die Entscheidungsgewalt lag allein in Brüssel, das Französische dominierte. Die Wallonie war der wirtschaftliche Motor, Flandern das arme Bauernland. Flamen hatten kein Recht auf Prozesse in ihrer Sprache. So wurden nachweislich mehrere Flamen zu Unrecht zum Tode verurteilt, weil sie die Sprache der Anklage nicht verstanden und sich nicht verteidigen konnten. Erst 1898 wurde Niederländisch als Amts- und Gerichtssprache anerkannt.

Auch in der Hauptstadt Brüssel, historisch flämisch, inmitten Flanderns gelegen, parlierte man auf Französisch. »Man spricht Niederländisch mit Tieren und mit den Knechten«, sagte man dort, in dieser Reihenfolge. Auf den Schlachtfeldern von Diksmuide und Ypern im Ersten Weltkrieg gab es besonders viele flämische Opfer – Historiker sind nicht einig, ob die bösen Wallonen flämische Soldaten wissentlich verheizt haben oder ob die Flamen die Befehle ihrer frankophonen Offiziere nicht verstanden und deshalb einen besonders hohen Blutzoll zahlten. Hundert Jahre dauerte es, bis 1930 in Gent die erste flämische Universität eröffnen durfte. Die Sprachgrenze verlief weiterhin auch vertikal, und Beamte ignorierten die Sprache dieser Unterschicht wo immer möglich.

Belgien konnte sich noch so neutral erklären, es war immer mittendrin, wenn es Krieg gab. Zweimal überfielen die Deutschen das Land: 1914 und 1940. Im Zweiten Weltkrieg leistete die belgische Armee wenig Widerstand, dafür die Menschen umso mehr, Flamen und Wallonen vereint gleichermaßen. »In Belgien war das Resistente überall«, sagt der Historiker Herbert Ruland, »es hat so viel Widerstand gegeben, vor allem bei jungen Leuten, weil sie von den fürchterlichen Erfahrungen ihrer Eltern mit den Deutschen im Ersten Weltkrieg wussten.« Das rettete vor allem vielen Juden das Leben, »gar nicht unbedingt aus Mitleid, sondern weil man den Besatzern schaden wollte«.

1940 lebten etwa 60 000 Juden in Belgien. Vielen gelang es, mit Hilfe der Einheimischen unterzutauchen: in Klöstern, in Familien, auf Bauernhöfen. In Sprimont in den Ardennen trug der Gemeindesekretär jüdische Kinder einfach als Angehörige dortiger Familien in das Bevölkerungsregister ein. Der Ort bewahrte Stillschweigen, die Kinder überlebten. Auch Paul Spiegel, später Präsident des Zentralrates der Juden in Deutschland, lebte als Kind in Belgien und wurde durch Pflegeeltern in Flandern gerettet. Ende 1944 bei Kriegsende hatten mehr als 30 000 Juden überlebt, somit gut die Hälfte. Das ist der höchste Anteil in Westeuropa. Die Belgen waren noch einmal von allen die tapfersten.

Nach 1945 waren weiterhin die Frankophonen die Meinungsführer, die Reichen, die Kulturprägenden. Selbst in der flämischen Mittelschicht lernten die Kinder manchmal: Erst vernünftig Französisch lernen, dann ist die Muttersprache Niederländisch dran. Der Kongo, 80 mal größer als das kleine Belgien, war immer noch Kolonie. Das afrikanische Land war zunächst (seit 1876) eine Art Privatkolonie von König Leopold II. gewesen, ohne Gnade mit roher imperialistischer Energie und grenzenloser Geldgier ausgebeutet. Der Monarch hatte das arme Land mit beispielloser Gewalt (zehn Millionen Tote) zerstört und musste es nach den »Kongogräueln« 1908 dem Staat Belgien überlassen. Bis zur Unabhängigkeit 1960 dauerte es noch mal über ein halbes Jahrhundert.

In den 1960er Jahren begannen sich die sozialen Verhältnisse in Belgien umzudrehen: Die Wirtschaft in Flandern blühte allmählich auf – Agrarbusiness statt bäuerliche Landwirtschaft, Technologie und Dienstleistung hießen die Schlagworte des Erfolgs. Dazu boomten (bis heute) die Seehäfen, vor allem Antwerpen. Gleichzeitig befanden sich Bergbau und Stahlwirtschaft der Wallonie im Niedergang. Es entstand eine verquere, eifersüchtige und neidbesetzte Gemengelage. Die Flamen fühlten sich bevormundet, diskriminiert, immer noch nicht gewürdigt. Dem Land drohte die Spaltung. Der Staat musste reagieren: Erst verbindliche neue Sprachgrenzen in den 1960er Jahren (von den Flamen vehement gefordert), danach von 1970 bis 1994 vier Staatsreformen (später noch zwei kleinere). Sie wandelten Belgien in einen Föderalstaat. Rechte und Mitsprache verlagerten sich immer weitgehender an die einzelnen Landesteile, ihre Kultur, ihre Sprache, ihre spezifischen Interessen.

Heute gibt es die Föderalregierung mit Sitz in Brüssel, entsprechend etwa der Bundesregierung in Deutschland. Und dann sechs Gebilde, die auf Deutsch Gliedstaaten heißen. Diese Gliedstaaten gehören zu zwei Arten: den Regionen und den Sprachgemeinschaften. Alle haben unterschiedliche autonome Gesetzgebungsmöglichkeiten und Zuständigkeiten, die sich allerdings auch überlappen. Es gibt die Wallonische Region, die Flämische Region und die offiziell zweisprachige Region Brüssel-Hauptstadt. Sprachgemeinschaften sind die französischsprachige im Süden, die niederländischsprachige im Norden und die kleine deutschsprachige am Ostrand des Landes.

In Flandern ist es leicht: Region und Sprachgemeinschaft sind identisch. Die Deutschsprachige Gemeinschaft (DG) mit ihren 76700 Einwohnern gehört indes zur Wallonischen Region. Hier sind keine größeren Streits bekannt, auch wenn die DG darauf hinarbeitet, eigenständige Deutschsprachige Region zu werden. Bis dahin hat man als Teil der Wallonie auf der Ebene der belgischen Gemeinschaften ein eigenes Parlament, vier Minister und viele eigenständige Rechte – Kultur, Schulwesen, Tourismus etc.

Es gibt sieben Parlamente: Abgeordnetenkammer und Senat (ähnlich dem Bundesrat in Deutschland) auf föderaler Bundesebene, drei in den Regionen und die beiden französisch- und deutschsprachigen Gemeinschaften – dazu kommen alle möglichen Verwaltungen. Das heißt, Bürger der Wallonie wählen drei Parlamente: auf Bundesebene, in ihrer Region und in ihrer Gemeinschaft (entweder in der deutschsprachigen oder der französischsprachigen). In die Gemeinschaften wählen auch die Brüsseler. Kompliziert? Ja. Es hätten auch acht statt sieben sein können, aber flämische Region und niederländischsprachige Gemeinschaft sind eins, also gibt es nur ein flämisches Parlament.

Auch Belgier haben bisweilen Probleme, das alles auseinander zu halten, geschweige denn all ihre Minister und Abgeordneten zu kennen oder zumindest zuzuordnen. Und an wen wende ich mich als Bürger bei welchem Anliegen? Gemeinde, Stadt, Bezirke, Kantone, Provinzen gibt es ja auch noch. Belgien hat auf eine Million Einwohner 56 Abgeordnete, Deutschland 31. Zu Ministern und Abgeordneten der sieben großen Parlamente kommen noch 14029 Gemeinde- oder Provinzialratsmitglieder und gemeindeübergreifende, interkommunale Zweckverbände. Rechnerisch bedeutet das: ein Amtsträger pro 750 belgische Bürger.

Es gibt viel zu wählen in Belgien. Und Belgier sind zur Demokratie verpflichtet: Es herrscht Wahlpflicht. Das meint Belgien wirklich ernst. Wer nicht wählen geht, bekommt Post vom Staatsanwalt. Jeder. Und wer keine glaubwürdige, stichhaltige Erklärung hat, gegebenenfalls ein Attest, gegen den wird ermittelt. Das will niemand. Die Wahlbeteiligung liegt tatsächlich immer jenseits von 90 Prozent. Vereinzelte Fälle von Bußgeld kommen tatsächlich vor.

Früher gab es drei große Parteien: Konservative, Liberale, Sozialisten. Seit Anfang der 1970er Jahre sind nationale Parteien unbekannt. Es gibt sie nur noch mit Doppelgänger: jeweils flämisch und frankophon. Auch bei den Grünen und den Rechtsaußeneiferern. Andere gibt es nur regional. Wer koaliert, wer stimmt mit wem ab? Meist geht Landsmannschaft vor politischer Richtung. Also werden zum Beispiel flämische Sozialisten eher mit flämischen Konservativen abstimmen als die sozialistischen oder konservativen Ableger aus einer Sprachgemeinschaft zusammen. Auf was man sich einigt, muss vorher gesinnungsübergreifend ausgekungelt werden.

Klingt sehr komplex? Politischer Surrealismus? Ja, aber wir haben noch nicht über die Hauptstadt gesprochen. Die Region Brüssel umfasst das zweisprachige Gebiet Brüssel-Hauptstadt, das wiederum aus 19 Gemeinden mit 19 Bürgermeistern besteht. Die Stadt Brüssel selbst ist eine der 19 Gemeinden. Die Region Brüssel-Hauptstadt hat ein legislatives Organ (»Brüsseler Parlament«) sowie ein exekutives (»Brüsseler Regierung«). Das Brüsseler Parlament besteht aus einer französischen und einer niederländischen Sprachgruppe. Wähler müssen sich vorab entscheiden, in welche Sprachgruppe sie einen Abgeordneten wählen wollen. Für Kandidaten gilt: Man kann nur in die Sprachgruppe gewählt werden, die mit der Sprache im eigenen Ausweis übereinstimmt.

Es geht noch weiter. Aus Wikipedia: »Die Zugehörigkeit zu der einen oder anderen Sprachgruppe hat auch Auswirkungen auf die Vertretung der Brüsseler Abgeordneten im Parlament der Französischen Gemeinschaft Belgiens bzw. im Flämischen Parlament. Die Vertreter dieser beiden Gemeinschaften werden tatsächlich nicht direkt von der Bevölkerung gewählt, sondern setzen sich aus allen wallonischen bzw. flämischen Regionalabgeordneten einerseits, und gewissen Abgeordneten des Brüsseler Parlamentes der französischen bzw. (eventuell) der niederländischen Sprachgruppe andererseits zusammen. Im Parlament der Französischen Gemeinschaft sind somit neben den 75 wallonischen Regionalabgeordneten auch 19 Brüsseler Abgeordnete vertreten, die von der französischen Sprachgruppe des Brüsseler Parlamentes bestimmt werden. Für das Flämische Parlament gelten seit 2001 andere Regeln, da es zusammengestellt ist aus den 118 direkt gewählten flämischen Regionalabgeordneten und aus sechs Abgeordneten, die ihren Wohnsitz auf dem Gebiet der Region Brüssel-Hauptstadt haben müssen und dort direkt in dieser Eigenschaft gewählt wurden. Diese sechs Abgeordneten gehören also nicht zwangsläufig dem Parlament der Region Brüssel-Hauptstadt an … (In Flandern) sind die besagten sechs Abgeordneten nicht stimmberechtigt, wenn das Flämische Parlament sich mit rein regionalen Zuständigkeiten befasst. Da sowohl die Französische als auch die Flämische Gemeinschaft über eine ›konstitutive Autonomie‹ verfügen, sind sie befugt, die Zusammensetzung ihrer Parlamente mittels eines Sonderdekretes (Zweidrittelmehrheit) zu ändern; in diesen Fällen muss jedoch immer das Verhältnis 19 : 75 bzw. 6 : 118 als parlamentarische Vertretung der Region Brüssel-Hauptstadt beibehalten werden …«

Das ist nicht Realsatire, sondern intensiv über Jahrzehnte ausgehandeltes demokratisches Recht. In der Legislative der Region Brüssel-Hauptstadt kommen übrigens noch die französische und flämische Gemeinschaftskommission COCOF und VGC hinzu sowie die, so heißt sie wirklich: Gemeinsame Gemeinschaftskommission COCOM / GGC. Kann die EU-Verwaltung irgendwo besser hinpassen als in dieses komplex-verwirrende Brüssel?

Die Kompetenzen-Rangelei rund um die Stadt Brüssel hat durchaus spürbare Folgen. Für die Fußball-EM 2020 (die in ganz Europa ausgetragen wird) will die Stadt – Stand Frühjahr 2017 – das neue Euro-Stadion bauen. Das ist lange projektiert, die Pläne sind ausgearbeitet, der Bauherr hockt in den Startlöchern. Fatalerweise liegt die Arena am Stadtrand, deshalb gab es erst Streit mit der Nachbargemeinde Grimbergen in Flämisch-Brabant um

Wegerechte. Dann fiel das Gutachten des flämischen Landesamtes für das Mobilitätsprojekt des privaten Bauherren negativ aus. Also brauchte man für Zufahrtsstraßen und Parkplätze zusätzliche Grundstücke auf flämischem Gebiet. Unmittelbar begann ein neuer Streit. Unterstellt wurde, dass der flämische Mobilitätsminister Ben Weyts lange Bescheid wusste vom fatalen Gutachten, dies aber taktisch nicht kommunizierte. Politische Unterstellungen folgten, entsetzte Anwohner, neue Debatten. Dann versagte die Gemeinde Grimbergen die Baugenehmigung. Umfängliche Verhandlungen zwischen dem Ort, dem Bundesland Flandern, der Provinz Flämisch-Brabant, der Stadt Brüssel und der Hauptstadtregion Brüssel standen an.

Selbst für belgische Verhältnisse ist das nicht einfach. Deutsche Medien, etwa die *Süddeutsche Zeitung*, meldeten schon das Aus der Arena. Verdächtig war, dass nach den giftigen öffentlichen Streitereien und Schuldzuweisungen plötzlich Funkstille herrschte. Ein untrügliches Zeichen, dass hinter den Kulissen emsig weitergewerkelt wurde – womöglich bei dem einem oder anderen Glas Grimbergen Bier (entweder Version Blonde 6,7 Prozent oder Optimo Bruno 10 Prozent, erstmals 1128 gebraut). Kein Stadion wäre wirklich ein europaweites Desaster. Vielleicht scheitert das Projekt tatsächlich. Wenn im Stadion 2020 die erste von geplant vier Partien angepfiffen wird, werden wir wissen, dass die Verhandlungen erfolgreich waren.

Sehr plastisch kann man sich den Streit um Brüssels Airport vorstellen. Der Flughafen von Zaventem liegt am Stadtrand, die flämische Provinz grenzt an. Seit Jahren beschweren sich die Flamen bitterlich, dass die Start- und Landeschneisen ihre Gemeinden weit über Gebühr mit Fluglärm belasten und Brüssel selbst fast gar nicht. Schlimmer noch: Im Februar 2017 verhängte die Region Brüssel ein strenges Lärmschutzgesetz. Das hieß: Keine Flüge über unser Terrain. Also bekommen die flämischen Randgemeinden noch mehr ab: 10 000 Menschen im weiten Flandernland leiden unter Lärm lauter als es die staatliche Lärmobergrenze erlaubt, aber nur noch 3600 im dicht besiedelten Brüssel. Der Streit geht quer durch alle Parteien in den Regionen und im Föderalstaat. Die Zeitung *Het Nieuwsblad* schrieb, ein Pilot müsse den föderalen Flugrouten folgen, also auch über Brüssel, kann dafür aber ein Bußgeld von der Region Brüssel-Hauptstadt aufgebrummt bekommen: »Absurder geht es nicht.« Der flämische Ministerpräsident sah sich einer »institutionellen Atombombe« gegenüber. Mögen alle Gemeinsamen Gemeinschaftskommissionen gemeinschaftlich weise Entscheidungen finden.

Belgische Politik ist also ein sehr hartes Brot. »Kompetenzen sind selten exklusiv. Immer gibt es vielerlei Einflüsse«, erklärt Isabelle Weykmans, die Kultusministerin der Deutschsprachigen Gemeinschaft. »Um Dinge nach vorne zu bringen, braucht man viel Zeit und Geduld. Wir haben in Belgien eine enorm ausgeprägte Kultur des Dialogs und der Diskussion. Da wird vieles von rechts nach links durchgekaut, nächtelang.« Aber sie ist leidenschaftliche Belgierin, also ist das zu loben: »Unsere drei Kultur- und Sprachgemeinschaften sind in ihrer Struktur und Größe einzigartig in der Welt.«

Einzigartig kompliziert einerseits. Einzigartig demokratisch andererseits: »Belgien ist ein Masterpiece, ein Meisterstück«, formulierte einmal ein US-Kommentator.

Und was ist belgische Politik insgesamt? Für die einen eine besonders anspruchsvolle Form von Staatskunst, für andere eine Meisterschaft im Verschieben und Übervorteilen. In jedem Fall bleiben es immer arithmetische und verbale Seiltänze. Der Kabarettist Bert Kruismans sagt: »Wir haben sehr viele frankophone Politiker, die keine Spaltung Belgiens wollen, sie aber trotzdem schon mal vorbereiten. Und es gibt sehr viele flämische Politiker, die eine Teilung Belgiens wollen, aber nicht wissen, wie sie das erreichen können.«

# Lächerliche deutsche Fürsten: Einige Aspekte der belgischen Ökonomie

Einst wirtschaftliche Weltmacht. Heute gilt: teurer arbeiten, gut recyclen, anders zum Arzt, früher abschalten vom Erwerbsleben, aber später in der Energiewirtschaft

Belgien war einmal, auch wenn es als eigenständiges Land noch nicht existierte, das Zentrum der europäischen Wirtschaft. Zuerst im Sektor Spinnereien und Tuchherstellung, vor allem im Osten des Landes. Im Standardwerk *Die feine Tuchmanufaktur zu Eupen, ihre sämtlichen Geheimnisse, Vorteile und Preise nebst Tabellen* eines ungenannten Autors – es war vermutlich Wilhelm Fremerey (1765 – 1852), der aus einer der angesehensten Eupener Tuchmacherfamilien stammte – heißt es über die Textilbarone: »In Deutschland nennt sich ein Fürst reich, wenn er 25000 Taler sein eigen nennt. Damit ist ein Kaufmann in Eupen arm. Dort haben manche eine Million Taler, fahren goldene Kutschen und haben livrierte Diener.«

Seit Anfang des 19. Jahrhunderts dominierte die Kohle- und Stahlindustrie. Als in der Wallonie, zuerst rund um Lüttich, die Hochöfen loderten, Stahl- und Walzwerke auf Hochtouren arbeiteten, die Erde nach Kohle und Erzen durchgraben wurde, weideten im Ruhrgebiet vielerorts noch die Kühe. Belgien war bis zum Ersten Weltkrieg die viertgrößte Industrienation der Welt.

Heute führen die Statistiken das kleine Land auf Platz 26 oder 27, immerhin. Wichtige Produktionszweige sind Metall- und Autoindustrie, Nahrungsmittel, Chemie, nach wie vor die Textilindustrie. Wie Deutschland auch, erwirtschaftet Belgien einen deutlichen Exportüberschuss und ist wegen seines kleinen Binnenmarktes davon auch besonders abhängig. Das Bruttoinlandsprodukt (420 Milliarden Euro) ist mit 37 – 38000 Euro pro Einwohner etwa gleich. Deutschland ist vor Frankreich und den

Niederlanden der Haupthandelspartner. Flandern erwirtschaftet 57 Prozent des belgischen BIP, die einwohnerschwächere Wallonie 24, der Großraum Brüssel 19. Die Sozialtransfers aus Flandern in die Wallonie gehen jährlich in die Milliarden, angeblich waren es zuletzt vier pro Jahr. Sagen die Flamen, bestreiten die Wallonen. Statistiken, die man nicht gemeinsam gefälscht hat, sind stets giftig umstritten.

Belgien hat in Europa jenseits von Skandinavien und Luxemburg den höchsten Mindestlohn, über 9 Euro (Stand 2016). Allgemein sind die Löhne höher als in Deutschland. Das bedeutet aus Arbeitgebersicht: Arbeitskosten brutto je Stunde 41,20 statt 33,40 Euro in Deutschland (2016). Die Arbeitslosenquote ist mit konstant sieben bis acht Prozent in den vergangenen Jahren ebenfalls etwas höher als etwa in Deutschland oder Österreich. Gleichzeitig gibt es die mit Abstand höchsten Sozialabgaben in Europa: Alleinverdienende zahlen saftige 54,0 Prozent, dahinter folgt mit einigem Abstand Deutschland mit 49,4 an Platz 2 (Quelle: OECD für 2016). Anders als in Deutschland lebt man in Belgien weniger um zu arbeiten sondern arbeitet um zu leben: Prestigegewinne durch den Job sind seltener. Man arbeitet halt, um Geld zu verdienen. Beförderungen dienen weniger dem Ego als dem Portemonnaie. Die soziale Abfederung gilt als vergleichsweise gut. Belgien leistet sich EU-weit die jüngsten Rentner: Nur 40 Prozent der über 50-Jährigen arbeiten (Deutschland 51 Prozent). Frühverrentung ist sehr beliebt: Da bleibt mehr Zeit für Hobbys, für lukrative Schwarzarbeit und für das eigene Häuschen.

Die Immobilienpreise sind in den vergangenen Jahren deutlich geringer gestiegen als in Deutschland. Von 2010 bis 2016 waren es hierzulande satte 29,6 Prozent Plus, in Belgien nur 13 Prozent. Größere Sprünge gab es früher, von einem sehr niedrigen Niveau in den 1970er und 1980er Jahren ausgehend, als zum Beispiel Häuser in Ostbelgien oft nicht mal ein Drittel so viel wie in Deutschland kosteten. Zwischen 1990 und 2010 hatten sich die

Hauspreise verdreifacht (während Löhne und Gehälter nur um 70 Prozent stiegen). Die Preise in den verschiedenen Landesteilen sind extrem unterschiedlich: Vergleichbare Immobilien kosten in Brüssels schicken Vororten Woluwè-Saint-Pierre oder im Innenstadtbezirk Ixelles das Sechsfache und mehr verglichen mit kleinen wallonischen Gemeinden in der Provinz Luxembourg oder Hainaut – Brüssels Internationalität durch EU-Institutionen und deren Anhängsel wirkt hier als Preistreiber und sorgt für Sonderkonjunkturen im Immobiliensektor. 81 Prozent der Belgier außerhalb Brüssels sind heute Eigenheimbesitzer, in Brüssel sind es nur 28, in Deutschland insgesamt keine 30. Das eigene Heim ist die weit bevorzugte private Investition. Belgiern liegt der Eigenheimbesitz mittlerweile in der DNA: »Wir werden«, so eine Redewendung, »mit einem Ziegelstein im Bauch geboren.« Die Alternative sind Mietwohnungen, deren Miete mit acht bis zehn Euro pro Quadratmeter auch in Brüssel lächerlich niedrig ist verglichen mit anderen Hauptstädten wie London, Rom oder Paris. Allerdings ist nach oben auch hier nur der Himmel die Grenze und die Ausstattung der billigeren Wohnungen nicht so, dass sich beispielsweise wohlbestallte EU-Beamte in ihnen wohlfühlen. Die berappen denn auch deutlich mehr.

Die Föderalregierung hat vergleichsweise wenige Kompetenzen: Außenpolitik, Polizei, Verteidigung, Richtlinien der Sozialpolitik. Das macht denn auch den wirtschaftspolitischen Alltag schwierig, zum Beispiel in der Energiepolitik. Das Thema interessiert spätestens seit 2015 gerade den Westen Deutschlands massiv und bang: Belgien setzt nach wie vor auf die Steinzeittechnologie Atomenergie. Über 40 Prozent der Energie wird per Kernspaltung erzeugt. Die Anlagen Doel bei Antwerpen und Tihange in Huy bei Lüttich sind alt und hochgradig gefährlich, sagen vor allem die Deutschen. Aachens Stadtgrenze liegt in Hauptwindrichtung 57 Kilometer Luftlinie von Tihange entfernt. Dutzende Städte und Gemeinden aus Deutschlands Westen, den Niederlanden und Luxemburg haben 2016 in Brüssel Klagen eingereicht, um ein sofortiges Abschalten zu erreichen. Erstmals in Europa klagen Gemeinden gegen einen Nachbarstaat.

Tihange hat den Beinamen Bröckelreaktor, seit tausende feiner Risse in der Betonhülle entdeckt wurden. Der Bau der Reaktoren wurde nicht ausreichend dokumentiert, Unterlagen sind verschwunden. Es gab Brände auf dem Gelände. Selbst das Fundament stimmt nicht: 2016 hatte sich die Bodenplatte gehoben. Ständig muss wegen technischer Probleme der offenbar besonders marode Reaktorblock 2 heruntergefahren werden. AKW-Betreiber und Aufsichtsbehörde sind zudem personell eng verquickt. Auf der Website Belgieninfo hieß es in einer Kolumne: »Das ist sicher: die belgische Regierung sagt, die Atommeiler im Land sind sicher. Sie wird aber auch dafür sorgen, dass in diesem Jahr im Umkreis von 100 Kilometern um die Meiler Doel und Tihange Jodtabletten zum Schutz vor radioaktiver Strahlung zu haben sind. Sicher ist eben sicher. Wir feiern den amtlichen Surrealismus.« Die Kolumne heißt »frisch frittiert«.

Belgien nähert sich aber einem Umdenken. Vor einigen Jahren noch erlebte man einen offensichtlichen Bruch, wenn man aus Trier oder Prüm kommend auf der Ardennenautobahn nach Belgien fuhr: Eben noch auf allen Eifelhöhen zahllose Windenergieanlagen, dann schlagartig nur noch naturbelassen bewaldete Höhen. Belgien ist verspätet dabei, erneuerbare Energien zu fördern. Ende 2016 schaffte das Land etwa 1500 Megawatt, Deutschland 30 mal so viel: 46 000 (knapp 1000 Windräder hier, 28 000 in Deutschland). Umgerechnet auf die Einwohnerzahl produziert Belgien also weniger als ein Viertel – trotz guter windiger Voraussetzungen.

Der erste belgische Atommeiler (Doel 3) soll 2022 stillgelegt werden, die anderen folgen schrittweise bis Ende 2025. Erst dann?, fragen verängstigte Bürger zurecht. Tihange und Doel spalten weiter, die Atome und die Gesellschaft. Wobei Belgier manchmal mimosig reagieren, wenn die besserwisserischen Deutschen sich in ihre Energiepolitik einmischen wollen. Sorgt ihr doch erst einmal für ein Ende eurer dreckigen Braunkohleverstromung im Rheinland, heißt es dann. Deutschland, Öko-Weltmeister? Auffällig oft stapeln sich in Belgien Abfallsäcke auf den Bürgersteigen. Wer das voreilig als ein Zeichen von Unordnung oder Chaos deutet, liegt falsch. Kein Land in Europa sortiert, so Fost Plus, die Firma, die in Belgien (ähnlich dem Grünen Punkt in Deutschland) die Abfallverwertung koordiniert, seinen Müll gründlicher. Knapp 90 Prozent der Haushaltsabfälle (750 000 Tonnen im Jahr) werden recycelt oder wiederverwertet.

Die komplexe politische Struktur des Landes mit der Kompetenzaufteilung zwischen Föderalstaat und den Regionen macht die Umstellung der Stromproduktion auf erneuerbare Energien aufwändig. Schon im energieaufwändigen Transportsektor sind die Befugnisse geteilt – für die Bahn ist die föderale Ebene zuständig; für Straßennetz, Busse und Straßenbahnen sind es die Regionen. Bei der Energieproduktion gilt eine Bundeszuständigkeit für Atomenergie und Gas, eine regionale Zuständigkeit für die erneuerbaren Energien, Ausnahme allerdings bei der Offshore-Windenergie. Und das Energienetz: Starkstrom fällt in den föderalen Bereich, die örtlichen Netze liegen in regionaler Kompetenz. So etwas wie ein Erneuerbare-Energien-Gesetz fehlt. Auch die investitionsbereite Industrie wüsste gern mal Bescheid. Man diskutiert schon zu lange.

Ein Sonderfall in Europa ist das belgische Medizinwesen. Kaum ein praktischer Arzt oder Zahnarzt hat eine Sprechstundenhilfe. Die Ärzte können sich in der Regel keine Mitarbeiter leisten, da es mangels Numerus clausus im Studium oder anderer Lenkungsmaßnahmen viel mehr Mediziner als bei uns gibt, besonders in der Wallonie. Es geht meist salopper zu, statt weißer Kittel dominieren Jeans und Freizeithemd: von wegen Halbgötter in Weiß. Schlecht für die Mediziner, gut für die Kranken: Belgien hat im Verhältnis zur Einwohnerzahl 25 Prozent mehr Ärzte als Deutschland, 80 Prozent mehr Krankenschwestern und Pfleger in Kliniken (Weltrangliste Platz 5), sogar doppelt so viel Personal in Altenheimen. Kranken- und Altenpflege sind Studienfächer.

Ein belgischer Hausarzt braucht, schätzt man, mindestens 25 Patienten am Tag, um über die Runden zu kommen. Entsprechend niedrig ist das durchschnittliche Einkommen. Auch Jobs als Halbtagsärztinnen machen im alten Rollenmodell Sinn, was die Praxenzahl noch mal erhöht. Die Konkurrenzsituation hat für die Patienten viele Vorteile: Hausbesuche sind üblich, die Honorare niedrig, Termine leichter zu bekommen. Ungewohnt: Leistungen bei Hausärzten sind bar zu entrichten – die Kassen zahlen im Regelfall 75 Prozent zurück. Das schafft Transparenz, macht Gesundheit aber im Schnitt etwas teurer als in Deutschland. Und man überlegt sich einen Arztbesuch wegen irgendeines Wehwehchens vielleicht zweimal. Ein Besuch kostet 20 – 30 Euro, die Zuzahlung ab 5 Euro entspricht also kaum mehr als der Anteil bei uns für Medikamente. Viele Medikamente übrigens sind in Belgien europaweit am preiswertesten.

In Belgien ist man kurioserweise gesinnungsgemäß oder politisch versichert. Es gibt unter den gemeinnützigen Versicherungsvereinen die Christliche Krankenkasse (hier sind rund 45 Prozent aller Belgier versichert), die Sozialistische Krankenkasse (27 Prozent), daneben die Krankenkassen der Liberalen, die Freien und Neutralen Krankenkassen. Hintergrund ist das so genannte Säulenmodell. In einem solchen sozio-politischen System schlossen sich, ähnlich wie in den Niederlanden, vor fast hundert Jahren religiös und kulturell definierte Gruppen zu parallelen sozialen Organisationen zusammen.

Wer Weltrekordler im Schokoladenkonsum ist, bei dem sind Kakaoprodukte auch ein Wirtschaftsfaktor. Fast 200 000 Tonnen Rohkakao werden jedes Jahr in Antwerpen gelöscht. 725 000 Tonnen Schokoladenprodukte entstehen im Land (zwei Drittel gehen in den Export, das meiste als Kuvertüre), Umsatz: über vier Milliarden Euro. Jeder elfte Beschäftigte der belgischen Lebensmittelindustrie macht sich an Kakao und Pralinen zu schaffen.

Allerdings sind große inländische Firmen kleine Fische in der globalisierten Welt: Godiva, De Beukelaer oder Côte d'Or waren ursprünglich belgisch, heute sind sie von türkischen (Godiva) oder US-amerikanischen Haien geschluckt (siehe auch Kapitel Rekordesser: Schokoladen und Pralinen). Beim Energiekonzern Electrabel haben Eigner des Atomspalterlandes Frankreich die Mehrheit, die Telefonfirma Mobistar gehört France Télecom, und der Lebensmittelkonzern GB ist längst eine Tochter des französischen Giganten Carrefour.

Traurig für Traditionalisten. Aber im Konsum von Schokolade sind die Belgier Weltmeister: Knapp sechs Kilogramm pro Zunge und Jahr waren es zuletzt. Keiner schleckt mehr. Und es bleibt ja noch die Schankwirtschaft: Beim Bier stellt Belgien mit der InBev in Löwen den mit Abstand weltgrößten Brauereikonzern (siehe auch Kapitel »Das Welterbe – über das belgische Identitätsmerkmal Bier«).

# Gemalt, nicht gemahlen: Hochkultur von Bruegel bis Hergé

Ein Wimmelbild aus Kunstbetrieb und feinem Zeichenstrich, aus alten und neuen Meistern, Malenden in Öl sowie Comics als Erziehungsinstanz

»Die Raumfahrer haben unter dem Druck der Anfangsbeschleunigung wie erwartet die Besinnung verloren.« Elf Kilometer pro Sekunde sind aber auch ganz schön flott – der Atommotor, mit dem die rot-weiß karierte Rakete betrieben wird, macht es möglich. 1954 hat Hergé seine Helden Tim und Struppi zu lunaren Abenteuern geschickt: *Schritte auf dem Mond* heißt das Heft. 15 Jahre vor Neil Armstrong hopste der Foxterrier im putzigen Raumanzug für Hunde auf dem Mond herum, konnte fast schwerelos »fliegen wie eine Taube«, wie er Tim zubellte. Den halten »Schuhe mit Magnetsohlen« am Boden. Auch die Rückkehr zur Erde glückt, die Rakete wird rückwärts ziemlich irdisch eingeparkt, etwas verruckelt allerdings, und Struppi hat nachher eine verbundene Vorderpfote.

Kinder lieben Tim und Struppi in Belgien seit Generationen. Der Junge mit der roten Haartolle und der weiße Hund sind unter den Originalnamen Tintin und Milou Nationalhelden. Daraus hat man eine erstaunliche These entwickelt: Wer keine gemeinsame Sprache aus Worten hat, bedient sich eben einer gemeinsamen Bildersprache. Deshalb die große Comic-Kultur in Belgien, nicht nur bei Tintin und seinem kläffenden Kumpan.

Ergänzend gibt es noch eine zweite These: Schon Pieter Bruegel der Ältere (1525 – 1569) hat mit seinen opulenten Bildern versteckte Botschaften des Widerstands gemalt, etwa den »Kindermord zu Bethlehem« – gegen spanische Besatzer, von der Zensur nicht erkannt, von den Menschen heimlich schon. Auch Tim und Struppi haben in den 24 vorliegenden Bänden, womöglich ungewollt, erzieherische Arbeit geleistet. Oft geht es in ihren Geschichten darum, die Obrigkeit in Frage zu stellen, den Erwachsenen Streiche zu spielen und Wege jenseits von Vorschriften durch die Bürokratie zu finden. Von ihnen lernen schon die Kleinsten. Und Tim und Struppi wurden für ihre Aufsässigkeit nicht gemahlen wie es Max und Moritz bei Wilhelm Busch als Strafe geschah. Von wegen »... Rickeracke! Rickeracke! Geht die Mühle mit Geknacke ...«, sondern sie werden weiter gemalt, jahrzehntelang.

Schon im 15. Jahrhundert finden sich in den Werken der großen altniederländischen Meister im burgundischen Brügge und Brüssel kleine Bildergeschichten, Frühcomics sozusagen. Die Tafelbilder bei Jan van Eyck oder Hans Memling bevölkern Scharen kleiner detailgetreuer Gestalten – etwa die Richter in van Eycks weltberühmtem Genter Altar von 1432.

Flandern nennt sich heute ganz offiziell wortspielend »State of the art« – was »Land der Künste«, »Kunststaat«, aber auch »topmodern« und »auf dem neuesten Stand der Technik« bedeutet. Die Museen in Antwerpen, Brügge und Gent überbieten sich an Pracht und Ausstattung, Weltruf. Rund um den 450. Todestag Bruegels werden die Jahre 2018–2020 ganz im Zeichen der alten flämischen Meister stehen: Prachtvolle Sonderausstellungen zu van Eyck, Rubens und eben Bruegel mit zahlreichen Veranstaltungen werden Millionen kosten und Millionen anziehen. Allein Antwerpen stellt ein neues Rubens-Erlebniszentrum in Aussicht, dazu die Wiedereröffnung des Königlichen Museums der schönen Künste.

Till-Holger Borchert, der Chef der Brügger Museen, geht schon mal shoppen. Wir sind auf der Tefaf in Maastricht, einer der größten Kunstmessen der Welt. Borchert schnauft zielsicher durch das Labyrinth der Gänge, schwer underdressed unter den vielen Privatbesuchern, die sich selbst zu perfekt gestylten Kleinkunstwerken herausgeputzt haben. »Siebenstellige Preise sind hier nicht ungewöhnlich«, sagt Borchert ganz nebenbei. Kunst, insbesondere Gemälde, sind längst Geldanlage und Spekulationsobjekte geworden auf einem schwer überhitzten Markt mit immer neuen Rekordsummen. Da müssen Museen passen. Borchert spottet, als wir die blitzenden Schmuckauslagen in einem Gang passieren: »Das sind Sachen für die gelangweilten Gattinnen und Maitressen. Die sagen: Wenn du wieder so einen Picasso kaufst, Schatz, dann will ich aber ein Brillantcollier.« Interessiert ihn nicht. Ihn zieht es zu einem ganz bestimmten Bild.

Flanderns Eigenbeschreibung als »State of the art« mag etwas selbstbezogen sein. Kunstteilstaat hätte es auch getan, schon aus Rücksicht auf die Wallonie. Doch der Wallone protestiert ohnehin, assistiert aus Brüssel. Lüttich, Namur und natürlich die Hauptstadt haben ja wohl genau so viel zu bieten, mindestens: Museen ohne Zahl, Festivals, Biennalen, Triennalen. Und eben den feinen ironischen Strich: Die Comic-Helden von mehrheitlich frankophonen Zeichengenies.

Vorneweg Georges Remy (1907 – 1983) aus Etterbeek / Brüssel, der Vater von Tim-Tintin und Struppi-Milou. Sein Künstlername Hergé leitet sich, französisch klingend, aus den Initialen seines Nach- und Vornamens ab. Was so leicht und spielerisch wirkt, erklärte Hergé einmal, entspräche im Alltag der Mühe »eines Uhrmachers oder eines Benediktinermönchs«, oder um es zusammenzuspitzen: »eines Benediktineruhrmachers«. André Franquin (1924 – 1997), auch aus Etterbeek, war anders als der strukturierte, intellektuelle Hergé ein chaotischer Freigeist. Genau wie sein gezeichneter Anti-Held, der leicht wirre Bürobote und Möchtegern-Erfinder Gaston, für seine Fans ein Rebell und Poet, für Jugendliche ein lässiges präcooles Vorbild im Aufbruch. Auch das Marsupilami, jedes Fantasiegetüm aus dem Urwald mit dem neun Meter langen Schwanz, ist von ihm. Ja, Belgien ist das Weltzentrum der Comic-Kultur – doch, Moment – wir schalten noch einmal um zur Tefaf.

Till-Holger Borchert ist mittlerweile verzückt vor seinem perfekt ausgeleuchteten Sehnsuchtsobjekt angekommen: Ein Bild von Philippe-Jacques van Brée aus Antwerpen, »Die malenden

Frauen« von 1817; Öl auf Leinwand, wuchtig, farben- und lebensfroh, 124 x 155 Zentimeter. Borchert will die gemalten Malenden kaufen. Er hat als Kurator der Brügger Museen einen vergleichsweise üppigen Etat für flämische Meister und Neoklassizismus (»das ist unsere Kernkompetenz«). Verfügbares Budget: rund 750 000 Euro jährlich, »ein Euro pro verkaufter Eintrittskarte in den Brügger Museen«. Und ein bisschen was Gespartes aus den Vorjahren dazu. Dadurch sei es »durchaus möglich, Opportunitäten zu nutzen«. So heißen wohl Schnäppchen auf höherem Niveau. Den van Bree?

Es gibt durchaus große Comics, die nicht in Belgien erfunden wurden: All die Disney-Helden natürlich. Oder Fix und Foxi. Und Asterix. Und die Schlümpfe. Tatsächlich? Vader Abraham sang ihr Lied. Richtig, der ist so was von Holländer. Aber erfunden wurden die Schlümpfe in Belgien, unter dem Originalnamen *Les Schtroumpfs,* 1958 von Peyo, bürgerlich: Pierre Culliford (1928 – 1992), auch aus Brüssel. Und Lucky Luke? Dem würde man schnell einen amerikanischen Migrationshintergrund zuschreiben wollen. Schneller schießen als der eigene Schatten – nein, auch das ist belgischen Ursprungs. Und jodeln konnte der hagere Westernheld auch, wenn er mal wieder den Dalton-Brüdern nachstellte, den vier durchtriebenen Lumpen. Sie alle stammen von Morris (1923 – 2001) aus Courtrai / Kortrijk, eigentlich Maurice de Bevere.

Morris ließ seinen Helden Lucky Luke auf Jolly Jumper auch den amerikanischen Urkapitalismus erklären, etwa in der Geschichte von 1954 über zwei Saloon-Besitzer, die sich mit Korruption, Lügen und Opportunismus gegenseitig aus dem Markt zu drängen versuchen. Nur der Stärkste überlebt. Später arbeitete Zeichner Morris mit dem Franzosen René Goscinny, der die humoristischen Ideen lieferte, wenn er nicht gerade über neuen Asterix-Episoden brütete. Die beiden zusammen schufen Lucky Lukes schönste Bände und größte Erfolge.

Belgiens überaus vielfältige Kunstszene ist experimentierfreudig, schräg, aufsässig; böse wie Jan Fabre, provozierend und exzentrisch wie Jan Hoet, dadaistisch auch, politisch und immer neu. Früher war Brüssel jugendstilprägend (keine Stadt Europas hat heute ein größeres Jugendstilerbe), danach kam Art Déco. Heute gibt es unzählige Designer und Modeschöpfer, letztere vor allem in Lüttich und Antwerpen mit seiner Modefakultät an der Uni und dem Modemuseum. Maler gehörten schon immer dazu. Zwei der weltgrößten Surrealisten waren René Magritte und Paul Delvaux. Belgische Maler waren manchmal ihrer Zeit voraus: Jules Schmalzigaug brachte schon Anfang des 20. Jahrhunderts auf die Leinwand, was Jahre später in Italien Futurismus genannt wurde. Schmalzigaug bekam posthum seinen eigenen Genre-Stempel: ein Präfuturist. Und der große Boheme-Rebell James Ensor (1860 – 1949) gilt heute als Prä-Expressionist, weil es zu Beginn seiner Schaffenszeit den Expressionismus noch nicht recht gab.

Frau Masereel (1899 – 1972) schuf ausdrucksstarke Holzschnittzyklen. Hergé hat im Alter anderes gemalt. Abstrakte Sachen, etwas surrealistisch, etwas kubistisch, von Miró und Paul Klee inspiriert. Man sagt, er habe es zum Glück wieder gelassen. Wahrscheinlich hat ihn Struppi empört angebellt. Oder eine der heiß geliebten Nebenfiguren, die beleibte Operndiva Bianca Castafiore, hat ihrem Schöpfer eine besonders schiefe Arie gesungen.

Hergé ist »der Vater aller Comics«, hat der Kollege Morris mal gesagt. Lange galt Hergé auch als Opportunist, der mit dem ersten Band *Tim im Land der Sowjets* (1929) die Vorurteile gegen die bösen Russen pflegen half. Mit *Tim im Kongo* (1930) konnte er zur Freude des Königshauses und der stockkonservativen Politik den belgischen Kolonialismus rechtfertigen. Als die Wehrmacht 1940 in Belgien einmarschierte, machte Hergés Leib- und Magenblatt dicht. Bald malte er für das von den Nazis kontrollierte *Le Soir* weiter. »Tim und Struppi sind wieder da«, jubelte dessen Titelseite.

Nach dem Krieg musste sich Hergé rechtfertigen. Natürlich, er wollte doch nur malen. Die Erfolge begannen erst. Und bis heute dauern die Debatten um das übel rassistische Kongo-Heft an. Immer neu und entschärft wurde es in immer neue Sprachen übersetzt. Manche lasen es im historischen Kontext, andere schluckten heftig. In England gab es einen erklärenden Kommentar dazu. Ein großes Stockholmer Literaturhaus warf es noch 2012 aus den Regalen: Auch geschönter Rassismus bleibe Rassismus, das habe in einer Kinder- und Jugendbibliothek nichts verloren. Der deutsche Carlsen-Verlag durfte 2015 nichts an der letzten Vorlage ändern: »Leider ist es uns aus lizenztechnischen Gründen nicht erlaubt, dem Band eine Erläuterung zu den historischen Hintergründen anzufügen«, ließ man wissen. Mit den Jahrzehnten existierten unzählige Varianten in vielen Sprachen. Nur Witzzeichnungen, nur ein banaler Comic? Kulturelles Erbe, Dokument der Zeitgeschichte? Auch fast 60 Jahre nach Ende der belgischen Kolonialherrschaft ist *Tim im Kongo* ein Politikum. Das kolorierte Nachdruck-Original von 1946 kostete bei Ebay zuletzt 850 Euro. Die Erstausgabe ist auf dem Markt nicht erhältlich.

Nach dem Krieg erschienen die Comic-Abenteuer vieler Art in kleinen Zeitungsserien, bald in eigenen Heften, Magazinen, Büchern. Schon 1938 hatte das Magazin *Spirou* aus dem Verlag Dupuis in Charleroi die erste Wochenzeitschrift nur mit Zeichnungen herausgegeben. Bald hatten die ständig neuen Hefte Kultstatus und wurden per Lizenz in andere Länder verkauft. Belgien wurde zum Weltzentrum der Papierhelden. Comics hießen jetzt »Neunte Kunst«. In den 1990ern machten die gezeichneten Geschichten annähernd 50 Prozent des verlegerischen Umsatzes aus.

Universitäten boten erste Seminare im Comiczeichnen an, völlig neu in Europa. Neue Stars gingen aus ihnen hervor wie zum Beispiel François Schuiten. Seit den 1980er Jahren entwirft Schuiten, Jahrgang 1956, eigentlich Architekt von Beruf, zusammen mit seinem Schulfreund Benôit Peeters als Texter, die Bildbandserie *Geheimnisvollen Städte (Les Cités obscures).* Es ist eine Mischung aus anklagender Vision und Zeitreise in Welten grotesker

Stadtplanersünden, etwa der Stadt Brüssel, surreal, phantastisch, verdreht. Schuiten bekam erst den Adelstitel Comicarchitekt und wurde 2002 vom belgischen König sogar in den Adelsstand erhoben.

Heute leben in Brüssel die meisten professionellen Comiczeichner Europas – junge, wilde Nachfahren der verstorbenen Altstars. Insgesamt sollen es 300 oder 400 sein. Und Comics retten indirekt Meisterwerke anderer Genres. Das erste Comicmuseum des Kontinents wurde 1989 eröffnet – in einem Horta-Bau, dem ehemaligen Kaufhaus Waucquez, das ungenutzt zu verfallen drohte. François Schuiten, der als Multitalent in Brüssel auch mal eine Rossini-Oper ausstatten durfte, setzte sich für die Rettung des fast verfallenen Horta-Herrenhauses Hôtel Autrique ein – heute finden hier regelmäßig Comic-Ausstellungen statt. In Brüssel sind seit 1991 mittlerweile mehr als 40 graue Häuserfassaden mit riesigen Comicmotiven bemalt, es gibt eine eigene Comic-Route. Ein über hundert Meter breites Wandbild von Tim und Struppi ziert eine Metrostation. Überhaupt ist die Brüsseler Metro gefüllt mit Arbeiten namhafter Künstler – eine Galerie im Untergrund sozusagen. Mitten in Brüssel steht seit vier Jahrhunderten auch eine Art Comicfigur herum, die längst zu einem Nationalsymbol geworden ist: Das Manneken Pis. 1985 hat der pinkelnde Knabe, im Wochentakt von Couturiers neu eingekleidet, mit Jeanneke Pis ein weibliches Gegenstück bekommen und mit Zinneke Pis 1998 einen pinkelnden Bronzerüden an einem Poller. Natürlich hat auch Tintin alias Tim sein Denkmal.

Till-Holger Borchert würde den van Bree so gern kaufen. In Museen zählen Originale, Unikate. Und man muss Neues bieten. Was man nicht kaufen kann, erklärt Borchert, geht manchmal über Dauerleihgaben. Da gebe es umfangreiche Verträge, die man mit Privatsammlern mache, die ihre Preziosen lieber ausgestellt sehen als sie im heimischen Keller verstauben zu lassen. Eine Frage des Geldes, eine von viel Eitelkeit, Verhandlungsgeschick bei enormem Zeitaufwand, und vor allem Klärung aller Versicherungsmodaliäten. Und die malenden Frauen – was sollen die kosten? »Ja …, eine halbe Million«, sagt Till-Holger Borchert. Alles klar? Einpacken, Schleifchen drum? So geht das natürlich nicht, sagt Borchert. Da werde erst gepokert. Ein bisschen Rabatt sei immer drin. »Wir werden das mit den Kuratoren überlegen.« Oft brauche eine solche Entscheidung Jahre, sagt er. Abwarten. Und die Malenden kommen eben später nach Brügge. Aber 2019 sollte es schon sein. Im Kunststaat zu Bruegels 450. Geburtstag, dem Mann, bei dem das Volk lernte, in Bildern versteckte Botschaften zu entdecken.

PS: Natürlich schießt Lucky Luke schneller als sein Schatten. Das ist banale Physik. Schließlich braucht Licht seine Zeit, um die Entfernung zum Schatten zu überwinden, auch wenn es ganz schön schnell ist. Jeder schießt schneller als sein Schatten. Auch die Daltons. Aber die wussten es wahrscheinlich nicht.

# Große Esskultur – Fritten und ihre kulinarischen Begleiter

Die Liebe der Belgier zum Essen – weit über die banalen Kartoffeln hinaus

Es gibt keine gesicherten Aufzeichnungen oder sonstige belastbare Nachweise. Aber die Welt geht heute davon aus, dass es Fischer bei Namur oder Dinant waren, tief in der heutigen Wallonie, die in einem besonders kalten Winter im 17. Jahrhundert – die kleine Eiszeit in Europa wirkte noch nach – in der zugefrorenen Maas nicht angeln konnten. Was tun, was essen? Statt Fisch wie sonst warfen sie Kartoffelstücke in brodelndes Fett, angeblich sogar in Fischform geschnitzt. Kann man ja mal probieren. Und, mon dieu, was soll man sagen: das schmeckte ja – und wie.

Heureka! Aus Not und Zufall hatte man die Pommes Frites erfunden.

Und falls sich die Geschichte doch nicht ganz genau so zugetragen haben sollte – der Gründungsmythos der Frittenerfindung ist zu schön, um ihn anzuzweifeln. Außerdem gibt es nur wenig ernsthafte Konkurrenz um das Copyright. Zweifel meldet nur Pierre Leclercq an, Ernährungshistoriker an der Uni Lüttich. Nach seinen Forschungen war es ein Bayer, der in Paris das Kochen lernte und dann als einer der ersten Fritten auf dem Jahrmarkt von Lüttich feilbot, anno 1838. Monsieur Fritz, wie er sich sprachgewandt nannte, galt als Pommes-König und wurde angeblich steinreich.

Oder es war noch deutlich früher? Dialog in *Asterix bei den Belgiern* zwischen zwei Einheimischen, die einen Kessel mit siedendem Fett entdeckt hatten, das die römischen Okkupatoren ihnen von den Festungspalisaden herab auf die Köpfe schütten wollten: »Wat is denn dat für eine Fritüre?« – »Ich wollte den Römer frachen, wat er darin fritiert. Aber bei der Gelechenheit ist er umchefallen wie ein Sack Kartoffeln!« – »Kartoffeln? … Fritiert? … Kartoffels frites … dat muss ich unbedingt mit Kantine bereden!« Dann wären die Belgen und nicht die Belgier die Erfinder. Und Kantine, die Frau des Belgenhäuptlings diejenige, die als erste Kartoffelstäbchen frittierte. Schade nur, dass die Kartoffel erst nach der spanischen Eroberung Südamerikas nach Europa kam.

Fritten sind bei unseren Nachbarn ein identitätsstiftendes Nationalheiligtum, über alle Sprach- und Kulturgrenzen hinweg. »Fritten singen«, sagen die Belgier, wenn ihre Kartoffelstäbe glücklich schmurgelnd im Fett umherschwimmen. Leidenschaftlich kann man darüber streiten, ob acht oder elf Millimeter die gaumenschmeichelnste Breite sind und ob die Kanten wirklich gleich dick sein sollten. Darf man Fabrikware akzeptieren oder müssen die Rohlinge immer frisch aus der Hand geschnitten sein? Gegessen werden sie weithin in Papiertüten: Das hält sie länger warm und saugt außerdem überschüssiges Fett auf. Profane Plastikschalen gelten als kulinarische Unart.

Pommes Frites haben in den vergangenen 50 Jahren als Fastfood-Grundnahrungsmittel einen Siegeszug um die Welt angetreten. In Deutschland werden jährlich 300 000 Tonnen allein als Tiefkühlprodukte umgesetzt. Es gibt weltweit unzählige Bezeichnungen: Pommes Frites, Friet, Frietjes, Chips. Im Aachener Platt werden sie Fritüren genannt – in Anlehnung an das niederländische Frituur. Amerikaner sagen fälschlich French Fries (statt Belgian Fries). Soldaten der US-Army hatten den Namen in die Welt getragen, weil ihnen Belgier im Ersten Weltkrieg auf Französisch von den gebackenen Kartoffelstangen vorschwärmten. Und, naja, Belgien, Frankreich – für Fremde aus der Neuen Welt macht das weiter keinen Unterschied; ist ja auch ungefähr gleich weit weg von *God's Own Country.*

Selbst in China gibt es mittlerweile Frittenbuden, von einem, natürlich, belgischen Geschäftsmann Anfang des Jahrtausends zur Expo nach Shanghai importiert. Auch im fernen Osten lebt man nicht vom Reis allein – und dürfte ihn mutmaßlich auch mal leid sein. Nach Ansicht des ehemaligen Ministerpräsidenten der Deutschsprachigen Gemeinschaft Belgiens, Karl-Heinz Lambertz, schmecken sie den Menschen dort aus einem ganz besonderen Grund: »Chinesen lieben sie wegen ihres perfekten Designs: Essen und Essstäbchen in einem.« Und er fügte geopolitisch versiert hinzu: »Fritten sind wie Europa: Außen hart, innen weich, aber verdammt abhängig vom Öl.«

In der Tat: Das Öl, ein so simples wie entscheidendes Alleinstellungsmerkmal belgischer Patatjes: Sie werden nicht in billigem Palmfett wie etwa bei uns, sondern landesweit in Rindernierenfett gebraten. Der kräftige Geschmack ist etwas ungewohnt für deutsche Zungen, empfindliche Naturen können beim Erstkontakt Magengrummeln bekommen. Und sie werden beim Erkalten schneller hart an den Kanten.

Die Neigung zur Härte mag ein Grund dafür sein, dass der Belgier seine Fritten gern mit Bergen von Saucen garniert isst, respektive in Saucenseen ertränkt. So hat selbst der schmuddeligste Straßenbegleitwohnwagen, der seine Frites / Frietjes anbietet, dutzende Saucen im Angebot. Von wegen nur Ketchup und Mayo. Es gibt Sauce Tartare, Béarnaise, Barbecue, Sauce Americaine, Sauce Samourai oder die höllenscharfe Sauce Piri Piri, um nur einige zu nennen. Meistbestellt sind Andalouse und Mayo oder Sauce Tartare. *Spiegel*-Autor Frank Patalong liebt die Saucen, wie er einmal schrieb, glaubt aber, dass sie »außerhalb Belgiens unter das Chemiewaffenkontrollgesetz fallen«.

Die Place Jourdan (niederländisch: Jourdanplein) in Brüssel unweit des Europaviertels ist wahrlich keine Schönheit unter den Plätzen der Hauptstadt. Asphaltiert und vollgeparkt, immerhin einige Platanen ringsum, aber auch Müllcontainer und Absperrgitter, einige Gründerzeitgebäude, viele Cafés. Manches ist etwas heruntergekommen. In der einen Ecke des Platzes steht ein gedrungener Trumm von Gebäude, hässlich dunkelbraun, achteckig mit Spitzdach; davor die bunte Skulptur einer Frittentüte. Das ist die berühmteste Frittenbude Belgiens, das Maison Antoine. Ein wenig repräsentativer Palast fürwahr.

Die Warteschlange an diesem Tag ist lang genug, um den leichten frischen Fettgeruch vorher ausgiebig zu beschnüffeln. Eine Gruppe dänischer Schüler steht an für ihre *pomfritter,* zwei englische Ladys reden vorfreudig über die *typical Belgian chips.* Eine Gruppe ungeduldiger Anzugträger vertreibt sich die Zeit mit deutschem Genöle: »Was das wieder dauert ...« – »Naja, wird alles mit Liebe gemacht. Gehört wahrscheinlich zur Tradition ...« – »Glaub' ich nicht, die Verkäuferin ist so lahm ...«

Man kann, wie an den meisten Fastfoodbuden der Welt, auch hier Würste bekommen, Burger, Hähnchen oder sogar Schnecken (10 Stück für 3,50 Euro). Will aber kaum jemand. Alle wollen nur ihre Pommes. Die mächtigen Fritteusen im Innern zeigen 138 Grad für Garvorgang 1; für Durchgang 2, die Endbräunung, 170 – 175 Grad. So muss es sein. Die große Portion, klassisch gereicht in der Tüte, die kunstvoll aus mitgezählt sieben einzelnen Lagen Papier gerollt wird, kostet 2,70 Euro (Stand 2016). Elf Minuten hat es gedauert. Das ist passabel. Reiseführer warnen vor 30 Minuten an Wochenenden; ich selbst habe hier sonntags mal 36 Minuten hungrig angestanden, obwohl in dem gedrungenen Pavillon ein Dutzend Hände die Riesentüten im Akkord füllten.

Das Maison Antoine, gegründet 1948, betrieben in dritter Generation der Familie Desmet, ist längst Mythos seiner selbst. Kein Ranking ohne diese Bude, kein Stadtführer ohne Hinweis. Als sicher gilt, dass hier fast jede/r EU-Abgeordnete schon mal mit Mayonnaise-Klecksen auf dem Schlips oder Spritzer von Sauce Americaine auf dem Kostüm abgelichtet wurde. EU-Beamte aus Südeuropa holen hier ihre *patates,* ihre *patatas* oder *batatas fritas* und *patate fritte,* Kroaten und Slowenen futtern ihre *pomfrit,* Esten ihre *friikartulid,* der Pole seine *frytki.* Einig EU-Frittenvolk. Pro Woche wird hier mehr als eine Tonne Fett verbrutzelt, geliefert in Blöcken, groß wie Schuhkartons. Die Fritten entstammen der Sorte Agria, einer Spezialzüchtung der Bintje-Kartoffel.

Mit der Tüte in der Hand geht es auf die harten Parkbänke vor dem Maison. Knabbernd gilt es, sich der vielen Tauben zu erwehren. Die beiden Britinnen haben sich samt Tüten in eines der vielen Cafés nebenan verzogen und noch ein frisch gezapftes Grimbergen dazu bestellt. Fünf Kneipen am Platz werben an ihren Türen per Schild: »Fritten akzeptiert«. Was ihren eigenen Küchen Konkurrenz macht. Aber eben auch Extrakundschaft bringt. Salzige Fritten machen durstig.

Im Maison Antoine sind als berühmte Gäste Johnny Hallyday und Helmut Lotti per Aushang dokumentiert, ebenso Catherine Deneuve und Mick Jagger. Auch der frühere König Albert II. hat sich, so die Legende, hier schon im Taxi vorfahren und eine Tüte holen lassen. Bestätigt ist bei Hofe, dass Albert seinen 70. Geburtstag auf Schloss Laeken mit Pommes Frites feierte, vor Ort gebrutzelt von einem mobilen Einsatzkommando des Maison Antoine. Vom neuen König Philippe sind noch keine spezifischen Amouren zum Maison bekannt.

»Die besten Fritten der Welt«, hat mal die *New York Times* geschrieben – aber bitte, kann ein verlässlicher Richter aus einem Land kommen, in dem man das große belgische Kulturgut »French Fries« nennt? Ohnehin ist das Geschmackssache: Brüsseler Insider haben eigene Geheimtipps für ihre Frietkots, wie Imbissbuden hier heißen: Justine Henin zum Beispiel, die ehemalige Nummer Eins im Welt-Damentennis, schwört auf eine Bude in der Innenstadt mit Namen Frit Flagey.

Im Maison könnte Henin seit April 2017 ohnehin keine Fritten essen. Es muss aktuell nämlich auf folgende Kulturschande hingewiesen werden: Das Maison wurde abgerissen. Bald soll eine größere, modernere Frittenschmiede entstehen. Bis dahin steht ein Fritten-Wohnwagen als Zwischenlösung parat. Der Verkauf geht also weiter. Hintergrund: Die Stadt Brüssel lässt den gesamten Platz umgestalten, unter anderem wird er autofrei, was allerdings ein Segen ist.

Mutmaßlich sind die Belgier Weltrekordler – die Rede war einmal (im Jahr 2000) von 48 Kilogramm verzehrter Pommes Frites im Jahr, das ist fast ein Kilo pro Woche pro Person. Das klingt wie kollektive Vergiftung. 2002 indes wurden die Belgier als »gesündeste Menschen der Welt« gekürt – »trotz Vorliebe für Fritten«, wie die Deutsche Presse-Agentur irritiert schrieb. Quelle war eine belgische Zeitung, die die Ausgaben für Gesundheitsfürsorge und die Lebenserwartung kombinierte.

Aber glaube man nicht, Fritten seien in Belgien nur eine profane Beilage, eine Zwischendurchmahlzeit. Der Brüsseler Sternekoch Lionel Rigolet liebt jedes Jahr die Herbstkirmes. »Da kommt immer so ein mobiler Wagen. Da freue ich mich jedes Jahr drauf.« Rigolet ist *Le Chef* des renommiertesten Restaurants in Brüssel, des mit zwei Sternen dekorierten »Comme chez Soi« (Wie zu Hause) in einem Jugendstil-Haus, das der große Architekt Victor Horta gebaut hat. »Wir haben unsere Fritteuse immer startklar«, sagt er, für Sonderwünsche, als gelegentliche Beilage oder wenn seine Gourmetgäste Kinder mitbringen. Essen, so Rigolet, beinhalte »immer die ganze Bandbreite. Die große Küche ist ein Genuss, zum kleinen Vergnügen gehört eine gute Fritte.« Wenn das kein Adelsschlag ist!

In den Edelküchen anderer Länder gelten Fritteusen als proliges No-Go: In Belgien backen auch Gourmetköche ihre hauseigenen Pommes Frites. Besuch im kühl-modernen »t'Zilte«, ganz oben, im neunten Stock des Antwerpener »Museum am Strom« (MAS) zwischen Hafen und Altstadt: Ein »Light Lunch« kann hier locker drei Stunden dauern. Serviert werden gebutterte Jakobsmuscheln mit Tupfern aus Kartoffelselleriesahne und winzigen Steinpilz-Hostien, dazu elf verschiedene Sorten knusprigsten Brotes. Auch Chefkoch Viki Geunes hat zwei Michelin-Sterne. Er kann über »ausgewogene Gesamtkompositionen« und »Techniken in Balance« philosophieren – und über Fritten.

Serviert er die manchmal auch selbst? Natürlich, »keine Frage!«, sagt er und beginnt ein kleines Referat. In einer »eigenen ausgewogenen Fettmischung« aus pflanzlichem und tierischem

Öl (Details natürlich Geheimsache) müssten die Kartoffelstangen gebrutzelt werden: »Ohne Rinderfett geht es nicht, man braucht den leicht animalischen Geschmack.« Geunes verwendet Bintje-Kartoffeln, selbstverständlich handgeschnitten, ohne normierende Maschine: »Ganz dünn für feine Knusprigkeit, um eine Komposition abzurunden. Zu einem Stück Fleisch müssen sie zehn Millimeter dick und innen saftig sein.« Bei 130 Grad vorbraten, dann bei 175 ausbacken. Wasser und heißes Fett sind chemisch schwer verfeindet. Deshalb kühle er seine Fritten nach dem Vorbraten auf zwei Grad ab und tupfe vor dem Endbraten alle Feuchtigkeit weg. »Je kälter du sie in den zweiten Durchgang schickst, desto besser.«

Fritten im Sternerestaurant – in Deutschland ist das höchst ungewöhnlich. Fritteusen brauche man kaum, sagen die Spitzenköche, und in den engen Gourmetküchen herrscht immer Platzmangel. Also gar nicht erst rein damit. Außerdem überlagert Fettgeruch alles. Und überhaupt: Pommes! Dieser simple Sattmacher, das »kulinarische Nullum«, wie das *Zeit-Magazin* einmal schrieb.

Besuch in einem anderen Spitzenrestaurant in Antwerpen, dem »Graanmarkt 13« im Stadtzentrum. Auch Seppe Nobels, der Chef von gerade mal 32 Jahren, schwärmt von Fritten. Nobels hat kürzlich ein Gourmetkochbuch für Kinder verfasst – das allerdings ohne Frittenrezepte. Er will den Kindern ja andere Genüsse näherbringen. Und die Erwachsenen *back to the roots* führen, wie er sagt: Also mit Pommes Frites. Kann man als belgischer Spitzenkoch überleben ohne Fritten? »Ja,« sagt Nobels, »wenn man ein italienisches Nudelrestaurant aufmacht.«

Weiter geht es nach Brügge. Im »Zeno« wollen wir nun endlich Edelfritten verkosten! Doch Küchenchef Reinout Reniere (dekoriert mit 16 von 20 Gault-Millau-Punkten) weigert sich. Er hat zwar eine kleine Fritteuse in seiner Zwölf-Quadratmeter-Küche, aber: »Wenn du Pommes Frites à la minute machen willst, braucht das gewissenhafte Vorbereitung.« Und das passende Wetter: »Bintje sind okay, aber nur nach Saison. Wenn es draußen zu feucht war, sind andere Sorten geeigneter.« Und bitte: »Fritten zu machen, sieht leicht aus, ist aber sehr kompliziert. Auch in Belgien sind sie in neun von zehn Fällen nicht, wie sie sein sollten.« Privat isst Reniere seine Fritten am liebsten in einer Brügger Vorortbude. Seppe Nobels hatte das Bräteretablissement »Number 1« in Antwerpens Zentrum genannt: »Handmade Junk Food, wunderbar.« Sternekoch Geunes bekannte: »Am besten sind Fritten auf der Kirmes. Die Köche tun nichts anderes, wissen seit Generationen, wie es geht, und haben wegen der großen Mengen meist frisches Fett.«

In Gent landen wir in einem alten Fabrikpavillon bei Olly Ceulenaere im Restaurant »Volta«. Es mundet der »Königliche Polderhase« – so fein und zart, dass ihn Philippe auf den ersten Biss in die königliche Familie adoptieren müsste. Wow! Aber jetzt wollen wir endlich eine anständige Portion Sterne-Fritten. Der Meister windet sich ein wenig, während seine Mitarbeiter schon mit rasend schneller Hand die Edelstahlflächen der Küche reinigen. »Ich würde es ja sofort machen, wenn jemand freundlich fragt«, sagt er, »aber ausgerechnet heute … wissen Sie …« Um es kurz zu machen: Freitags geht Olly Ceulenaere mit der Belegschaft zur Geisterstunde immer an eine Imbissbude am Stadtrand. »Da gibt es die besten Fritten von Gent. Eine große Portion, köstliche Saucen, ein Bier, heerlijk.« Und er lässt zum Abschied noch wissen: »Gute Fritten sind geschmacklich nahe am Paradies.«

Ohnehin ist Essen in Belgien überaus wichtig. Oft gibt es vor einem Bewerbungsgespräch ein Menü, bei dem man, so die Etikette, bitte erst nach dem Hauptgang zum Thema kommen sollte. Und wenn zum Beispiel im Lions Club zu einem Vortrag um 20 Uhr geladen wird, darf man mit dem Redner kaum vor 22.30 Uhr rechnen, wenn allmählich Kaffee und Pralinen serviert werden. Vorher wird mehrgängig gespeist. Bevor ich das wusste, habe ich mal einen (vermutlich) großartigen historischen Vortrag verpasst. Der Kiwanis-Club in Eupen hatte geladen: Beginn 20 Uhr.

Ich war mit dem Bus gekommen. Es wurde gespeist. Es wurde getrunken. Es wurde weiter gespeist. Als die Veranstalter schließlich kurz nach halb elf zum Vortrag baten, musste ich mich nach der ausführlichen Begrüßung des Referenten verabschieden: Der letzte Bus zurück nach Aachen würde nicht warten.

Gemeinsam zu essen hat eine große verbindende Kraft. Wissenschaftler der Universität Chicago konnten nachweisen, dass Menschen, die an der gleichen Süßigkeit genascht hatten, einander deutlich stärker vertrauten und schneller zu Lösungen bei Konflikten oder in Verhandlungen kamen. Schon dreijährige Mädchen spielen lieber mit Puppen, von denen gesagt wurde, sie hätten das gleiche Lieblingsessen wie die Kinder. Sigmund Freud sah in geteilter Nahrung das Erbe von archaischen Opfermahlen und eine unmittelbare unbewusste Vertrauensverbindung zueinander. Der Münchner Arzt und Gewissensphilosoph Rainer Erlinger weist darauf hin, dass sich der Begriff Kompagnon wie auch der englische *companion,* der deutsche Kumpel und Kumpan, alle vom gleichen lateinischen *cum pane* ableiten – mit dem Brot. Kumpane brechen das Brot miteinander. Erlinger vermutet sogar, dass gemeinsames Trinken einen noch höheren psychologischen Gemeinschafts-Benefit beinhaltet als Essen. »Eine Runde Bier« sei schon gut (weil der Kreis ein Sinnbild der Geschlossenheit sei), besser Sekt oder Wein, am besten Schnaps – denn je ferner »von der rein physiologisch notwendigen Flüssigkeitsaufnahme entfernt« (Wasser), desto besser.

Beim Essen gelte, so Erlinger: Nicht nur gemeinsam, sondern am besten das Gleiche essen. Das verbinde extra. Hier also Fritten. Ob die Belgier das alles wissen? Jedenfalls sind sie große gemeinschaftliche Esser, der frankophile *copàin* und der niederländische *kompagnon.* Überall im Land versammeln sich Großfamilien in Restaurants zum mehrgängigen, stundenlangen Schmausen, begleitet von einigem Lärm – sind ja auch die Kinder dabei. Das geht bis hinunter in schwache Einkommensschichten. Wie belgische Haushaltskassen das gestemmt bekommen, bleibt ein Rätsel.

Als verbindendes Nationalgericht gilt Moules/Frites (statt Steak/Frites bei den Franzosen): Ein Riesentopf in Gemüsesud gekochter Miesmuscheln, dazu ein Teller knackige Pommes Frites und vielerlei Saucen. Die *taz* urteilte einmal streng, die Kombination passe zusammen wie Flamen und Wallonen, nämlich gar nicht.

Wissenschaftler sekundieren: Miesmuscheln mit Fritten habe es typischerweise zuerst in Frankreich gegeben, erst ab 1870 wurden sie auch überall auf belgischen Jahrmärkten als volkstümliches Gericht feilgeboten. In den ersten Jahren des 20. Jahrhunderts fand man die Speise dann in der Rue des Bouchers, der Fressgasse in Brüssel. Dennoch sei das belgische Nationalgericht kaum identitätsstiftend, so der Lütticher Essensethnologe Pierre Leclercq: »Wenn es möglich wäre, dank eines Tellers Moules/Frites das belgische Volk zu nationaler Einheit zusammenzuschweißen, hätten unsere Politiker davon schon längst Gebrauch gemacht«.

Stéphane Spoiden, Historiker an der Universität von Michigan, hat sich auch mit der Geschichte der belgischen Küche auseinandergesetzt und dem Deutschlandfunk erklärt: »Muscheln mit Fritten stellen eine hybride und degenerierte Spezialität dar, die das belgische Paradox per se kultiviert. Das Gericht ist eine Speise, der es an Einheit fehlt. Muscheln mit Pommes bilden eine ganze Welt, in der das belgische Chaos aus einem einfachen Gericht aufsteigt.« Filmemacher Jaco Van Dormael meinte einmal, das Gericht sei, genau wie sein Herkunftsland, »das Ergebnis einer wilden Bastelei, eine Art konstruktives Kuddelmuddel. Kurzum: eine positive und Ressourcen-reiche Unordnung.«

Schmecken tut es trotzdem!

Schon die Jüngsten werden in Belgien kulinar-kulturell geschult. Kinderteller sieht man auf Speisekarten in belgischen Restaurants sehr selten – das Abfüttern mit pappigen Spaghetti Bolognese, Hähnchensticks oder Schnitzel mit Supermarkt-Ketchup ist dem Belgier wesensfremd. Von klein auf essen Junioren bei Papa und Mama, probieren, was schmeckt. Erstaunliche Ergebnisse brachte vor ein paar Jahren die Befragung von Spitzenköchen in der Euregio Maas-Rhein rund um Aachen, Maastricht, Lüttich. Demnach sind Niederländer bei Tisch überkorrekt nach Perfektion suchend, die Deutschen verzeihen Missgeschicke am ehesten. Belgier wählten mit Abstand die meisten Gänge und ließen es so richtig krachen, mit den besten Weinen, auch gern Champagner zum Lunch. Nur beim Trinkgeld sind sie auffällig knauseriger als die anderen. »Die veressen das Geld lieber selber«, witzelte ein niederländischer Sternekoch, der auch froh sein durfte, dass überraschenderweise seine Landsleute nicht den Knauserigkeitstitel bekamen.

Allerdings gibt es beim Essen auch Schattenseiten: Belgien ist der größte Importeur in der EU von Froschschenkeln: hunderte Tonnen pro Jahr von zig Millionen Tieren, meist aus Indonesien. Das meiste wird weiterverkauft, aber nach Franzosen und Italienern folgen bald die Belgier als ambitionierte Froschfresser in Europa.

»Eine gute Mahlzeit lässt die schlechten vergessen«, weiß ein belgisches Sprichwort. Und gerne lässt man sich dieses Feinschmecker-Bonmot auf der Zunge zergehen: Wo gibt es weltweit die beste französische Küche? In Belgien. Empirisch gesichert scheint, dass man aus belgischen Gourmettempeln nicht nur geschmacklich beglückt nach Hause geht, sondern immer auch satt – anders als anderswo. In Belgien, so eine Redensart, gibt es gutes Essen in französischer Qualität und deutschen Portionen. Der Bonner Kabarettist Konrad Beikircher sagte mal über die Belgier: »Ein Land, dessen Menschen ihre Häuser nie richtig fertig bauen und vom Geld lieber gut essen gehen, kann so falsch nicht sein.«

Belgien ist zusammen mit der Schweiz und dem Winzling Luxemburg ganz oben in der Weltrangliste der Sternerestaurants pro Einwohner. Fast 100 sind es mit zwei oder drei Sternen, mehrheitlich in Flandern – man darf vermuten, weil es hier eine zahlungskräftigere Klientel gibt. Eines der bekanntesten ist seit vielen Jahren das »Karmeliet« in der Innenstadt von Brügge. Es hat drei Michelin-Sterne – und drei Fritteusen.

Im Oktober 2000 stand auf der Reiseseite der Berliner *taz* eine große Reportage über das neu eröffnete Musée des Frites im wallonischen Martogne sur Meuse. Frittenmuseum – darauf können nur die verrückten Belgier kommen. Wunderbare Dinge waren dort vorgestellt, von speziellen Meeresfritten, die zu Fischgerichten gereicht würden, einem Saucen-Referendum für Museumsbesucher (Pole Position mit 30,2 Prozent für Sauce Andalouse), Fotografien frittenessender Prominenter von König Boudouin bis Eddy Merckx. Sogar James Ensor habe sie gemalt (»Jeune homme avec frites«), auch der junge René Magritte. Fritte in Öl – ein köstliches Sujet. Haben die Künstler auch stilecht mit Rinderfettöl gemalt? Wurde leider nicht geschrieben. Aber dies: »Gestritten wird in der Kunstwelt dagegen noch um die Bedeutung kleiner, ockerfarbener Stäbchen, die in manchen prächtigen Tableaux des älteren Bruegel zu erkennen sind.« Historisches Problem: Zu Bruegels Lebzeiten war die Fritte noch nicht erfunden.

Und so entpuppte sich das Ganze als ein Fake, eine gut erfundene ironische Hommage an das panfrittinische Volk (ohne Hinweis darauf allerdings). Frittenmuseum, welch ein Unfug! Und auch wer den Ort suchte, wurde nicht fündig: Martogne sur Meuse gibt es nicht.

2008 eröffnete in Brügge dann tatsächlich das erste und bis heute weltweit einzige Frittenmuseum (www.frietmuseum.be). Hier kann man nett aufbereitet allerlei über Pommes Frites lernen: Dutzende Schneidemaschinen der belgischen Hausfrau über Jahrhunderte sind ausgestellt, Bilder einer posierenden Miss Belgien beim Zubeißen, die Geschichte des Namens Bintje (Vorname einer Schülerin, deren Lehrer in seiner Freizeit Kartoffeln züchtete und sie nach ihr benannte), die wichtigsten Exponate von Fritten in der darstellenden Kunst (ohne Ensor, Magritte, Bruegel), Hintergründe zum Nationalmenü Moules / Friet bis hin zur königlich-belgischen Frittenbriefmarke aus den 1960er

Jahren. In der Cafeteria serviert man, natürlich, frische Fritten. Ziemlich gute übrigens.

Immer neue Rankings und Tests gibt es, landesweit wird seit Jahrzehnten die Friterie des Jahres gekürt, in Brüssel gibt es die Wahl zum »Frituristen des Jahres« – ein Titel, den das Maison Antoine 2012 holte. Längst gibt es für Brüssel eine Pommes-App mit 50 verschiedenen Buden. Landesweit untersucht das Magazin *Test Aankoop,* so etwas wie die belgische Stiftung Warentest, auch die Pommesbuden. Da gibt es seitenlange Tabellen mit Fettanalysen, Fettanteil (zwischen 8 und 31 Prozent), Preis pro 100 Gramm, Köstlichkeitskoeffizienten. Die größte getestete Portion hatte fettige 2000 Kilokalorien. Mayonnaise kommt noch dazu.

Ja, alles ist Pommes, jeder isst Pommes im Königreich Großfrittanien. Der Historiker Herbert Ruland spottet: »Ich glaube ja nach wie vor, es gibt eine heilige Urfritte, die seit Jahrhunderten jeden Tag neu auf der Grand-Place in Brüssel bei 170 Grad ausgebraten und den hungrigen Mäulern öffentlich präsentiert wird – wie eine Reliquie. Und von den Gewölben und Torbögen der umliegenden Gebäude hängen Fett-Stalaktiten herunter wie in einer Tropfsteinhöhle.«

Nur an wenigen Stellen in Belgien gibt es keine Fritten. Etwa im Atomium in Brüssel. Ausgerechnet! Die pingeligen Behörden hatten die Zubereitung von Pommes Frites in der Restaurantküche untersagt; die Feuerwehr befürchtete Brandgefahr durch sprudelndes Fett. Ein herber Hieb für die belgische Gastronomie, den man im Lande der Improvisationsweltmeister indes mit einer der landestypischen Wohnwagen-Fritteusen am Fuße des Atomiums auffangen könnte. Danach Transport per Fritten-Shuttle. Der Lift ist in 25 Sekunden oben im Restaurantbereich.

Auch Angela Merkel (Bundeskanzlerin, Stand: Frühjahr 2017) ist Fritten-Connaisseurin. Bei einer stundenlangen Sitzung in Brüssel im Februar 2016 bekam sie Hunger, zu kräftezehrend waren die Marathon-Verhandlungen mit Britanniens damaligem Regierungschef David Cameron um den drohenden Brexit.

Merkel ging zur Maison Antoine gleich um die Ecke. Sie demonstrierte Volksnähe und griff, notierten Augenzeugen sogleich, mit den Fingern zu. Wie es die meisten tun. Unklar blieb anfangs, was sie dazu aß. Agenturen schrieben, über die Beilage habe das Kanzleramt keine offiziellen Angaben gemacht. Die *Süddeutsche Zeitung* mutmaßte, Merkel habe Mayonnaise genommen, weil das auch die meisten Belgier täten. Die Spürhunde des *Spiegel* recherchierten Sauce Andalouse. Auf Twitterfotos sieht man es tatsächlich rötlich schimmern auf der Tüte der Kanzlerin. In einem belgischen Newsportal erzählte der Fritterie-Angestellte Antonio später: »Sie hat insgesamt 45 Portionen bestellt für die gesamte Begleitung, mit 40 toppings. Meist Mayonnaise, aber sie selbst wollte Sauce Andalouse.« Merkel habe die Pommes großartig genannt und versprochen wiederzukommen.

Ungeklärt blieb, ob sie eine besonders dicke Extrawurst für Cameron mitgenommen hat, wie im Netz gespottet wurde. Zum Abenddinner wurde später übrigens banales Kalbsfilet mit Spinat und Polenta serviert. Ob mit einem gemeinsamen zünftigen Frittenessen der Brexit hätte verhindert werden können, werden Historiker einmal klären müssen. Sicher ist heute nur: Auf der Insel werden sie ohne kulinarische Befruchtung aus Belgien ihre sogenannten Chips tapfer weiter in Essig ertränken. Wenigstens ohne dabei von EU-Bürokraten gegängelt zu werden.

Doch die Kulinarik Belgiens geht weit über Fritten hinaus. Eine kleine Auswahl:

*Waterzooi,* flämischer Fischeintopf.

*Patée Bruxelloise,* Brüsseler Pastete.

*Tete de veau* (Kalbskopf), Spezialität der Wallonie.

*Gratin au chichons.* Überbackener Chicoree, in Schinken eingewickelt.

Rosenkohl-Gerichte. Der *Choux de Bruxelles* wurde erstmals 1587 in Brüssel angebaut.

*Baguette Chasseur,* mit Speck, Zwiebeln, Paprika etc.

*Carbonade flamande,* flämisches Gulasch, in Bier und Senf geschmort.

*Lapin à la Gueuze,* Kaninchen im Gueuzebier.

*Mitraillette,* eine Art Belgiendöner: Aufgeschnittenes Baguette, darin Fleisch, Wahlsauce, etwas Salat und – doch schon wieder: Pommes Frites.

*Stoemp,* Kartoffel-Möhren-Eintopf, Zwiebelsoße, regional verschiedene Wurstbeilagen.

Reisfladen, Hefeteig mit Milchreisauflage, goldbraun überbacken.

Waffeln: *Bruxelloise* – eher fluffig und eckig. *Liégeois* – mit eingebackenen kristallisierten Zuckerstückchen.

*Truleye,* süße Suppe, in der kalten Version mit eingebröselten Lebkuchenstücken. Warm wird sie mit Bier, Zucker, Butter und Muskat gereicht.

# Besondere Orte 3: Campingplatz Sippenaeken

Erlebnisse auf einem ostbelgischen Campingplatz, der ganz und aber so was von anders ist als der unmittelbare Nachbarplatz, keine 500 Meter entfernt, aber schon in den Niederlanden

Schwimmbäder in Deutschland sind Orte strengen Reglements und Regiments: Kein Springen vom Beckenrand. Keine Ballspiele. Außenherum gehen statt rennen. Der grimme Schwimmmeister sieht ermahnensfreudig alles. In Belgien, zumindest im großen Freibad meines Campingplatzes Vieux Moulin (Alte Mühle) in Sippenaeken 15 Kilometer von Aachen, scheint Springen vom Beckenrand Pflicht zu sein – möglichst weit und heftig, Arschbomben bevorzugt. *Les enfants* lieben das Rennen rund ums Becken, je schneller, je besser. Ballspiele aller Art finden kreuz und quer und andauernd statt. Schwimmen? Meist ist noch irgendwo eine Slalomroute möglich, immerhin.

Auf dem Campingplatz liegen Kinderräder herum, fallengelassen wo man gerade ist, kreuz und quer, als sei hinstellen am Ständer ein Angriff auf das Königshaus. Belgier, fast alle frankophon, haben hier eine Zweidrittel-Mehrheit, das andere Drittel teilen sich Deutsche und einige Niederländer. Kulturunterschiede fallen schnell ins Auge: Die Deutschen wollen auch auf dem Campingplatz etwas unternehmen, spazieren gehen, wandern, eine Radtour in die Umgebung machen und danach am Rasen und dem Vorzelt herumwerkeln, also arbeiten. Die Belgier arbeiten sich daheim krumm, um das Wochenende als Bonvivant enden zu lassen. Hier setzen sie sich spätestens nachmittags auf ihre Campingstühle und warten, was zuerst kommt: die Nacht oder das Ende des Biervorrats.

Angefangen hatte unser Campingleben im Vieux Moulin mit einem Uralt-Wagen samt ausladender Vorzeltkonstruktion, vollmöbliert inklusive Küchenzeile. Charmant betagt, von einer Freundin übernommen, die weggezogen war aus der Gegend. Nach drei Jahren war der Wagen leider durchgerostet, marode, schimmelbedroht. Nicht mehr reparabel. Die ganze Konstruktion musste schweren Herzens entsorgt werden. Wohin mit dem ganzen Zeug?

André, Mitte 50, ein Dauercamper hier seit langem, erwies sich als Hilfsbereitschaft schlechthin. Er sorgte mit seinem Auto samt klapprigem Anhänger für den kompletten Abtransport. Wohin? Keine Ahnung. Metallstangen extra – er wisse schon wo er ein paar Euro bekäme. Und der ganze andere Mist? In Belgien, erklärte André, habe jeder pro Jahr bestimmte freie Sperrmüll-Kapazitäten. Er schleppt. Er fährt. Er schleppt wieder mit. Verladen, Abtransport. Irgendwohin. Geld wollte er keines. »Ist schon gut.« Eine Saison später humpelt er ungelenk durch die Gegend. Neue Hüfte und neues Kniegelenk, gleich alles auf einmal. Die gelben Finger greifen nach dem Tabak. Er zieht genussvoll einmal durch. »Ich glaube, nochmal würde ich nicht zwei OPs auf einmal machen.« Hoffentlich hat die Maloche bei uns nicht seinen Gelenken den Rest gegeben.

Keine 500 Meter Luftlinie entfernt befindet sich der Campingplatz Cortesserhoeve in den Niederlanden. Eine andere Welt. Hier stehen die Fahrräder in Reih und Glied, parallel an den sorgsam eingeparkten Autos ausgerichtet. Geschwommen wird brav und gesittet. Hier hat auch der Fußballplatz zwei Tore, nicht nur ein schwer angerostetes wie bei uns neben dem Campingplatzgelände. Hier ist der Platz ein Platz, bei uns in Belgien eine wilde Wiese. Die Wohnwagen stehen rechtwinklig (naja, bei uns in Belgien manchmal auch), die Zufahrt ist beschrankt, es gibt eine ausgeschilderte repräsentative Rezeption in einem Fachwerkhaus (bei uns muss man die Rezeption in einer Holzhütte finden, ohne näheren Hinweis). Der Rasen in Holland wird regelmäßig akkurat gemäht (bei uns manchmal auch, Akkuratesse zufällig). Die Preise sind dort ausgehängt.

Die Feiern im Sommer sind von belgischer Ausgelassenheit. Ein ganzes Spanferkel dreht sich beim Ferienfest. Wenn die Kids im Schwimmbadwasser Disko machen, ist das eine stundenlange Explosion des Glücks, bis kurz vor Mitternacht. Auf dem kleineren Fußballplatz neben dem Schwimmbad, einem Großkäfig mit verbeulten Toren und oben einer löchrigen Drahtnetzkonstruktion, wird einmal im Jahr ein Riesenkicker aufgebaut, außen dicke Kunststoffwülste, von Druckluft gespeist, Maße vielleicht acht mal zwölf Meter. Darin die Menschen festgeseilt an Querbalken, gespielt wird mit einem Schaumstoffball. Eine Riesengaudi. Dieser *Human Table Soccer,* wie er bei uns heißt, wandert während der gesamten neunwöchigen Sommerferien (wie in Frankreich: 1. Juli bis 31. August) über die Campingplätze der Region.

Dann der richtige Fußball. Es ist WM-Zeit. Am Nachmittag spielt Belgien, die roten Teufel. Im Restaurant ist ein Beamer aufgebaut. Und eine Diskoanlage. Volksfest. Schlagermusikdröhnen über vier Stunden mit zweimal 45 Minuten Pause dazwischen, in denen der DJ das Geschehen laut cokommentiert. Viele der belgischen Camper sind als rote Teufel verkleidet. Man fiebert mit, klar. Das arme Belgien aber scheidet aus gegen Argentinien. Na und? Das Bier fließt ja noch. Die Musik wird noch lauter gedreht. Über den Sender laufen tonlos die Interviews mit enttäuschtem Trainer und den Spielern. Niemand will das hören. Stattdessen wird laut gesungen und heftig getanzt.

Unser neuer Wohnwagen brauchte schließlich ein neues Vorzelt. Nachbar Muckel und ein Rentnerkollege besorgen die Materialien und bauen und bauen. Sie reißen sich richtig darum und werden auch bezahlt, 200 Euro jeder, für wochenlange Nachmittage, nicht eben viel. Sie freuen sich richtig über ihr Werk. Nachbarschaft und Hilfsbereitschaft sind hier konstituierende Werte.

Kaum hat man die Belgier so richtig schätzen gelernt, bekommen wir eine unfassbar prollige laute Familie als neue Nachbarn. Er brüllt die Kinder an, sie nicht. Sie keift sie nur an, in einer Tonlage, dass sensible Gläser zerspringen würden. Die Kinder sind laut, am liebsten vor unserem Wagen. Das stört die Eltern nicht. Mal grüßen im Vorbeigehen? Niemals. Eines Tages steht unser leicht maroder Ersatzgartentisch aus belgischem Vollplastik auf deren Wiese. Wir verzichten auf Nachfragen. Und dann ihre Feste. Viele Freunde kommen, Verwandte vielleicht auch, noch mehr wilde Kinder. Oma wird im Rollstuhl dazu geschoben. Großfamilienfeier und Nachbarschaftssause in einem. Schon mittags kreisen die Bierbüchsen. Laute Schlagermusik, rülpsen, mitgröhlen. Wer kann am lautesten? Belgien ganz unten. Einfach nervig. Und dann …? Dann schleppten wir zwei Wochen später ein paar wirklich sperrige, schwere Gegenstände auf unser Terrain. Sofort ist Monsieur da mit seinem verschwitzen, wie immer nackten Oberkörper und mit Bierfahne. Er lächelt sogar. Und packt wortlos richtig engagiert mit an. Ein starker Kerl. Ein Jahr später war die Familie weg.

Madame Platzbesitzerin macht täglich ein paar Mal wichtige Durchsagen, per krächzender Lautsprecheranlage, sehr old school, also *vieille école.* Immer auf Französisch und danach in frankophil angehauchtem charmantem Deutsch. »Dere kleine Lionel sucht sein Eltärn. Ere kann an der Friterie abge'olt wehrden …« Manchmal dürfen Kinder auch »Happy Birthday« über die Anlage singen, wenn wer Geburtstag hat irgendwo auf dem Terrain. Mit französischem Klang in der Stimme ist das am komischsten. Madame wird danach noch sagen, dass »an das nächste Wochenende ein Kindervolleyturnier stattfindet und das Kickern für alle in der Restauration«.

Diese Durchsagen kommen auf dem unmittelbar angrenzenden Golfplatz, welch andere Welt, akustisch viel zu gut an, um gut anzukommen. Golf ist Konzentrationssport, wenn da im Moment höchster Kontemplation Madame, ja, hier würde man sagen: aus der Stille heraus ohne Vorwarnung losplärrt, ist das der Konzentration für den alles entscheiden Putt nicht eben zuträglich. Habe ich eigentlich schon gesagt, dass ich selbst auch Golf spiele, seit Jahrzehnten übrigens? Und hier im Club?

Zaun an Zaun treffen sich wirklich zwei verschiedene Welten, auch wenn Golf, vor allem hier im doch recht belgisch rustikalen Golfclub Mergelhof, mittlerweile anders ist als das Snobistenklischee meist falsch vorgaukelt. Dennoch ist es für mich ein immer wieder komisches Gefühl, in beiden Welten zuhause zu sein, oftmals nahtlos von hier nach da zu pendeln. Die Mitspieler, denen ich mich anvertraue (»Ich habe da bei Madame übrigens meinen Wohnwagen …«), staunen dann. Auf dem Campingplatz lasse ich das Thema Golf außen vor. Grund: Immer dieser Rechtfertigungsdruck. Oder die Angst davor.

Zurück in die Campingwelt: Wird man bei einem Holländer eingeladen, gibt es abgezählte Keksstücke zum Kaffee aus der großen Supermarktdose. Beim Belgier artet das Beisammensein auch mal in bukolische Exzesse aus. Noch ein Bier, Monsieur, ein Kaffee? Und der Grill liegt doch noch voll! *Allez!* Auf dem niederländischen Nachbarplatz sind die Plätze calvinistisch nüchtern gehalten, bei uns dominieren trikulturelle Gartenzwerge und unzähliger anderer Kitsch. Dort wird der Müll in sauber aufgereihte Großcontainer sortiert, bei uns getrennt auf verschiedene Haufen geworfen oder in Erdgruben versenkt. Erdgrube kommt einem Golfspieler im ersten Reflex sehr natürlich vor. Allerdings ist es kaum naturfreundlich: Alle paar Wochen lodert auf unserem Campingplatz für ein Stündchen ein großes Entsorgungs-Feuer mit den Erdloch-Inhalten.

Hubert orchestriert die Müllentsorgung, strengen Blickes immer. Er ist der Platzwart, Anfang 70, grauer Bart, wortkarg mit seinem frankophilen Deutsch. Eines Tages ist bei uns der Strom ausgefallen. Nur Hubert hat den Schlüssel für den Sicherungskasten gleich vor unserer Parzelle an einem Betonpfeiler. Hubert kommt. Kasten auf, Sicherung rein, Kasten zu. Klack. Wortlos bleibt Hubert noch daneben stehen. Oh, vielen Dank, merci, sagen wir. Er trottet davon. Nachher sagt uns wer, man müsse ihm immer ein Eurostück dafür geben, das sei Usus. Hubert hat es nicht leicht, die Frau ist gerade gestorben. Jahre, wahrscheinlich

Jahrzehnte, hatten sie in ihrem gemütlich eingerichteten Wohncontainer auf dem Platz gelebt, sommers wie winters. Jetzt lebt Hubert hier allein.

In das mäandernde Flüsschen La Geule/Geul/Göhl, das die beiden Campingwelten in Holland und Belgien trennt, wird belgischerseits recht großzügig entsorgt (inklusive Fäkalien). Es wird auch fleißig darin herumgewatet, gern zum Angeln, das der Belgier sehr liebt. Dort, drei oder vier Windungen flussabwärts unmittelbar hinter der Staatengrenze, steht ein Schild: Schwimmen verboten; jeglicher Zugang könne *niet toegestaan* werden, also nicht zugestanden, wegen *bacteriologischer Verontreiniging*. Nicht schön.

Aber wir haben die deutlich besseren Fritten und das größere Schwimmbad samt abenteuerlich gutkurviger Riesenrutsche! Man ist sicher, dass die Verfettung der auffallend vielen wirklich sehr dicken belgischen Kinder im Schwimmbad dem übermäßigen Frittenkonsum zugeschrieben werden muss. In diese Erkenntnis platzt eine große EU-Studie Anfang 2017. Sie hat die Fettleibigkeit von Kindern aus acht europäischen Ländern untersucht. Und wer schafft die Bestwerte? Belgien. Sowohl bei Kids aus der Unterschicht (82 Prozent) als auch aus höherem Bildungsniveau (91 Prozent) hat Belgien die meisten normalgewichtigen Kinder. Gucken sich die EU-finanzierten Wissenschaftler nicht auf Campingplätzen um? Oder ist es woanders wirklich noch schlimmer?

# Besondere Orte 4: Die Enklave Voeren/Fourons

Fourons gehörte zur Wallonie und wurde plötzlich zum flämischen Voeren. Rebellierende Bauern in der belgischen Toscana neben der niederländischen Schweiz

Die Gemeinde Voeren ist eine bäuerlich geprägte Gegend, romantisch, ruhig, gelassen, abgelegen, autoarm selbst an Werktagen, so dass manchmal eine überraschend wundervolle Stille herrscht. Viele Radfahrer sind unterwegs, auch Niederländer wegen der schönen Steigungen, mit denen ihr Land so dramatisch wenig gesegnet ist. Hier, im äußersten Nordosten Belgiens, inmitten von Fachwerk und schiefen Sträßchen, glaubt man sich bisweilen am Ende der Welt statt zwischen den Kulturen. Einer schrieb mal, hier fühle man sich in das Bild eines altflämischen Meisters hineinversetzt. War Pieter Bruegel d. Ä. gar nicht aus Breda, sondern aus Voeren?

Nebenan nennen die Holländer ihr leicht hügeliges Gelände »Niederländische Schweiz«. Dann ist Voeren die belgische Toskana. Doch das Idyll ist erst heute eines, und ohnehin nur äußerlich. Hinter der zauberhaften Kulisse zeigt Voeren, das einmal stolzes wallonisches Fourons war, Belgiens Sprach- und Kulturkonflikte beispielhaft im Kleinen.

Voeren ist eine flämische Exklave auf eigentlich wallonischem Terrain. Das Gebiet von kaum 50 Quadratkilometern mit gerade mal 4000 Einwohnern klebt quasi unterhalb des südlichsten Teils der Niederlande zwischen Maastricht und dem Dreiländereck bei Aachen. Mit der Gründung Belgiens 1830 gehörte Voeren zur frankophonen Provinz Lüttich, Amtssprache Französisch. Indes sprach schon damals fast die Hälfte der Einwohner Niederländisch. 1963 wurden die Sprachgrenzen in Belgien gesetzlich neu festgelegt – und Voeren der Provinz Limburg nebenan im

Westen zugesprochen, zudem noch in Insellage. Ein Affront für alle Frankophonen. Die Folge war drei Jahrzehnte lang politische Unruhe, eine Spaltung der Bevölkerung.

Kopfschüttelnd las man in Aachen, dass keine 15 Kilometer von der Stadtgrenze entfernt Bauern mit Mistgabeln aufeinander losgingen. Dass es sprachbedingte Straßenschlägereien gab und die Gendarmerie Tränengasgranaten verschießen musste. Heute sagen politische Beobachter, es sei purer Zufall, dass es keine Toten gegeben hat. Nicht als einmal Pistolenkugeln durch ein Café flogen oder ein französischsprachiger Extremist, Fahrlehrer von Beruf, mit seinem Auto in eine Gruppe flämischer Demonstranten bretterte. Danach war er Exfahrlehrer.

1982 gewann auch noch ein frankophiler Landwirt das Bürgermeisteramt, das er sieben Jahre innehatte. Sein Alleinstellungsmerkmal: Dieser Monsieur Happart war der erste Bürgermeister einer offiziell niederländischsprachigen Gemeinde, der kein Wort Niederländisch sprach, was erst recht politische Spannungen bis Brüssel auslöste. Als ab 2000 alle in einer Gemeinde wohnhaften EU-Staatsangehörigen an Kommunalwahlen teilnehmen durften (Voeren hat gut 20 Prozent niederländische Einwohner) konnte die niederländischsprachige Partei *Voerbelangen* (»Belange der Voerener«) die Wahl mit 53 Prozent gewinnen. Die wallonienahe Partei *Retour à Liège* (»Zurück nach Lüttich«) bleibt seitdem in der Opposition. Der renitente Bürgermeister machte ministeriale Karriere in der wallonischen Regierung und im EU-Parlament. Bis vor einigen Jahren überpinselten mal die einen, mal die anderen die vermeintlich falsche Sprache auf den bilingualen Ortsschildern.

Die Birnen der Gegend sind bekannt, Äpfel auch und Trauben. Es gibt sogar mehrere Winzer, Züchter von Schnecken und japanischen Wagyu-Rindern, Kiwiplantagen, die Imkerei mit dem schönen Namen *Beelicious* und ihrem tollen Honig-Nuss-Mus. Aber die Politik bleibt bis heute im Alltag an Kleinigkeiten sichtbar: Wer hier als Landwirt den Direktverkauf auf seinen

Schildern oben mit *Vente directe* und darunter mit *Huisverkoop* bewirbt, ist sicherlich frankophiler Herkunft. Und das Schild ein kleines politisches Statement.

Zwei besondere Orte gibt es in der kleinen Gemeinde Voeren. In St. Pieter die Commanderie 7 rund um ein altes Wasserschloss. Hier, an der Quelle des Flüsschens Voer, ist die größte Fischzucht Belgiens beheimatet. Im angegliederten Gartenrestaurant kann man versuchen, die Unterschiede zwischen fangfrischen Bach-, Regenbogen- und Quellenforellen herauszuschmecken (es wird vor lauter Zungenglück kaum gelingen). Im Schloss wohnte, das möge als weiterer Sprachgruß der Gegend zu verstehen sein, lange der Sohn des Baron de Potesta, sein Name: Henry Ernst de la Graete. Kann ein Name besser zu einer Fischzucht passen?

Nach einer Wanderung oder Radtour lädt das Café Modern im Voeren-Örtchen Teuven mit zwei gar nicht modernen Besonderheiten: Da ist einmal der Zaal Patria, eine ausgebaute Scheune aus der vorletzten Jahrhundertwende, alt, patinareich, bizarr-schön. Ein Fest der Sinne für Feste aller Art bis hin zu opulenten Hochzeiten. Die andere Spezialität ist die Decap-Anlage in der Gastwirtschaft. Decap ist eine Firma bei Antwerpen, die Orchester aus selbst spielenden mechanischen Instrumenten herstellt (www.decap.be). Einen Euro eingeworfen, und aus dem Nichts scheppert und rumst es lautstark los, Volkslieder, Märsche. Eine Riesengaudi – nicht nur für Kinder.

Ach, es gibt auch, ganz paritätisch, eine wallonische Exklave auf flämischem Gebiet, 200 Kilometer entfernt, im Südwesten des Landes, gleich an der französischen Grenze. Die Gemeinde Comines-Warneton (niederländisch: Komen-Waasten), gehörte eigentlich zu Flandern, bis sie 1963 der wallonischen Provinz Hennegau zugeordnet wurde. Comines war einmal eines der Weltzentren der Flachs-Industrie, bis die Deutschen im Ersten Weltkrieg den Ort komplett auslöschten. Danach wurde Komen-Waasten im niederländischen Neo-Renaissance-Stil wieder aufgebaut, der jedoch nach 1963, jetzt in Comines gelegen, nicht in einen französischen Neoneo-Renaissance-Stil wechselte.

In Voeren / Fourons hat man sich mittlerweile offiziell auf Zweisprachigkeit geeinigt – mit feinen Nuancen. Auf Straßenschildern steht oben der Name auf Niederländisch, unten etwas kleiner Französisch, etwa Kastanjeboomstraat / Rue du Marronnier in Sint-Marten's-Voeren / Fouron-Saint-Martin. Die Schriftgrößen wurden im Ortsparlament akribisch und erbittert ausgehandelt. Auf die Spitze treibt es eine Landkarte mit dem Ortsnamen Remersdael / Remersdaal, der der Einfachheit halber in einem Wort auftaucht: Einem alten diakritischen Zeichen ähnlich ist das hintere e von Remersdael in halber Größe geschrieben und bekommt in gleicher Größe (Parität!) ein a huckepack. Eine versöhnlich bilinguale Sparschreibweise. Linguisten würden bei diesem vietnamesischen Vokalezwilling vielleicht von symbolischer Semiotik sprechen. Oder einfach dadaistische Zeichenlehre dazu sagen. Das internationale Alphabet ist jedenfalls dank Belgien um einen Kunstbuchstaben reicher. Allerdings muss den Hardlinern unter den Frankophonen der Verdacht bleiben, dass darin eine politische Aussage steckt: Das niederländische a oben unterdrückt das e der französischen Schreibweise! Wahrscheinlich war der Kartograph Flame.

## Rekordesser: Schokoladen und Pralinen

Im Schokoladenland: erst die Praline erfunden, dann den Brotaufstrich und heute Weltmeister im Konsum

*»Es ist leicht, ein Land zu lieben,*
*das für Schokolade und Bier bekannt ist«*
(Barack Obama)

Tauchen wir ein in die Welt schokoladener Köstlichkeiten. Es sind Kunstwerke: handgebastelte Türme, Rechtecke, Kugeln, Eier, Taler, Rhomben oder schlicht Fantasiegebilde in schokobraun wechselnden Farbnuancen. Belgische Pralinen. Mit dem Geschmack immer neuer Früchte von Kastanien bis Zitrus und Koriander, mit Pasten und Cremes, Spirituosen in den Füllungen und Marzipankreationen, Gewürzkombinationen, mit Kräutern wie Rosmarin oder Thymian, mit Mandeln und Haselnüssen sowieso. Alles komponiert, geformt, gebastelt auf der Suche nach Aromaharmonie.

Die Produkte belgischer Chocolatiers haben außer dem Grundstoff Rohkakao nichts mit den industriell erzeugten Inhalten von Pralinenschachteln unserer Supermärkte zu tun. Das verhält sich wie Seidenbluse zu Blaumann, wie Atelier zu Fabrik, natürlich auch wie Festgeldkonto zu Kupfergeld. Gute Sorten können leicht vier oder fünf Euro pro hundert Gramm kosten, und da hat man sich noch nicht im luxuriösen Highend umgeguckt. Und Rohkakao ist nicht Rohkakao. Da werden unterschiedliche Sorten, Jahrgänge und Herkunftsgebiete ausgesucht und verschnitten, bis das Ergebnis optimal auf des Chocolatiers Zungenspitze erknospt. Und bitte, nur reine Kakaobutter, keine Ersatzfette dazu. Die Kompositionen sind nichts als – schiere Kunst in sanften Pastelltönen und sattem Braun & Schwarz mit bunten Tupfern, Spritzern, geometrischen Figuren, verspielten Mustern.

Belgien ist Weltmacht in der Pralinen-Herstellung. Erstmals ist der Handel mit Schokolade im Jahre 1635 aktenkundig, als der Abt der Baudeloo Abtei in Gent welche kaufte. Er musste dafür in eine Apotheke gehen. Denn die Herstellung war meistens ein Nebenerwerb der Pharmazeuten, die Schokolade als Tonikum verkauften. Im Laufe des 19. Jahrhunderts, als die europäischen Kolonialmächte gerade erfolgreich den afrikanischen Kontinent auszubeuten begannen, kam mit dem abgepressten Kakao aus Ghana und der Elfenbeinküste der Schokoladenkonsum auf unseren Kontinent. 1840 verkaufte der belgische Hersteller Berwaerts die ersten gepressten Tabletten und Pastillen. Bald bauten mehrere Firmen ihre Fabriken, die später zu großen Unternehmen wurden: Neuhaus (1857), Côte d'Or (1883), Jacques (1896) und Callebaut (1911).

Jean Neuhaus eröffnete 1857 in Brüssel in den Galeries Royales Saint-Hubert eine Apotheke. Offenbar gab es noch nicht den Mythos von den Medikamenten, die möglichst ungenießbar sein sollten um zu wirken – zum Glück: Denn Neuhaus überzog seine Pillen mit einer Schicht Schokolade, um den Geschmack angenehmer zu machen. Man darf vermuten, dass die Menschen von nun an gerne krank wurden. Enkel Jean Neuhaus jr. hatte später die noch folgenreichere Idee, die Medizin in der Schokolade durch köstliche Füllungen zu ersetzen und erfand, im Jahr 1912, die erste Praline. Ein paar Jahre später dachte sich seine Frau die Ballotin-Schachtel aus, eine elegante Verpackung, die die Pralinen des Gatten fortan zu einem Luxus-Geschenk adelte. Aus der Apotheke wurde ein Schokoladengeschäft in der Galerie de la Reine 23 in Brüssel. Eine andere Version sagt, der deutsche Koch des französischen Grafen César de Choiseul habe schon Ende des 17. Jahrhunderts eine Füllung in ein Stück Schokolade gefummelt bekommen. Aber das können Menschen nur außerhalb Belgiens wirklich glauben.

Heute hat die Zahl der Süßwarengeschäfte die der Apotheken (in Belgien etwa 4500) längst weit überholt. Schokoshops, Süßkramboutiquen und Chocolatiers finden sich in jeder Fußgängerzone. Wer Süßes liebt, wird beim Blick in die Schaufenster schnell kirre vor Glück. Oder sehr schnell sehr fett, wenn man den Verlockungen intensiv nachgibt. Ob es irgendetwas gibt, dass Belgier nicht in Schokoladenform herstellen? Da sind Tierparks mit kleinen bunten Geschöpfen aus Nougatmasse und Marzipan, ganze Werkzeugkoffer lassen sich aus Schokolade bestücken – um nur zwei Beispiele zu nennen. Und wem das zu viel Show ist, der kauft sein Pistaziennougat oder die Orangenmarzipan-Komposition mit Walnüssen eben scheibenweise vom großen Block.

320 professionelle Chocolatiers gibt es, viele nur mit ihrem Stammhaus vor Ort, andere mit jeweils hunderten Filialen allein in Belgien. Marcolini, Wittamer oder Galler, der sich königlicher Hoflieferant nennen darf – jeder Name eine Verheißung. Industrielle Big Player sind Firmen wie die größte und preiswerteste Marke Leonidas (Motto »Pralinen für alle«), der Luxusmassenproduzent Godiva, Neuhaus mit über tausend Geschäften in 50 Ländern oder Côte d'Or (ursprünglich von Neuhaus gegründet, heute zum Lebensmittelkonzern Kraft gehörend), dessen Supermarktprodukte Mignonnette, Bouchée, Chokotoff schon nach Spezialität klingen. Die Firma Callebaut, die in Wieze bei Aalst ihre erste Fabrik baute, ist heute der umsatzstärkste Großhändler von Kakaoprodukten in Europa. Das Headquarter ist mittlerweile in der Schweiz und heißt jetzt Barry Callebaut. Die Kehrseite des überragenden Images belgischer Schokolade: Es hilft manchen Massenprodukten mit mittelmäßigen Verkostungsergebnissen zu guten Marktchancen bei überhöhten Preisen. Made in sweet Belgium allein muss noch nichts heißen.

Prägend für die belgische Pralinenkultur sind die vielen örtlichen Patissiers. Kaum ein belgisches Städtchen, in dem nicht ein kleiner Schokokünstler seine Kreationen entwirft, produziert und feilbietet. Alles in Handarbeit, liebevoll ohne industrielle Normierung. Viele haben mehr als hundert eigene Schöpfungen und immer ihre Spezialitäten. Gucken wir beispielsweise in die Wallonie: Am Waldrand des Ardennendörfchens Erezee hat Chocolatier Philippe Defroidmont neben seine Werkstatt (Spezialität: Pistazien-Pekanuss-Tafeln) gleich ein hauseigenes Pralinenmuseum gebaut – für den theoretischen Background. Chocolats d'Édouard in Florenville nennt Rosmarincreme als Spezialität seiner Schoko-Boutique, andere arbeiten mit Trappistenbier aus Orval und sowieso nur mit reinsortigen Grand-Cru-Schokoladen.

In Lüttich führt die Chocolatière Pascale Droogmans ihr Geschäft. Hier kaufen die Leute »100 Gramm Louis« oder ein »halbes Pfund Charlotte und Lisette halbe-halbe«. Droogmans Handwerk-Pralinen sind entweder Perlen, wie sie sagt, also rund und haben weibliche Vornamen oder sie sind eckig, das sind die Jungs unter den Gaumenkitzlern. Louis heißt übrigens ihr Sohn. Geschlechts- und familienneutral sind Droogmans kandierte Physalis-Beeren mit einem Überzug aus Zartbitter. In Schönberg bei St. Vith ist die kleine Firma Belgian Chocolade Design zuhause. Man zaubert Senfpralinen, andere mit Ziegenkäse, Rotwein, Rote Beete, Rosenblütenextrakten. Die Produktionsräume heißen Atelier. Die Inhaber, zwei Brüder, heißen Hanf – Hanfpralinen fehlen der Schoko-Bruderschaft indes noch.

Aus dem Mittelstand seien drei Namen exemplarisch genannt: Zaabär in Brüssel, eine Firma, in der man vornehmlich mit exotischen Gewürzen und Früchten arbeitet, mit Kräutern und Blumenblättern. Oder Luxuschocolatier Laurent Gerbaud in Brüssel, wo man bei einer Besichtigung der Produktion, umgeben von sprudelnden Schokoladenquellen verschiedener Sorten, fachkundig begleitet sortenreine Schokoladen verkosten kann; und danach die Meisterwerke des Meisters. Der Kollege Jean-Philippe Darcis trägt den süßen Ehrentitel »Ambassadeur du chocolat belge«, Botschafter belgischer Schokolade, auf Lebenszeit übrigens. Er hat in Verviers nicht nur seine öffentlich einsehbare Produktionsstätte in Form einer weißen Pralinenschachtel gebaut, sondern auch ein Schokoladenmuseum von fast 3000 Quadratmetern Größe eröffnet (andere Schokoladenmuseen im Schokoladeland gibt es zum Beispiel in Eupen, Brüssel und Brügge). In Verviers stand 1860 die erste dampfbetriebene Schokoladenfabrik Belgiens. Die Firma Belvas aus Ghislenghien nahe Mons macht zu 100 Prozent in Fairtrade-Trüffeln und -Pralinen, alles zudem bio-zertifiziert.

Cuberdons, Macarons – manchmal reichen schon die Namen solch süßer Verführer, um jemanden auch ohne Schokolade zum Dahinschmelzen zu bringen. Und so ein banales Massenprodukt wie Brotaufstrich? Da fällt jedem Nutella ein, die weltweit erfolgreichste Marke, die zum Gattungsbegriff wurde. Schön für den Hersteller Ferrero. Aber Nutella (in Deutschland seit 1965 erhältlich) ist ein Nachahmerprodukt. Erfunden hat den Schokoaufstrich 1952 die belgische Firma Côte d'Or. Auf der Brüsseler Weltausstellung 1958 machte der Hersteller mit seinem Nutella-Vorläufer eine große Werbekampagne. Bald veränderte sich das Frühstück von Abermillionen Menschen, vor allem jungen.

# Das Scheusal von Charleroi: der Fall Dutroux

Keine Verschwörungstheorie ist abseitig genug, um nicht bis heute für möglich gehalten zu werden. Die Skandalgeschichte um den Kinderschänder Marc Dutroux

Charleroi kann stolz sein auf seine Vergangenheit: Vincent van Gogh hat hier einmal gepredigt. Der spanische Infant Carlos II. hatte hier eine große Festung, Ludwig XIV. aus Frankreich kam mal vorbei zu Verhandlungen über die neue Aufteilung von europäischen Pfründen. René Magritte war als Jugendlicher hierher gezogen, um sich im *Pays noir*, dem schwarzen Land von Kohle, Asche und Staub, zu seinen Bildern inspirieren zu lassen. Auch Albert Einstein war mal zu Besuch, um mit dem belgischen Urknall-Entdecker Georges Lemaître zu fachsimpeln. Kommt einiges zusammen an historischen Ereignissen quer durch alle Fakultäten. Als Bergarbeiterstadt war Charleroi jahrzehntelang einer der Motoren der belgischen Wirtschaft, als Kohle und Stahl noch Wohlstand brachten und zumindest dreckige Arbeit.

Das ist Jahrzehnte her, die Zechen sind lange zu, die Hochöfen kalt, eine Trendwende blieb aus. Leser einer niederländischen Zeitung haben keinen Sinn für solche Feinheiten und wählten das gewesene Schwerindustriemekka Charleroi in einer Umfrage vor ein paar Jahren zur »hässlichsten Stadt der Welt«. Heute hat die viertgrößte Stadt Belgiens (205 000 Einwohner) noch drei Attraktionen: zum einen das Fußballstadion, eines der steilsten der Welt, errichtet zur Europameisterschaft 2000. Wenn man da oben auf der Tribüne steht, meint man bei einem Sturz senkrecht auf den Rasen zu fallen (die DFB-Elf leitete bei der EM hier ihren Turnier-Absturz ein mit einem 0:1 gegen England). Dann ist da der Bürgermeister: der Sozialist Paul Magnette, Professor der Politikwissenschaft, der es 2016 zu weltweiter Prominenz brachte –

als wallonischer Ministerpräsident war er das Gesicht der zähen Proteste gegen das Comprehensive Economic and Trade Agreement mit Kanada, kurz CETA genannt. Das dritte Highlight bezieht sich auf das ruhmreiche Gestern: die sehr speziellen Stadt-Führungen des Performance-Künstlers Nicolas Buissart. Er macht hier seine *Urban Safaris* (charleroiadventure.com) und verkauft seine Heimatstadt als Drecksloch und Ikone der Scheußlichkeit. Bei den Stadtsafaris wandelt man entlang rußiger Häuserzeilen durch deprimierende Straßen, besucht Café-Kaschemmen, wandelt über wilde Müllhalden in verlassenen Industriebrachen. In einer stillgelegten Stahlfabrik voller Schutthaufen pflegt Buissart zu sagen: »In Frankreich wäre das Ganze eingezäunt, in Deutschland abgerissen, in den Niederlanden längst wieder aufgebaut. Hier ist es einfach da!«

Die Route de Philippeville 128 im Ortsteil Marcinelle liegt in einer besonders schäbigen Gegend. Abgewrackte, heruntergekommene Häuser, es riecht modrig. Aber vielleicht will einem das auch nur so vorkommen angesichts der ungeheuerlichen Dinge, die sich hier 1995/96 abspielten. Hier lebte der wahrscheinlich bekannteste Mann der Stadt: Marc Dutroux, der Kinderschänder und vielfache Mörder. Die Fassade seines Horrorhauses ist heute teilweise zugemauert und war zeitweilig großflächig angemalt, strahlend blau mit einem spielenden Kind.

Der Name Marc Dutroux war lange fast ein Synonym für Belgien. Wegen Dutroux hatte Belgien zeitweilig das Etikett »Land der Kinderschänder«. Sechs Mädchen und junge Frauen hatte das Scheusal 1995 und 1996 entführt, in ein Kellerverlies in seinem Haus eingesperrt, über Wochen und Monate gefoltert und vergewaltigt. Zwei der Mädchen hatten Dutroux und seine Ehefrau Michelle Martin verhungern lassen, zwei vergiftet und wohl bei noch lebendigem Leib begraben, dazu einen zeitweiligen Komplizen vergiftet und auch verbuddelt. Zwei junge Frauen konnten mit großem Glück befreit werden. Die Grausamkeit der Taten, ihre strategische Planung und die Skrupellosigkeit erschütterten das Land tief. Der Fall säte in Belgien tiefes Misstrauen gegen Politik und Ermittlungsbehörden. Zu viele Dinge waren offenbar mit grotesker Gründlichkeit schiefgelaufen. Und vieles wurde nie geklärt.

Julie (8), Mélissa (8), An (17), Eefje (19): Sie starben. Sabine (12) und Laetitia (14) überlebten das Martyrium.

Der 1956 geborene Lehrersohn Marc Dutroux hatte schon als Jugendlicher eine aktenkundige Karriere als Schläger, Dealer, Pornohändler und Stricher. 1989 war er zu 13,5 Jahren Haft wegen Vergewaltigung und Entführung von fünf Frauen verurteilt worden. Im April 1992 kam er wegen guter Führung wieder frei, also nach drei von über 13 Jahren – gegen alle Expertenwarnungen. Und gegen den ausdrücklichen Wunsch seiner Mutter.

Am 13. August 1996, ein langes Jahr nach den ersten Entführungen, werden er, seine Frau und ein Komplize festgenommen. Dutroux gesteht. Die Befreiung der beiden überlebenden Mädchen läuft im Fernsehen. Das Land ist tief geschockt. 300 000 Menschen nehmen im Oktober beim »Weißen Marsch« durch Brüssel teil, die Menschen tragen unzählige weiße Mützen und weiße Luftballons. Sie wollen Solidarität und Mitgefühl mit den Eltern der entführten und ermordeten Mädchen ausdrücken und fordern lückenlose Aufklärung. Die größte Demonstration in Belgien nach dem Krieg ist ein Zeichen der Empörung und großer, landesweiter Scham – wie so etwas möglich war! Die Affäre Dutroux sollte jedoch erst noch zu »einer der dunkelsten Episoden der jüngeren Geschichte« eskalieren, wie die Nachrichtenagentur *Belga* später schrieb.

Es dauert unfassbare siebeneinhalb Jahre, bis der Mordprozess im südbelgischen Arlon beginnt. Schnell kamen Gerüchte auf, das angebliche Kompetenzgerangel der Justiz sei nur Tarnung, weil viele andere aus Politik und Justiz in die Taten involviert gewesen waren oder stillschweigend Kenntnis hatten. Die Justizbehörden argumentieren, sie wären all die Jahre auf der Suche nach pädophilen Netzwerken gewesen, erfolglos am Ende. Lähmend war auch die komplexe Polizeistruktur in Belgien. Sie wurde parallel zu den Ermittlungen umfassend reorganisiert. 2001 wurde aus Gendarmerie, Grenzschutz, Polizei- und Militär-Einheiten eine neue Bundespolizei gebildet.

Zwischendurch, im April 1998, kann der Untersuchungshäftling Dutroux, »das belgische Monster«, bei einem Gerichtstermin in Neufchâteau sogar flüchten – und wird vier Stunden später in einem Wald gefasst. Der Innen- und der Justizminister treten zurück. Der Prozess selbst dauert 2004 nur drei Monate. Gutachter erklären Dutroux als nicht pädophil, vielmehr sei er ein empfindungsloser »außergewöhnlicher Psychopath«, der aus Macht- und Geldgier gehandelt habe, deshalb sei er voll schuldfähig. Im Juni 2004 verurteilt das Gericht Marc Dutroux zu lebenslanger Haft. Seine Frau, die sich 2003 hatte scheiden lassen, erhält als Mittäterin 30 Jahre Gefängnis.

Alle fünf Kinder von Marc Dutroux (aus zwei gescheiterten Ehen voller Gewalt) haben mittlerweile ihre Nachnamen geändert. Und dazu etwa die Hälfte der 62 Belgier, die zufällig den gleichen Namen hatten und ihn nicht als Kainsmal tragen wollten. Schon bevor man Marc Dutroux endlich fasste, hatte es eine Vielzahl von grotesken Pannen gegeben: Polizisten waren 1995 in seinem Haus wegen einer Diebstahlanzeige, hörten Kinderstimmen aus dem Keller, unternahmen nichts. Ein Zeuge gab bei der Polizei an, dieser Dutroux habe ihm Geld für die Entführung von Mädchen auf einem Dorffest geboten (pro Kind etwa 4000 Euro), er baue zudem Zellen in seinem Keller – keine Reaktion der Behörden. Zeugen hatten Mädchen in das Haus gehen sehen – ignoriert. Und noch schlimmer: Im Dezember 1995 durchsuchte die Polizei das Haus wegen Autodiebstählen; frisch verputzte Wände, Mädchenstimmen, Videoaufnahmen vom Zellenbau – alles wurde wahrgenommen, aber für unwichtig erachtet. Konnte man nicht? Wollte man nicht? Dutroux sagte später mehrfach, er habe in höherem Auftrag gehandelt und genösse halt »höchste Protektion von ganz oben«.

Solche Aussagen nährten zahllose Verschwörungstheorien. Auf die Spitze getrieben lesen sie sich so: In Belgien gibt es ein umfangreiches Netzwerk von Pädophilen bis in höchste Kreise von Politik und Justiz, deren Handlanger Marc Dutroux war. Zu den mutmaßlichen Dimensionen passte die Aussage Dutrouxs, er habe »eine riesige Zahl« von Kindern in seine Gewalt bringen wollen. Dutroux habe ihm erzählt, so sein Anwalt, dass er in stillgelegten Bergwerkstollen unweit von Charleroi »eine unterirdische Stadt« für seine Opfer einrichten wolle. Es gab damals in Belgien wohl kaum jemanden, der all solche Schauergeschichten nicht für möglich gehalten hätte. Und viele glauben sie nach wie vor. »Auf die wesentlichsten Fragen«, sagt auch eine Opfermutter, habe man »nie eine Antwort bekommen«.

Dutroux besaß fünf Häuser – als arbeitsloser Elektriker und Sozialhilfeempfänger. Auf seinem Konto findet man später viele vierstellige Bareinzahlungen, Auftraggeber unbekannt. Waren die Kinder als Handelsware für die Pornoindustrie gedacht? Ansätze zu einem Tunnelsystem findet die Polizei später tatsächlich. Aber warum hielt er ein Mädchen dann drei Monate gefangen, vergewaltigte sie zwischendurch, aber nichts weiter geschah? Sie sagten aus, niemand anderes als dieser Marc Dutroux habe sich an ihnen vergangen. Der Mitangeklagte Michel Nihoul, ein windiger Geschäftsmann aus Brüssel mit kriminellem Background, der früher Sexpartys für die Upper Class organisierte und angeblich Drahtzieher in einem weit verzweigten Kinderpornoring ist, musste nicht mal in Untersuchungshaft. Immerhin, er wird 2004 zu fünf Jahren Haft verurteilt wegen Bandenkriminalität und Drogenhandel. Eine nähere Beteiligung kann nicht bewiesen werden. Nach zehn Monaten kommt er unter Auflagen frei. Wieder ist die Öffentlichkeit tief empört.

Die ZDF-Reportage »Dutroux und die toten Zeugen« zählte 2001 mindestens 27 Opfer, die teils unter ungeklärten Umständen und offenkundiger Gewalteinwirkung gestorben sind, bevor sie aussagen konnten. Lauter mysteriöse Fälle mit mysteriösen Umständen: Ein Zeuge, der behauptet, umfänglich über Zusammenhänge auspacken zu wollen, fährt auf dem Weg zur polizeilichen Vernehmung mit seinem Wagen gegen eine Hauswand, ein anderer kommt unter einen Zug, ein dritter verschwindet spurlos, bis man seinen Fuß in einem Fluss findet. 1999 wird der zunächst ermittelnde Staatsanwalt erschossen in seinem Büro aufgefunden. Kein Motiv, kein Abschiedsbrief. Trotzdem entscheiden die Behörden: Selbsttötung. Auch zwei ermittelnde Polizeibeamte sind eines Tages tot, erschossen. Ein anderer Zeuge, angeblich sollte er die Tatautos nach der Entführung verschrotten: vergiftet laut Autopsie. Seine Frau kurze Zeit später: verbrannt in ihrem Schlafzimmer. Sie hatte den Behörden gerade Material übergeben wollen. Täter: überall unbekannt. Der Vater eines ermordeten Mädchens sagte später lapidar nur: »Anscheinend beunruhigt das alles unsere Justiz nicht.«

Eine Zeugin, die später im Prozess nicht aussagen durfte, berichtet vom früheren Milieuwirken des Untergrund-Geschäftsmannes Michel Nihoul: Dass sie als Jugendliche sein Opfer war und bei Sexpartys missbraucht wurde. Nihoul kommt im ZDF-Streifen auch zu Wort: Alles gelogen, sagt er, er spreche kein Wort Niederländisch, diese Frau nach eigenen Aussagen kein Wort Französisch. Wie hätte sie ihn da verstehen sollen? Die Vielsprachigkeit Belgiens als entlastendes Indiz. Im Interview versteht man allerdings das sehr gute Englisch der Zeugin.

Wann ist eine Verschwörungstheorie eine Verschwörungstheorie? Und wann ein Puzzle vieler kleiner Wahrheiten, die nur niemals jemand zusammensetzen konnte? Oder wollte?

Bis heute gibt es neue Schauergeschichten. 2009 wurde der prominente Anwalt zweier Opferfamilien, Victor Hissel, wegen Besitz von Kinderpornographie angeklagt. Dabei galt gerade er als aufrechter Mann und einer der wenigen Symbolfiguren für den Kampf gegen Justizversagen. Sein entsetzter Sohn versuchte seinen Vater zu töten und verletzte ihn mit einem Messer schwer. Urteil: unzurechnungsfähig. 2010 wurde der mittlerweile genesene Vater von einem Gericht in Lüttich zu zehn Monaten Haft verurteilt.

Im August 2012, also nach gerade mal acht von 30 Jahren Haftzeit, kommt Michelle Martin vorzeitig frei. Neue schwere Empörung in der Öffentlichkeit. Sie durfte in ein Kloster ins wallonische Malonne nahe Namur umziehen, unter Aufsicht der Justizbehörden. Später nahm sie, sehr ungewöhnlich, ein pensionierter Richter in der Einliegerwohnung seines Hauses auf. Er habe in 30 Jahren bei der Justiz in Namur, gab er an, so viele Verurteilte jahrelang ins Gefängnis geschickt, deshalb sei er der Ansicht, dass »es die Wiedereingliederung in die Gesellschaft ist, die den Unterschied zwischen einer Justiz der Rache und einer zivilisierten Justiz ausmacht«. Marc Dutrouxs Anträge auf vorzeitige Entlassung werden bis heute abgelehnt.

Noch 2016 gibt der ehemalige Dutroux-Anwalt in einem Interview erneut kund, sein Mandant habe damals eine unterirdische Kolonie entführter Kinder aufbauen wollen. Im gleichen Jahr inszeniert Milo Rau, Schweizer Regisseur, zusammen mit dem Campo Arts Center in Gent das mutige Stück *Five Easy Pieces.* Kinder zwischen acht und dreizehn Jahren stellen das Martyrium der Dutroux-Opfer nach. Das Stück wurde gefeiert, auch bei Gastspielen in Berlin. Der Fernsehsender 3sat als Medienpartner des Berliner Theatertreffens hat den Beteiligten dafür den ersten Preis verliehen: »Den belgischen Mädchenmörder und Sadisten Marc Dutroux zum Gegenstand eines Theaterstücks zu machen und dafür überwiegend Kinder auf die Bühne zu stellen, ist in der Tat eine Kühnheit«, schrieb die Jury. »Herz und Verstand erwarten in so einem Fall schweres dokumentarisches Geschütz. Aber Milo Rau verarbeitet den Stoff mit einer Leichtigkeit, die jedes Publikum in ihren Bann zieht. Rau macht das Ungeheuerliche zwar nicht erträglich, aber er macht es erzählbar und er stellt dabei grundsätzliche Fragen nach der Gewaltstruktur zwischen Minderjährigen und Erwachsenen. So feiern Raus ›Five Easy Pieces‹, was die Dutrouxs dieser Welt vernichten wollen: kindliche Weisheit, kindlichen Willen, kindlichen Trotz.«

Seit Jahren will die Stadtverwaltung Dutrouxs Schandhaus in Charleroi abreißen. Der Häftling Marc Dutroux durfte auch schon, wie es das belgische Gesetz bei Zwangsenteignungen vorsieht, seinen letzten Rundgang machen. Abschieds-Besuch statt Henkers-Mahlzeit. Er absolvierte den Auftritt ohne erkennbare Regung, nur mit ein paar alltäglichen Bemerkungen. Die toten Mädchen werden durch den Abriss nicht lebendig, den anderen bleiben die Narben der schrecklichen Gefangenschaft, den Belgiern und Belgierinnen das Nichtwissen um die Hintergründe. Und nur den Mittätern bleibt das Wissen, wer welchen Dreck von Charleroi am Stecken hat.

# Kreative Verwaltung oder Korruption? Zu aller Zufriedenheit

Über Bestechung, Verwaltungswirrnisse, Hilfsbereitschaft, kreative Problemlösungsartistik à la belge

In einem Land, das Verhandlungsgeschick und Diskussion als oberste Handlungsnorm feiert *(compromis à la belge),* sind Regeln oder sogar Gesetze womöglich nicht immer der Weisheit letzter Schluss. Und so nimmt es nicht Wunder, dass zu Belgien auch das vorurteilsvolle Image von Korruption und Vetternwirtschaft gehört. Man nimmt es nicht so genau, es gibt immer eine kreative Lösung... Warum sich hart an schnöde Regeln halten, wenn es auch weiche Wege gibt, diese zu aller Nutzen sinnvoll zu umgehen? Diese Haltung ist gespeist aus großem Misstrauen der Belgier gegen jede Obrigkeit. Als letzte Besatzungsmacht, so ein geflügeltes Wort in Belgien, gilt die eigene Regierung samt Verwaltung. In Deutschland wird auf die da oben geschimpft, in Belgien gerne auch mal subversiv gehandelt.

Und so ist es wenig erstaunlich, dass zur Stichwortkombination Bestechung und Belgien viele in meinem Freundeskreis eine Anekdote beitragen können. »Ach, da fällt mir auch eine Geschichte ein...« Alles ist natürlich auch woanders möglich – aber eben in Belgien tatsächlich passiert.

Einer geriet mit seinem Wagen in eine Polizeikontrolle – zu schnell gefahren. Das Angebot kam schnell: Tja, da müsse man wohl mit mindestens 200 Euro rechnen, zuzüglich Verfahrenskosten. Oder, Monsieur, hüstel, 100 Euro cash sofort. Der Verkehrsrowdy wählte Version 2, zeigte die Polizisten danach aber an. Es passierte – nichts. Trotz Nachforschungen gab es nie eine Reaktion.

Mit der Autobahnpolizei in Belgien kann man so üble Erfahrungen machen, dass man sich über ein saftiges Bestechungsangebot gefreut hätte. Ein Freund von mir hatte auf der Autobahn bei Aubel angeblich im Überholverbot überholt; die Folgen waren drastisch: Angehalten, Auto von zwei Schwerbewaffneten auf der Stelle beschlagnahmt, er vorläufig festgenommen, das Mobiltelefon einkassiert mit dem Hinweis »Sie haben einen Anruf frei«. Seine Sekretärin, zufällig noch erreicht, kam ihn gegen dreistellige Anzahlung auf der Wache auslösen, das Auto wurde abgeschleppt, kam erst nach drei Tagen mühsamer Debatten frei. »Immerhin musste ich nicht in die Zelle. Dann Monate später Prozess vor dem Königlich-Belgischen Amtsgericht in St. Vith. Die Richterin empfahl mir alles zuzugeben, nur ja zu sagen und abzunicken, sonst würde es richtig teuer. Die Gesamtkosten lagen inklusive Anwalt auch so nahe tausend Euro. Im Nachhinein muss ich sagen: Ich hätte Bestechlichkeit immer vorgezogen.«

Eine Freundin fand ein Jahr nach der Euro-Einführung noch alte belgische Franken, Wert etwa 100 Euro. In der kleinen Bank hinter der Grenze winkte man resolut ab: Umtauschfrist vorbei. Da müsse man nach Lüttich, Zweigstelle der königlichen Zentralbank. Ob man denn nichts machen könne? Offenbar unbewusst ein Codewort: Moment, ich prüfe nochmal, sagte der Bankmann staatstragend und entschwand. Dann kam er lächelnd zurück: 85 Euro seien möglich, habe sein Chef verfügt – die Gebühren, Sie wissen schon, Madame? Einverstanden? Ja, d'accord! Eine Quittung – gab es nicht. In Deutschland hätte man wahrscheinlich die Kopie einer Anfahrtsbeschreibung zur Zentralbank-Dependance in Lüttich in die Hand gedrückt bekommen. Vor Ort wäre die Bank womöglich gerade geschlossen gewesen wegen Mitarbeiterschulung in Sachen Korruptionsvorkehrungen. Sicher hat auch der korrupte belgische Schaltermann gegen fünf Landesgesetze und ein Dutzend königlicher Verordnungen verstoßen, aber – die Sache war zu aller Zufriedenheit gelöst.

Termin im Rathaus, bei einem Freund ging es um die Baugenehmigung für ein Privathaus am Dorfrand. Gute Gespräche, alles schien geklärt. Er ist verdutzt, als wenige Tage später eine Absage kommt. Ob wohl zu wenig im Umschlag gewesen sei, wollte ein landeskundiger Nachbar wissen. Bitte, welcher Umschlag? Na der für ..., ach, du weißt nicht ...? Ebenfalls Bauamt, wenn auch woanders: Eine Kollegin wollte die Genehmigung für den Bau einer Veranda einholen, wie gesetzlich vorgeschrieben. Sie stieß auf völliges Unverständnis. »Ich fand mich ehrlich. Der Beamte fand mich exotisch.« Man sparte sich gemeinsam den umfänglichen Papierkram.

Oder dies, selbst erlebt: Ein köstliches Mittagsmenü in einem Restaurant in Eupen. Drei Gänge, Wein, Wasser, Kaffee mit Pralinen im Nachgang, und das alles für pauschal 20 Euro. Der Wirt bekommt spitz, dass es um einen Test für ein Euregio-Magazin geht. Im Rechnungsmäppchen liegen genau jene 20 Euro, die das Mahl kostete. Zur Rede gestellt, stammelte der Mann wortreich von einem Versehen, kassierte schließlich mit einer Kaskade an Entschuldigungen die 20 Euro und denkt wahrscheinlich bis heute, wie blöde die Deutschen sind. Ein Kollege, der ein paar Ligen höher Sternerestaurants testet, hatte ein solches Angebot zur Wohlwollenserschleichung auch schon erlebt. Dies sei szenebekannt und heiße »belgische oder französische Methode«.

Pragmatismus geht in Belgien immer vor Regeln: Einmal sprach ein Minister der Deutschsprachigen Gemeinschaft an der Hochschule Aachen im Seminar »Belgienkunde«. Draußen wartete sein Chauffeur. Auffällig: Das Nummernschild »E.15« (E für Exekutive) war, nicht eben ministrabel, mit rostigen Flügelschrauben am Auto montiert. Warum das? »Wenn wir unter Demonstranten geraten oder in einen Streik in Charleroi, wie schon geschehen«, erläuterte der Mann, »muss ich schnell raus und ein privates Nummernschild anschrauben.« Man habe halt »Angst, dass das Auto umgestürzt« werde. Gegen exekutierte Exekutive hilft also diese besondere Art Carsharing. »Das machen wir seit 20 Jahren so. Und es klappt gut.« Nichts, sagte der Fahrer noch, sei »in Belgien Zufall, auch wenn es oft so aussieht«.

Wenn man sich etwas in Belgien nicht recht erklären kann, ist Korruption naheliegend. »Eine eigentümliche Identitätslosigkeit liegt in diesem Land«, schrieb eine Autorin in der Zeitschrift *Mare* einmal, als sie schockiert den hässlichen Hochhausbauten der belgischen Küste gegenüberstand, »kein Verbrechen, das ausgelassen wurde; zu sehen sind Schändungen an der Architektur. Welcher Baustadtrat konnte das bewilligen? Wer hat wen bestochen, vor 25 Jahren?«

An den beiden deutsch-belgischen Grenzübergängen Köpfchen und Bildchen in Aachen gab es für Trucker lange eine eigene Währung. Ihr Name: »Remy Martin«. Ein guter Cognac, das wussten alle, konnte die Abfertigung der belgischen Zöllner nachlässiger geraten lassen und ungemein beschleunigen. Lange war es auch Usus bei der technischen Untersuchung in Belgien, ähnlich dem TÜV, einen Schein an den Auspuff zu hängen. Die Höhe der Zuwendung korrespondierte mit dem mutmaßlichen Schadensmaß. Angeblich hat der Schein Blicke auf Roststellen augenblicklich verstellt.

Und noch dies: Auf einem Campingplatz nicht weit von Hasselt leben einige Leute dauerhaft in ihrem Wohnwagen. Das ist nicht erlaubt – eigentlich. Aber von Amts wegen geduldet. Grotesk wird es, wenn einem die Platzpächterinnen erzählen, dass das zuständige Sozialamt sogar die Standgebühr zahlt und dass das Amt den Betroffenen zudem eine Proforma-Wohnung woanders zugewiesen hat. Es gewinnen alle: Die Menschen im Wohnwagen haben ihre Wunschbleibe – zudem umsonst. Die Campingbetreiber haben ein sicheres Einkommen zusätzlich. Und die Behörde spart viel Steuergeld für eine andere Wohnung. Belgische Harmonisierung jenseits aller Paragrafen.

Man kann das alles empört verurteilen. Doch langsam: Jeder Bestechungsversuch, jede Gefälligkeitsannahme ist eine Alternative, die alle Beteiligten zufrieden machen kann und einem zumindest eine Handlungsalternative jenseits allen Normdenkens eröffnet. Eine allzu wohlfeile Empörung unterschlägt auch, dass ein Korruptionsversuch ja jederzeit abgelehnt werden kann. Und so bietet die belgische Bestechungskultur auch die Chance darüber nachzudenken, was für einen selbst so eben noch opportun ist oder jenseits der Gewissensdemarkation. Andererseits: Ist es in Deutschland vielleicht gar nicht anders, man redet nur weniger drüber? Oder sind die Menschen nur nicht so dreist, nicht fantasievoll genug?

Man kann auch ganz legal von Aufsässigkeit und Durchwurschteln nahe der Verbotszone profitieren. An der Haltestelle der *Kusttram*, der Straßenbahn entlang der belgischen Küste, hat das Ticket-Häuschen geschlossen. Automat – Fehlanzeige. Die Bahn kommt. Was tun? Erstmal ohne Fahrschein einsteigen. In der Bahn findet sich auch kein Automat. Ich müsse zum Fahrer, sagt ein Einheimischer. Als ich dort ankomme, stoppen wir gerade an der nächsten Haltestelle. »Eine Tageskarte bitte.« – »Kaufen Sie die lieber draußen«, sagt der Fahrer und weist auf den geöffneten Ticket-Schalter, »da sparen Sie Geld.« Ja, ähhh …, wie jetzt? Doch, er warte auf mich. Okay. Sprint ein paar Meter über die Straße, zahlen, Ticket, Wechselgeld, »Bedankt, Mevrouw«, und zurück. Der Fahrer lächelt mild, ich lächle zurück. Statt 8 Euro nur 6, Vorverkaufspreis – vor heißt hier wohl im Sinne von: vor der Bahn, also örtlich statt zeitlich. Zwei ältere Damen klatschen kurz. Belgischer Pragmatismus trifft auf belgische Anarchielust. Da haben wir es denen da oben aber mal wieder gezeigt, egal ob Politikern, Beamten oder einem Konzern. Applaus.

Auf dem Korruptionsindex steht Belgien laut Transparency International weltweit auf Platz 15, noch besser platziert als Österreich, Spanien oder Frankreich. Deutschland ist auf Nr. 10 gelistet.

## Komplexes Land – korrektes Protokoll

L'ordre protocolaire: Das komplexe Protokoll des Königreichs für offizielle Festakte, mit blaublütigen Pole Positions

Stellen Sie sich vor, Sie müssen einen öffentlichen Empfang geben und wichtige, gar die wichtigsten Menschen Belgiens einladen. Vielleicht kommt das privat nicht so oft vor, aber als Botschafts-Angehöriger zum Beispiel könnte das eine Aufgabe sein. Nun hat Belgien so viele verschiedene Institutionen wie kaum ein anderes Land: Föderal- und Regionalregierungen, die drei Gemeinschaften, Brüssel mit seinen unzähligen Institutionen, die Kirche, die riesige Europäische Union, Botschaften im Land und bei der EU, die Benelux-Verwaltung, die Nato, nationales Militär und ganz vorneweg das Königshaus. Es ist schließlich sehr wichtig, wer bei einem Festakt in der ersten Reihe sitzt.

Die Reihenfolge der politischen und gesellschaftlichen, vor allem höfischen Celebreties ist im Königreich Belgien von 1 bis fast 200 in »L'ordre protocolaire« penibel geregelt.

Ein Auszug:

1. Der König, derzeit Philippe
2. Die Königin, derzeit Mathilde
3. Der Exkönig, Albert II.
4. Die Exkönigin, Paola
5. Die Herzogin von Brabant, ältestes Kind von 1 und 2: Elisabeth Thérèse Marie Hélène, designierte Thronfolgerin (Jg. 2001)
6. Die Prinzen und Prinzessinnen von königlichem Blute: Gabriel, Emmanuel und Eléonore (Jg. 2003, 2005, 2008).
7. Die belgischen Kardinäle
8. Der Doyen des Diplomatischen Korps in Belgien, der Apostolische Nuntius
9. Die Botschafter im Land

10. Der EU-Parlamentspräsident
11. Die Präsidenten von Belgiens Abgeordneten-Kammer und Senat
12. Der Präsident des Europäischen Gerichtshofs
13. Der Premierminister
14. Die Vizepremierminister
15. Der Präsident der Europäischen Kommission

Es folgen unter anderem, in dieser Reihenfolge:

Der Nato-Generalsekretär
Der Präsident des Internationalen Gerichtshofs in Den Haag
Der Präsident des EU-Gerichtshofs
Der Generalstaatsanwalt des Kassationshofs
Der Präsident des Verfassungsgerichts
Die Parlamentspräsidenten der Regionen und Gemeinschaften
Der Hofmarschall des Königs
Die belgischen Bundesminister
Die belgischen Regionalminister
Die Hofdamen der Königin
Die EU-Botschafter
Die NATO-Botschafter
Der Präsident des belgischen Gerichtshofs
Der Bürovorsteher der Herzogin von Brabant (5)
Der Erzbischof von Mechelen
Die Botschafter Belgiens
Die Hochschulrektoren
Der Bürgermeister (der gastgebenden Stadt / Kommune)
Die Parlamentsmitglieder der Gemeinschaften und Regionen
Die Mitglieder des EU-Parlaments
Die Provinzgouverneure
Der Adjutant Seiner Majestät des Königs
Der Generalsekretär der Wirtschaftsunion Benelux
Der Gouverneur der Nationalbank
Die Ordentlichen Hochschulprofessoren belgischer Universitäten

Die Mitglieder der Königlichen Akademien
Die Mitglieder des Arbeitsgerichts
Die Mitglieder des Handelsgerichts
Die Korvettenkapitäne und -majore
Die Friedensrichter

Auch die Verwaltung der Deutschsprachigen Gemeinschaft kann derzeit mit einer kompletten Liste auf Deutsch nicht weiterhelfen. Hier findet man im Internet die komplette Liste in französischer Sprache, allerdings von 2010; seitdem gab es kleinere Verschiebungen: http://r0.llb.be/file/3f/54d1ac6935701001a188f43f.pdf.

# Besondere Orte 5: Das Hohe Venn

**Eine phantastische Reise vom Heilbad Spa in »Belgiens bekannteste Herberge«, die Baraque Michel im gespenstischen Hohen Venn. Mit Moorleichen, der Glocke der Verirrten, einem PR-Suizid, Nostradamus und sehr langsam sickerndem Wasser**

Im Englischen steht Spa für Mineralquelle, auch für Heilort und für einen Platz mit Pool und Sauna. Spa ist angeblich auch eine Abkürzung für *sanus per aquam*, gesund durch Wasser also. Spa ist auch ein Städtchen mit 10000 Einwohnern in der Wallonie, Provinz Lüttich, zu Füßen des Hohen Venn. Heilwasserstadt. Früher Kurort der europäischen Hautevolee. Bis heute kann man im ersten Kasino der Welt (eröffnet 1762) sein Geld verzocken, Boulespieler in einer patinaprallen Indoor-Anlage (»Royal Patanque du Spa«) bewundern, einen der schönsten und ältesten Golfplätze Belgiens (seit 1895) bespielen und im romantischen Kurpark auf den Spuren von Zar Peter dem Großen und Kaiser Joseph II. lustwandeln. In Spa wurde im Ersten Weltkrieg der Waffenstillstand verhandelt, von hier ging Kaiser Wilhelm ins niederländische Exil. Nebenan krachen bis heute gelegentlich sehr flache Autos durch die Wälder von Francorchamps. Vor allem aber wurde dieses kleine Spa etymologisch zum Synonym für alle Spas dieser Welt.

Spa, gut 40 Kilometer von Aachen entfernt, ist Mineralwasserstadt. Mehr als 500 Millionen Liter pro Jahr verfüllt die große Sprudelfirma. 300 Quellen gibt es in der Umgebung. Es ist Vennwasser, das oben das Hochmoor wässert und langsam durchsickert. 50 Jahre braucht das eisenhaltige, mineralarme Wasser, das als Regen oder Schnee im Venn niedergeht, bis es durch die meterdicken Torfschwämme und dichten Schieferschichten hier unten in Spa angekommen ist. Das bedeutet: Die meisten von uns werden den Regen von heute nicht mehr aus einer Spa-Flasche trinken können.

Das Hohe Venn (französisch: Hautes Fagnes), in der Eiszeit als ein Hochplateau auf einem Quarzschild entstanden, ist eine mystische Urlandschaft. Knapp 500 Quadratkilometer groß, sümpfeprall, neblig oft und unwegsam, voll schwammiger Torfmoosteppiche mit dem typisch braunen, chemisch sehr sauren Vennwasser. Wandertouren gehen zum »Geisterwald« und ins »Königliche Torfmoor«, vorbei an »asymmetrischen Tälern«. Hier oben ist auch Belgiens höchster Punkt: Signal de Botrange, 694 Meter.

Mit bis zu 1700 Liter pro Quadratmeter im Jahr fällt auf das Dach Belgiens mehr als doppelt so viel Niederschlag wie etwa in Köln. Oft geht man über Holzstege oder Matschpfade, die sich am Horizont verlieren, durch eine nasse, extrem reduzierte Welt: Dicke Büschel von blassgelbem Pfeifengras begleiten den Weg, feines Wollgras, Sümpfe und Tümpel, soweit das Auge reicht. Am besten geht man barfuß, schrieb vor ein paar Jahren der Schriftsteller Hermann-Josef Schüren: »Im Venn geht man auf einem Boden, der sich andauernd verwandelt; Wasser verlandet, Erde verwässert. Eins geht ins Andere über. Wer sich darauf einlässt, wird nachgiebiger werden wie der Boden unter seinen Füßen. Wer durchs Hohe Venn gewandert ist, kehrt weicher und erdiger heim.«

Bis in die 1960er Jahre wurde hier Torf gestochen, man sieht die meterhohen Wände manchmal noch recht gut. Die Böden sind extrem nährstoffarm, authentisches Wetter hier ist dichter Nebel, am besten im verschneiten Winter. Nebel hüllt das Venn statistisch an fast jedem zweiten Tag ein. Noch einmal Hermann-Josef Schüren: »Wo die Teerstraßen unserer Alltagserfahrungen enden, werden wir mit Situationen und Eindrücken konfrontiert, die nicht immer vorhersehbar sind. Wenn wir uns auf sie einlassen, betreten wir Neuland: Dann ist Natur noch immer das Land der Ängste, das Land dunkler Träume und Ahnungen und das Land böser Geister.«

Mystiker, Sternendeuter und andere Separatisten des Daseins

treffen sich gern mal hier oben. Sie tun das zu Recht. Seit jeher ist das Venn voller Schreckensgeschichten über Vermisste, Morde und Verzweiflung. Noch bis heute werden bisweilen Moorleichen gefunden von jahrelang Vermissten – meist sind es Menschen, die sich verlaufen und dann erfrieren. 1883 verliebte sich der Schäfer Gilles, ein hässlicher Gnom, in die schöne Pauline, wurde aber schnöde zurückgewiesen. Gilles verfluchte die Welt und erhängte sich auf dem Dachboden des Gasthauses Mont Rigi. Sein Geist aber soll durchs Venn gespukt sein, viele wollen ihn noch post mortem gesehen haben oder gehört, wenn der Wind auf den Vennebenen durch die Birken pfeift. Die schöne Pauline kam bald danach von einer Vennwanderung nie mehr zurück. Neben dem Eingang zum Gasthaus Mont Rigi ist heute ein Galgenbaum angebracht, samt einer buckligen Figur darauf, die gerade zur Tat schreiten will. Ein Selbstmörder also als Lockmittel für ein Restaurant. Ein eigenes Bier hat Gilles auch.

Tückisch schmatzen die Moorwässer, es quortscht und knartscht unter den Füßen. Windkrumme Baumkrüppel tauchen auf hinter den savannenhohen Grasflächen und verschwinden gleich wieder in der Milchnebelwolke. Unwillkürlich geht man schneller als nötig. In dieser existentiellen Einsamkeit will man sich kein Verweilen gönnen. Wir treffen auf das »Kreuz der Verlobten«, ein angejahrtes Mahnmal, aus Eichenbalken gezimmert. Es will an jenes junge frisch verliebte Paar erinnern, das im Januar 1871 auf dem Fußweg (ohne bequeme Holzstege) nach Xhoffraix war, um die Heiratspapiere zu holen. Dann kam ein Schneesturm. Das Hausmädchen Maria-Josepha Solheid und der Talsperrenarbeiter François Reiff kamen vom Weg ab. Sie starben. Die Braut hängte zu einem Abschiedsbrief noch ihre Unterröcke in die Büsche, damit man die Leichen gut fände. 2017 hat ein junger Eupener Komponist die Geschichte zu einer Kammeroper verarbeitet, der ersten Oper Ostbelgiens. Hauptperson: Eine Sopranistin als »Das Wetter«. Es war ein gefeiertes Kulturereignis.

Das Hohe Venn, Naturschutzgebiet heute, war immer schon Grenzraum, Völker- und Machtscheide. Zwischen römischen Provinzen, zwischen den Niederfranken von Eupen und den südlicheren Moselfranken, zwischen dem Fürstbischof von Lüttich und dem Erzbistum Köln, zwischen Belgien und Preußen. Was immer blieb: die Gefahren durch die Torfmoosteppiche. Bis heute heißt es im Volksmund: »Jedes Jahr holt sich das Venn seinen Mann.«

Aber die Hoffnung hat in dieser sensiblen wie bedrohlichen Wildnis einen Namen: Baraque Michel. Ein Schneider aus dem rheinischen Sinzig, Michel Schmitz, hatte um 1800 seine Heimat verlassen, angeblich als Aufständischer gegen die napoleonische Herrschaft, und wollte hier oben sein Glück versuchen. Eines nachts hatte er sich in den Torfgruben erschöpft verirrt und schwor bei Gott: Sollte er gerettet werden, würde er Gutes tun und das nicht zu knapp. Sein Flehen wurde erhört und er baute 1811 eine Lehmhütte. Sie diente als Wachposten, als Orientierungspunkt, als Hilfsort für andere und hieß bald Baraque Michel, zu Deutsch Michelshütte. Kurz nach Schmitz Tod 1821 begann sein Sohn allabendlich eine Glocke zu läuten, um anderen Menschen in Not den Weg zu weisen. Nachgewiesen 126 arme Seelen (Torfstecher, Einsiedler, Wandersleute) konnten in den nachfolgenden 30 Jahren gerettet werden. Die »Glocke der Verirrten« hängt noch heute unter den Dachgiebeln dieser »bekanntesten Herberge Belgiens« (so ein Reiseführer).

Heute ist die Baraque Michel ein mächtiges Bruchsteinhaus mit Restaurant und ein paar unfassbar belgischen, also stark angejahrten und knarzenden Hotelzimmern. Dort eingecheckt, kann es passieren, dass man um 20 Uhr in der Wirtschaft unten noch um zwei Flaschen Bier bitten will und erschrocken in völliger Finsternis landet. Alles tot, keiner mehr da, andere Gäste auch nicht. Die Herbergsbesitzer sind längst, ohne etwas zu sagen, in ihr Zuhause Richtung Eupen gefahren. Es schneestürmt draußen, es heult um die Ecken. Die nächtliche Einsamkeit lässt einen das völlige Nichts dieses Stückes Welt bänglich spüren. Hier bekäme auch der Schotte das Gruseln.

Die Ardennen, zu deren nördlichen Ausläufern das Venn gehört, haben das Wildschwein im Wappen; Patrick Bodarwé, der wohlbeleibte Maître der Baraque Michel, verarbeitet es in seinen Pfannen zu köstlichen Frikadellen. Bodarwé, 1958 hier oben in der Baraque Michel geboren (»Ich bin der letzte Vennmensch«), kredenzt sie uns am nächsten Mittag. Ersatzweise gibt es die Hausspezialität Kaninchenkeule an Pflaumensahnesoße, dazu himmlische »Fritten aus der Hand geschnitten«, wie Bodarwé erläutert und das mächtige eigene Flaschenbier-Cuvée mit Champagnerkorken. Das deftige Mahl ist Kontrapunkt zur unwirtlichen Außenwelt des Venns.

Baraque Michel, dieser schaurig-schöne Ort der Rettung – klingt das nicht wie Barack & Michelle? Ja, lacht Bodarwé, seine Herberge sei wohl der einzige Ort der Welt, der das ehemalige US-Präsidentenpaar, also Les Obamas, im Namen trägt. Und nicht nur das: Hörten sich nicht Barack Obamas Reden nach einem Survival-Führer Hohes Venn an? »Angesichts der gemeinsamen Gefahren, in diesem Winter unserer Mühsalen, lasst uns voller Hoffnung die Stürme überstehen.« Hat er gesagt bei der Amtsübernahme. Das Venn ist ökonomisch die offenkundige Entsprechung zur Düsternis der Wirtschaftskrise, zu Armut und Verlorensein. Der manchmal zum Weltenretter stilisierte Obama sprach von seinen Plänen wie von einer waghalsigen Reise durchs Moorland des Daseins, »die niemals Abkürzungen« erlaube. Eigenmächtige Abkürzungen, das weiß ein jeder im Venn, können wirklich lebensgefährlich sein!

Gehen die Parallelen noch weiter? Womöglich kamen sogar Obamas Vorfahren hierher, als sie einst vor finsteren niederländischen Königen flohen. Niederländische Zeitungen hatten recherchiert, dass Barack Obama im 18. Jahrhundert Vorfahren in ihrem Land hatte. Und dann dieser Zusammenhang: Bei der Inauguration des ersten Vennwasser-braunen Präsidenten der

US-Geschichte war Barack im 48. Lebensjahr, Michelle im 45. Die Postleitzahl von Baraque Michel: 4845! Das ist doch kein Zufall! Darauf eine La Caracole Nostradamus, das cremige Dunkel-Ale aus der Nähe von Dinant mit vollmundigen 9,5 Prozent.

Dann kam Donald Trump. Er ist Jahrgang 1946, seine Drittgattin Melania wurde 1970 geboren. Kandidatur und Wahl boxte Trump in jenem Jahr (2016) durch, als er 70 war und die Gattin 46. Auch das offenbar Vorsehung. Kein Zufall zudem, dass Trumps Wahl am 9. November feststand, die zivilisierte Welt nach 9/11 also ihr 11/9 hatte. Was das mit Belgien zu tun hat? Es ist offensichtlich: 4670 ist die Postleitzahl von Blegneye bei Lüttich, gar nicht so weit entfernt also, das zum Unesco-Welterbe »Große Bergbaustätten der Wallonie« zählt. Schon das passt: Sind nicht Bergwerke so etwas wie umgekehrte, tief geerdete Trump-Tower? Ein Anagramm des Namens Blegneye führt schließlich zum entlarvenden Begriff Yenbeleg. Ein Hinweis, dass Milliardenjongleur Trump an kriminellen Geheimdeals mit Japan scheitern wird – schon im Februar 2017 war Premierminister Shinzo Abe der erste Staatschef, mit dem Trump golfte, angeblich wegen »diplomatic talks«. Noch eine La Caracole Nostradamus. Belgaleaks wird alles ans Licht bringen. Michel Schmitz kristallhelle Glocke wird Sturm läuten, nicht nur eine Nacht! Und Nostradamus schallend aus den Nebelsümpfen lachen.

Wir verlassen das Venn bei Tageslicht. Es beginnt zu regnen. 50 Jahre dauert die Reise bis Spa.

# Besondere Orte 6: Die Deutschsprachige Gemeinschaft

**Ostbelgien ist ein besonderes Kuriosum: ein Kleingliedstaat mit vier Ministern für 76 000 Menschen und damit die »bestgeschützte Minderheit der Welt«**

Es könnte eine Frage bei Günther Jauchs Quiz-Suche nach einem neuen Millionär sein: In wie vielen Ländern der Erde ist Deutsch offizielle Amtssprache: 3, 4, 5 oder 6? Zu einfach scheint 3: Nur Deutschland, Österreich und die Schweiz? Nein: Luxemburg auch, also 4. Dann fällt jemandem das Fürstenzwergtum Liechtenstein ein; also 5. Ist aber auch falsch: Belgien kommt auch noch dazu. In Belgien gibt es nicht nur die niederländisch sprechenden Flamen und die französisch sprechenden Wallonen. Sondern da ist auch die Deutschsprachige Gemeinschaft im Osten des Landes. Belgien ist offiziell dreisprachig. Die richtige Antwort wäre also 6 (Italien als 7. Land und Dänemark als Nummer 8 zählen nicht; denn dort ist Deutsch nicht Amts-, sondern nur offiziell anerkannte Minderheitensprache).

Dieses deutschsprachige Ostbelgien ist mit 854 Quadratkilometern kleiner als Berlin und hat gut 76 000 Einwohner – das sind so viele wie Norderstedt oder Troisdorf. Das Gebiet umfasst die Kantone Eupen und Eifel / St. Vith, zählt innerbelgisch als autonome Gemeinschaft, ist aber, unabhängig von der Zugehörigkeit zu einer Sprachgemeinschaft, gleichzeitig Teil der wallonischen Region. Die DG ist offiziell zweisprachig, hat ein eigenes Parlament mit 25 Abgeordneten und eine Regierung mit vier Ministern inklusive Ministerpräsident. Nirgends sonst in der EU gibt es eine höhere Ministerdichte. Dem ostbelgischen Quartett entsprächen rechnerisch 4200 Minister in einer deutschen Bundesregierung.

Die Geschichte hat hier bis heute für eine Kaskade von Kuriositäten gesorgt. Von 1815 bis 1919 gehörte das Gebiet, damals noch Eupen-Malmedy genannt, zu deutschen Landen. Ostbelgien war in Kriegszeiten immer mittenmang und sinnbildlich zwischen den Fronten. Mit dem Versailler Vertrag nach dem Ersten Weltkrieg wurde Eupen-Malmedy belgisch – bis zum Überfall der Wehrmacht im Mai 1940. Jetzt war man wieder deutsch. Geschätzt 8700 Ostbelgier mussten ab Herbst 1941 in der deutschen Wehrmacht dienen, auch an der Ostfront. 1945 kam das Gebiet wieder zurück zu Belgien, 4000 ostbelgische Zwangssoldaten dagegen nicht.

Nach 1945 war den deutschsprachigen Einwohnern das Gebiet eine Art Vaterland ohne Muttersprache mit blockiertem Heimatgefühl. Deutsch war zwar die eigene Sprache, aber auch die der Todbringer von nebenan und deshalb in der Öffentlichkeit nicht gern gehört. Man fühlte sich bei sich selbst nicht recht zuhause. Derweil gab es eine besondere Nachkriegsökonomie. Kinderbanden schleppten Kaffee tonnenweise nach Deutschland, die Thematik wurde 1951 in dem Kinostreifen »Sündige Grenze« verfilmt (mit Frauenschwarm Dieter Borsche). Andere Grenzländler schmuggelten im Leichenwagen und im gestohlenen belgischen Spähpanzer. Es muss groteske Verfolgungsjagden gegeben haben, über die Straßen und durch die Wälder. Noch 1952 wurde der letzte von 31 Schmugglern von der Polizei erschossen. Im Eifeldorf Mützenich stieg 1952 der örtliche Fußballclub ab – aus Spielermangel. Neun Kicker saßen wegen Schmuggels im Kölner Klingelpütz. Das Gefängnis hieß im Volksmund Eifeler Botschaft.

Erst mit den September-Verträgen von 1956 söhnte sich Belgien offiziell mit Deutschland aus. Die Deutschsprachigen aber blieben den Belgiern vorläufig suspekt. Noch 1957, beim ersten Auftritt einer deutschen Theatergruppe in St. Vith – man gab Kleists *Zerbrochenen Krug* – saß die belgische Geheimpolizei im Publikum. Als nach dem eskalierenden Sprachenstreit in Belgien 1962 per Verfassungsreform die landesweite Sprachgesetzgebung beschlossen wurde, begann die Erfolgsgeschichte der DG: Man bekam ein Autonomiestatut, firmierte erst unter deutschsprachige Kulturgemeinschaft, dann kam der Rat der DG, bald die erste Regierung, 2004 das eigene Parlament mit vier Ministern. Seitdem vertritt man Belgien abwechselnd mit anderen belgischen Gemeinschaften im EU-Ministerrat. Und der DG-Ministerpräsident begleitet das Königspaar zu Besuchen bei anderen Europa-Royals.

Aber – weiter mit der komplizierten Kuriosasammlung – die DG ist eben nicht ganz Ostbelgien, sondern umfasst nur einen Teil des Gebietes zwischen der niederländischen Grenze im Norden und Luxemburg im Süden. Caesar hätte das so beschrieben: *Belgica ad orientem vergens est omnis divisa in partes quattuor, quarum unam incolunt…* – die Gemeinden 1. der Eifel im Süden, 2. das Gebiet um Malmedy, 3. das um Eupen, 4. einige Orte nördlich von Eupen, im Jargon plattdeutsche Gemeinden genannt, weil hier früher der so genannte ostlimburgisch-ripuarische Übergangsdialekt gesprochen wurde. Auf Weisung des Innenministeriums in Brüssel hatten die Gemeinden 1962 zu entscheiden, ob sie zu dieser neuen DG gehören wollen oder nicht. Deutschsprachig – wir? Der Kanton Malmedy und die plattdeutschen Gemeinden lehnten ab. Animositäten gegen alles Deutsche waren noch zu groß Anfang der 1960er Jahre.

Welkenraedt, keine 15 Kilometer von Aachen entfernt, grenzt an Eupen und die heutige DG-Gemeinde Herbesthal. Die Hauptverkehrsstraße, die das deutschsprachige Herbesthal und das frankophone Welkenraedt trennt, heißt bis heute Neutralstraße. 1940, beim Einmarsch der Wehrmacht, hatten die Bewohner auf der östlichen Straßenseite begeistert die Hakenkreuzfahnen aus den Fenstern gehängt, gegenüber waren die Fenster verrammelt, manche panisch auf der Flucht. Noch 1970 stand am Tennisplatz von Welkenraedt ein Schild: »Deutsche Spieler nicht erwünscht.«

So besteht die DG heute aus zwei nicht verbundenen Hälften: die deutlich größere mit 30 000 Einwohnern ist der Süden, ländlich geprägt, voller dunkler Wälder und großer Seen. Dieses Gebiet rund um St. Vith grenzt an Rheinland-Pfalz und Luxemburg. Der nördliche Teil rund um Eupen, eingeschmiegt ins Aachener Dreiländereck, ist nur ein Drittel so groß, hat aber 46 000 Einwohner, davon allein fast 20 000 die Hauptstadt Eupen.

In Welkenraedt und anderswo blieben die Menschen einsprachig frankophon und konnten somit nicht von den süßen Früchten der Staatsreformen profitieren. Hinter vorgehaltener Hand bedauern die Offiziellen das längst als großen Fehler. Sie sind die unbedeutenden Käffer der wallonischen Nebenprovinz geblieben, versteckt am Rand und fast vergessen unterhalb des einsamen Hohen Venns. Anders die DG: Nach Eupen und St. Vith kommt regelmäßig der König, hier brummt, auch wegen der Zweisprachigkeit und dank günstigerer finanzieller Ausstattung als eigene Gemeinschaft die Wirtschaft eklatant besser. Und DGler haben als deutsche Muttersprachler mit Landeskenntnissen beste Jobchancen: in Sprachschulen, Goethe-Instituten, bei deutschsprachigen Online-Diensten, in den Konsularabteilungen in Deutschland, Österreich und der Schweiz.

Die politischen Überschneidungen und Animositäten mit Gewinnern und Verlierern sind Banalitäten gegenüber den Schicksalen einzelner Menschen in früheren Jahren. Im kleinen Landstrich zwischen den Mächten haben manche ständig die Staatsbürgerschaft gewechselt. Der frühere Ratspräsident der DG in Eupen, Kurt Ortmann, erzählte einmal den Werdegang seines Vaters: »Der kämpfte erst gegen die Deutschen, dann unter Rommel in Afrika, wurde dort verwundet und von den Engländern gesund gepflegt, die glaubten, er sei Franzose, später landete er mit den Amerikanern in Frankreich.«

Wenn man aus Aachen kommend beim alten Grenzübergang Köpfchen belgisches Staatsgebiet betritt, bleibt die Sprache, aber die Welt ändert sich umgehend. Den Blick flankieren die glitzernden Höhenzüge der Eifel und, freundlich gesagt, mäßig ästhetische Neubauten, trotzig stilfrei, mit beigefarbenen Klinkerüberraschungen allüberall. Monströse Werbeplakate preisen ein

Kaffeeparadies, das Leder-Land und, obwohl man in der wallonischen Region ist, »Flämische Eichenmöbel: gutes design – modern – rustikal«. Viele Vorgärten erinnern mit ihren gestutzten Buchsbäumen und manikürten Wacholderbusch-Ensembles fatal an deutsche Friedhöfe. Seltsam, aber wenn es den Belgiern gefällt.

Auch Eupen, zwölf Kilometer hinter der Grenze, wirkt auf den ersten Blick nicht eben verlockend. Die Fassaden reihen sich zu einem Patchwork aus teils morbiden, teils mühsam aufgehübschten Altertümern auf, in der engen Einkaufsstraße gibt es mehr rabiate Autofahrer als Cafés, Hotels und Attraktionen zusammen. Der größte Platz der Stadt dient allein als hässlich asphaltierter Parkplatz. Erst hinter den Kulissen entfaltet sich historische Pracht, etwa in den Innenhöfen der einstigen Tuchmacherresidenzen. Eine davon ist die katholische Gesamtschule, wo unter mächtigen Deckengemälden Delfter Kacheln zu Hunderten das Treppenhaus zieren. »Auf dem Flohmarkt«, sagt der Fremdenführer, »würde jede einzelne mindestens 200 Euro kosten.«

Einst war Eupen überaus vermögend. Ab 1680 konnten hier dank der besonders weichen Vennwässer in den Bächen feinste Stoffe hergestellt werden, die in der Qualität jede englische Konkurrenz schlagen konnten und zum Teil als Haremstücher in die Levante exportiert wurden. Der damalige Reichtum verbirgt sich heute, doch man erinnert sich daran: Ein Restaurant gleich um die Ecke der früheren Barock-Paläste heißt »Alte Herrlichkeit«.

Für entdeckungslustige Wanderer und Radfahrer ist Ostbelgien ein Paradies. Die typischen Buchenhecken geben dem saftigen Hügelland Struktur. Alte Steinbrücken und spätmittelalterliche Wasserschlösser zaubern im Hochsommer südfranzösisches Flair. Die Schlaglochpisten sind schmal, kurvig und manchmal überraschend steil – hier macht man gerade als Radler gern Pause. Eine Besonderheit sind die Briefkästen: Alles, was die Menschheit je an Werkstoffen erdacht hat, nutzt der bastelfreudige Ostbelgier, mehr noch als andere Landsleute, zum Bau. So entstand ein Straßenbegleitmuseum mit monströsen Holz- oder Betonstatuen, umgebauten Milchkannen und steinernen Schwanenleibern. Grund ist eine Änderung des Postgesetzes nach dem Krieg: Demnach mussten Briefkästen an der Straße angebracht werden, damit Zusteller kürzere Wege haben und Hunde keine leichte Beute im Vorgarten.

Wegen der Sprache wirkt die DG auf deutsche Besucher heimisch – und ist doch seltsam anders. Schon das Hinweisschild auf die »Sozialistische Krankenkasse« in Eupen lässt stutzen. Oder der Name »Jünglingshaus« für ein Kulturzentrum und Kino. Für Fremde klingt das alles wie evangelischer Güterbahnhof. Die Menschen hier heißen Jean-Marie Schmitz, Helga Delhaize oder Mathieu Grosch-Vermeulen.

Ostbelgien ist immer überraschend: Man fährt ein Dorf weiter, ist plötzlich raus aus der DG und in einem frankophonen Örtchen, wo kaum noch wer Deutsch spricht. Ortsnamen helfen nicht: Wie spricht sich Hauset aus? Sicher Osé. Nein, Deutsch wie auch Kettenis. Und Moresnet-Chapelle nur hinten Französisch. Sippenaeken wirkt niederländisch, ist aber französischsprachig.

Im frankophonen Moresnet lebt heute der ehemalige holländische Kinderstar Heintje auf seinem Reiterhof, nebenan im deutschsprachigen Kelmis baute er seiner Mama von den üppigen Tantiemen das besungene Zuckerschloss. Das Dorf Raeren war einmal eines der Welt-Töpferzentren mit einer Jahresproduktion, die, wie einem erklärt wird, 100 Sattelschlepper gefüllt hätte. Wenn flämische Meister, Pieter Bruegel etwa, Saufgelage malten, waren die Tonkrüge aus Raeren. Darauf ist man natürlich stolz. Im Ersten Weltkrieg, erfährt man, haben sich die Soldaten mit Raerener Krügen in den Schützengräben beworfen. Scherbenberge bewiesen den Kulturfrevel später. Darauf ist man nicht so stolz.

Man ist hier noch katholischer als sonstwo in Belgien. An Wegkreuzungen wechseln sich kleine Marienkapellen mit Beton-Jesusfiguren ab, im Örtchen Astenet findet sich eine Wallfahrtsstätte der wundertätigen Caterina von Siena (1447 bis 1480); die Heilige wird heute als Schutzpatronin Europas verehrt. In Walhorn steht das derzeit verlassene Château Thor aus dem Jahr 1780 in einem Park, der in ostbelgischer Asymmetrie gleichzeitig »streng geometrisch und wild romantisch« sein will, wie lange ein Schild pries. In Berlotte staunt man über den »lokalpatriotischen und liberalen Möhrenzuchtverein«, der in einem alten Trafohäuschen das vorgeblich weltweit kleinste Museum betreibt. »Und das höchste Möhrenmuseum der Welt ist es sicher auch«, hat der Vorsitzende mal betont.

Der Charme der Doppelkultur und das preiswerte Bauland haben viele Nachbarn angelockt – in manchen Gemeinden ist heute fast jeder Zweite Deutscher. Ressentiments kamen immer mal wieder auf, zumal das preiswerte Wohnen im nahen Anderland oft nicht einherging mit Teilhabe an Aktivitäten der örtlichen Vereine, der Ortskultur. Ein Bürgermeister moserte einmal: »1914 kamen die Deutschen mit Pferden, 1940 mit Panzern und später mit ihrem Geld.«

Man spricht hier Deutsch und fühlt sehr belgisch. Nie darf man deutsche Minderheit sagen oder deutsche Gemeinschaft – das wäre falsch und eine Attacke auf die Identität. Gleichwohl haben die meisten an ihren Fernsehern auf Platz eins die ARD programmiert und auf zwei das ZDF, dann kommt erst der BRF, der hochsubventionierte öffentliche Belgische Rundfunk, der für die gut 76 000 Menschen ein eigenes Fernsehprogramm in deutscher Sprache macht und zwei Radioprogramme. Dennoch gelten die DGler als die belgischsten Belgier, weil sie sich mit dem Land besonders verbunden fühlen. Es heißt, sie arbeiten preußisch, leben französisch und denken belgisch. Der Ostbelgier gilt zudem als besonders königstreu. Kommen König und Königin nach Eupen, ist ihnen großer Jubel gewiss, woanders in Belgien dominiert manchmal höfliches Desinteresse.

Belgiens Gemeinschaften haben in vielen Bereichen große Autonomie: Kultur, Schulen, Familie, Gesundheit, Tourismus,

Landschaftsschutz oder Beschäftigungspolitik dürfen sie eigenverantwortlich regeln. Verfassungsmäßig garantiert ist sogar die »zwischengemeinschaftliche und internationale Zusammenarbeit«. Das heißt: Die winzige DG darf sogar eigene außenpolitische Verträge abschließen. Und hat das auch schon getan, etwa mit der Partnerregion Südtirol oder mit Ungarn. Im Kulturabkommen mit Budapest wird das belgische Minigebilde dabei wie selbstverständlich »Partnerstaat« nennt.

Selbstverständlich hat die DG auch eigene Abgeordnete im Brüsseler Parlament und eigene Vertreter in den Botschaften von Nachbarstaaten, etwa in Berlin. So viel politischer Einfluss macht selbstbewusst, was sich auch in selbstironischen Begriffen wie *Degesien* oder *Germanophonien* äußert. Ohnehin spottet man gern über sich selbst als »bestgeschützte Minderheit der Welt«, manche glauben auch, sie sei deswegen die bravste. Der Eupener Schriftsteller Freddy Derwahl sagt: »Alle paar Wochen kommt irgendein Botschafter aus Brüssel zu uns: Mal die Russen, mal aus Fidschi, Ecuador, neulich noch der Botschafter aus Uruguay. Die wollen sehen, wie hier Minderheiten leben. Die kommen uns deutschsprachige Belgier regelrecht besichtigen.«

Seit Jahren gibt es Bestrebungen in der DG, sogar eine eigene belgische Region zu werden, was ein weiteres Plus an Prestige und Autonomie brächte. Hinter den politischen Kulissen wird fleißig gedealt, verhandelt, abgewogen, gebremst, gestritten. »Ostbelgien wird sich irgendwann in ein klassisches Bundesland mit allen Rechten umwandeln«, sagt Exministerpräsident Karl-Heinz Lambertz, »nicht weil wir das fanatisch wollen, sondern weil es praktisch gar nicht anders geht.« Das umständliche Doppeldasein als autonome Gemeinschaft und Regionsteil wäre beendet.

Einstweilen, so der Beschluss Anfang 2017, will man, auch wenn der Name Deutschsprachige Gemeinschaft in der belgischen Verfassung verankert bleibt, sich nur noch schlicht Ostbelgien nennen: Als gemeinsame Marke, zur touristischen Selbstdarstellung, zur Werbung um Arbeitskräfte und Investoren, »nicht zuletzt auch zur eigenen Identifikation der Ostbelgier«, wie Ministerpräsident Oliver Paasch sagt. Ob dessen liberale Partei ProDG in ProOB umbenannt werden muss, blieb vorerst offen. In politischen Zirkeln weiß man sehr gut, dass bei Oberbürgermeisterwahlen die Kandidaten eine Abkürzung OB für ihr Amt peinlichst vermeiden, weil das irritierende Assoziationen weckt.

Ostbelgien wäre die vierte eigenständige Region Belgiens. Mit der 4 kennt man sich in der Gegend aus – und das liegt am ehemaligen Kuriosum Neutral-Moresnet. Dieser Zwergstaat existierte von 1816 bis 1919 in einem Teil des heutigen Ostbelgien rund um die Gemeinde Kelmis. Er war gerade mal 270 Hektar groß, rund um ein lukratives Zinkerz-Bergwerk, auf das sich die Niederlande und Preußen beim Wiener Kongress nicht hatten einigen können. Neutral-Moresnet wurde ein Schmuggler- und Säuferparadies, beliebter Fluchtort für Kriegsdienstgegner und Steuervermeider. Immerhin existierte der Vielvölkerstaat en miniature länger als die glorreiche Sowjetunion und traf sich ab der Gründung Belgiens 1830 auf dem Vaalserberg mit Preußen, den Niederlanden und eben Belgien zum damals einzigen Vierländereck der Welt. Die internationale Esperanto-Bewegung fand Gefallen an diesem »Kreuzungspunkt der Völker«, sie ernannte Neutral-Moresnet 1908 offiziell zu ihrer Hauptstadt und wollte hier einen Universalsprachenstaat schaffen.

Eine nette Idee, aber nie umgesetzt. Ob Esperanto als vierte offizielle Landessprache Belgien heute helfen würde, muss ungeklärt bleiben.

# »Dieses Land ist die reine Wundertüte« – ein Interview mit Herbert Ruland

Herbert Ruland, Jahrgang 1952, ursprünglich aus Düren, zog während des Studiums in Aachen (Wirtschaft, Politik und Soziologie) 1976 in eine Wohngemeinschaft im belgischen Grenzort Eynatten. Er blieb bis heute, arbeitete für die Volkshochschule der Ostkantone, etwa über die Arbeiterbewegung der Region, später wurde er wissenschaftlicher Leiter der Abteilung Grenzgeschichte an der Autonomen Hochschule in der Deutschsprachigen Gemeinschaft (DG). Seine Rundfahrten zu Orten des Ersten und Zweiten Weltkriegs (www.grenzgeschichte.eu) sind handfeste Geschichtsstunde, die Touren zu den kapriolenreichen Schmuggelrouten der Nachkriegszeit wissenspralle Lustreisen. Seit 2010 lebt Ruland außerhalb der DG im frankophonen Dolhain-Limbourg zwischen Eupen und Lüttich, und ist mittlerweile auch belgischer Staatsbürger.

*Herr Ruland, was fasziniert Sie so an Belgien?*

Herbert Ruland: In den 1960er Jahren, als 15-Jähriger, kam ich das erste Mal nach Ostbelgien. Ein Freund hatte bereits einen Führerschein. Mit dem Auto seines Vaters reisten wir über Mützenich in der Eifel ein – ich noch mit einem Kinderpass! Wir fuhren ins Zentrum von Eupen. Vor einem Friseurgeschäft saßen zwei Lehrmädchen mit einem Kofferradio. Sie hörten Radio Luxemburg – auf Deutsch! Ich staunte. Sehr irritierend, und mein Interesse an der Gegend, an Belgien insgesamt, war geboren.

Zu Studentenzeiten, also vor über 40 Jahren, fiel mir sofort auf: Wer mit antiautoritärem Bewusstsein hierher kam, für den gab es mehr persönliche Freiheiten. Selbst uns als langhaarige Gammler hat man eigentlich immer in Ruhe gelassen, es gab keine Sperrstunde für die Kneipen in den belgischen Grenzkäffern, paradiesisch in den 1970ern. Nach Belgien zu ziehen war ein gewisser

Ausbruch, ein wenig so zu leben, wie wir es uns als Studenten erträumt haben. Erst faszinierte mich diese Kuriosität deutschsprachiges Belgien, die Grenzregion. Durch meine Arbeit breitete sich das Interesse schnell auf ganz Belgien aus. Und ich habe bald gelernt: Hey, dieses Land ist sehr anders, das ist tatsächlich das nördlichste südeuropäische Land. Noch heute erlebe ich staunend so manche Überraschung, etwa den legeren Umgang miteinander bei Amtsgeschäften. Belgien ist manchmal ein Stück Anarchie in Vollendung.

*Sie sind als »politischer Heimatforscher«, wie die Berliner* taz *Sie einmal nannte, tief in die Geschichte der Grenzregion eingedrungen.*

Geschichte hat mich immer brennend interessiert: Schon in der zweiten Schulklasse hieß ich »der Geschichtsprofessor«: Die Historie des kleinen Ostbelgien ist schon ziemlich einmalig. Das politische Hin und Her zwischen West und Ost, die frühe Industrialisierung, vorneweg die boomenden Textilmanufakturen. Die wirtschaftliche Entwicklung hier war den meisten Regionen auf dem europäischen Kontinent um 50, teils um 100 Jahre voraus. 1721 fand hier der erste bekannte Generalstreik überhaupt statt! Kurz danach, 1724, gab es in Eupen für die Tuchscherer eine der ersten kollektiven Arbeitsordnungen in Europa, eine Art früher Tarifvertrag. Der Kapitalismus stand hier schon in Blüte, da war er woanders noch gar nicht erfunden. 1821 dann in Eupen der erste Maschinensturm in Preußen überhaupt. Eine neue Schermaschine, die 40 Leute auf einen Schlag arbeitslos gemacht hätte, wurde von erregten Proletariern und ihren Familien im nahen Bach entsorgt. Eine Stadt voll mit Industriearbeitern, kaum Mittelstand, etliche superreiche Kapitalisten: Karl Marx hätte hier großen Spaß gehabt.

*Beruflich haben Sie als Trüffelschwein gearbeitet?*

Über 30 Jahre lang habe ich sozusagen herumgegraben. Der ehemalige Präsident des St. Vither Geschichtsvereins hat mich mal als »Trüffelschwein« beschrieben – überall, wo ich meine Nase reinstecke, käme etwas ans Tageslicht. Zum einen Menschen: Zeitzeugen, Verfolgte und Widerständler des Zweiten Weltkriegs. Ich habe ausführliche lebensgeschichtliche Interviews gemacht, diese Leute in alle denkbaren Einrichtungen von Schulen, Hochschulen bis hin zur Erwachsenenbildung vermittelt, Ausstellungen kuratiert und Dokumentarfilme gemacht. Es ging und geht mir vor allem darum, Zeitzeugenwissen zu sichern. Angefangen hatte ich mit zwei Projekten zur Arbeiter- und Genossenschaftsbewegung an der Volkshochschule der Ostkantone in Eupen. Meine Aufgabe bestand unter anderem darin, Unterrichtsmaterialien im Bereich Alltagsgeschichte zu entwickeln. Dann kam der Geschichtspfad.

*Sie suchen auch schon mal im Altpapiercontainer!*

Nicht nur in Containern. Auch die systematische Sperrmüllabfuhr hat mich immer magisch angezogen. Jahrzehntelang bin ich sonntags auf Flohmärkte gepilgert. Bis heute werde ich auch von Leuten angerufen, wenn jemand gestorben ist und ich mich zum Beispiel in einer Bibliothek bedienen kann. Andere Menschen bringen mir Sachen, von den sie meinen, sie könnten für meine Tätigkeit interessant sein.

Einmal hat mir ein Herr aus der Eifel einen Dalli-Waschpulver-Karton aus den 1940er Jahren übergeben. Den hatte er kurz nach dem Zweiten Weltkrieg in seinem Heimatdorf auf dem Müll gefunden. In dem Karton waren neben interessanten Briefen tausende von Fotos in hervorragender Qualität, teilweise mit den Originalnegativen. Der Besitzer der Materialien hatte diese wohl in der Annahme, dass in diesem entlegenen Kaff auch in einem Weltkrieg nichts passieren würde, aus dem bombengefährdeten Aachen nach dort gebracht. In dem Konvolut war auch ein unscheinbares Heftchen mit Originalnegativen und Kleinbildabzügen vom Morgen nach der Reichspogromnacht in Aachen: Die Fotos zeigen die rauchende Synagoge mit tausenden Menschen davor – die alle später behaupteten, nichts gesehen zu haben. Und Kinder, die im Schaufenster eines jüdischen Schuhgeschäfts stehen und sich schamlos an der Ware bedienen. Dieser Fotofund hat weltweit Aufsehen erregt.

*Sie haben einmal geschrieben, die Grenzregion sei schon vor dem Ersten Weltkrieg ein Europa im Kleinen gewesen. Was heißt das?*

Ein miniglobalisiertes Europa, als das Wort Globalisierung noch niemand kannte. Bis 1914 haben Grenzen für die Menschen in Südlimburg, im Großraum Aachen, dem Eupener Land bis nach Malmedy, Verviers, in die Eifel herein und runter nach Nordluxemburg gar keine Rolle gespielt. Man zog dahin, wo Arbeit war, man sprach Grenzlandplatt und verstand sich. Fast der ganze Ort Vaals in den Niederlanden arbeitete nebenan in Aachen, im Ort war mehrheitlich deutsches Geld Alltagszahlungsmittel. Offiziell redete man zwar schon von Nationalstaaten, aber damit haben die Menschen sich hier gar nicht aufgehalten. Man ging in ausländischen Nachbargemeinden zum Facharzt, ganz selbstverständlich. Man ging als Saisonkraft ins Land nebenan, nahm auch die Kinder mit, die gingen zum Beispiel in Belgien zur Schule, lernten nebenher schon Französisch und das Rechnen mit fremdem Geld.

*Die Menschen waren weiter als die Politik?*

Bis 1914 waren die verschiedenen Völker viel, viel enger beieinander als heute. Heute braucht man massive Interreg-Projekte zur grenzüberschreitenden Förderung – das sind Strohfeuer, die meist nach dem Abschluss von drei Jahren wieder verlöschen. Heute geht man überall einkaufen – okay. Damals war das Emotionale viel selbstverständlicher: man freite, heiratete, feierte und wallfahrtete über die Grenze. Man lebte sehr miteinander. Viele Menschen waren über die Staatsgrenzen hinweg verwandt und verschwägert. Den Leuten war oft der genaue Grenzverlauf gar nicht bewusst, die gingen einfach woanders hin, die hatten auch keine Identitätspapiere dabei. Globalisierung, Freizügigkeit, Schengen, alles war schon mal da – nur die Begriffe nicht.

*Eine Zäsur war der Erste Weltkrieg?*

Das war eine vollständige Zäsur. Noch am Sonntag, dem 2. August 1914 haben deutsche und belgische Soldaten in Neutral-Moresnet und vielleicht auch auf der Kirmes in Montzen zusammen gesoffen. Zwei Tage später kommen die deutschen Soldaten über die Grenze in das neutrale Belgien und töten in wenigen Tagen 950 Zivilisten zwischen Aachen und Lüttich, 1300 Häuser sind abgebrannt, in sechs Wochen wurden es dann 6000 vorsätzlich ermordete Zivilisten in Belgien. Die Vorkommnisse im Ersten Weltkrieg belasten das Verhältnis zwischen Belgiern und Deutschen bis heute, vor allem im südlichen wallonischen Landesteil. Und danach war Belgien auch nicht mehr die viertgrößte Industrienation in Europa.

Am 10. Mai 1940 erfolgte dann der zweite deutsche Überfall auf das kleine neutrale Nachbarland. Noch Ende des Monats berichtete die deutsche Wehrmachtführung, dass in den ersten Kriegstagen zwischen einem Drittel und der Hälfte der belgischen Bevölkerung auf der Flucht vor den Deutschen war. Manche Menschen liefen bis nach Südfrankreich. Am Rathaus von Montpellier hängt noch heute eine Tafel, auf der sich die belgischen Flüchtlinge für die gastfreundliche Aufnahme 1940 bedanken. Im Kriegswinter 1944/45 dann auch noch hier in der Grenzregion die mörderische Ardennenoffensive. Das alles belastet das deutsch-belgische Verhältnis und wirkt bis heute nach. Es ist schon vorgekommen, dass der Schiedsrichter eines regionalen Fußballspiels in Lüttich gegen eine Mannschaft aus der DG die deutschsprachigen Kicker als *sale boch*, also Drecksdeutsche, anmachte.

*Der mehrfache Staatenwechsel der Grenzlandgebiete muss zu grotesken Biografien geführt haben.*

Bestes Beispiel ist meine Nachbarin zu Studentenzeiten in Eynatten. Die war als Deutsche da geboren, wird nach dem Krieg 1919 Belgierin, heiratet später einen Rechtsanwalt in Deutschland, wird dadurch wieder Deutsche, lässt sich scheiden, kommt nach Belgien zurück und wird wieder Belgierin, nach dem Überfall der Wehrmacht 1940 wird sie zwangsweise wieder Deutsche und nach der Befreiung Ende 1944 wieder Belgierin. Also sechs wechselnde Staatsangehörigkeiten in kaum mehr als einem Vierteljahrhundert. Irre, oder?

*Es ist leicht zu verstehen, warum Deutsche nicht immer beliebt sein mögen in Belgien. Aber warum hat Belgien in Deutschland so ein schlechtes Image?*

Belgien hat oft überhaupt kein Image in Deutschland. Viele Menschen kennen das Land schlicht nicht, das war schon vor Jahrzehnten so und ist es teilweise noch heute. Belgien wird als Dazwischenland wahrgenommen, *terra ingocnita*. Über die Niederlande weiß man relativ viel, über Belgien kaum etwas, erstaunlicherweise selbst im Rheinland, obwohl da ja nach dem Krieg viele belgische Soldaten jahrzehntelang stationiert waren. Schon nebenan, in Köln oder Essen, fragen die Leute mich bis heute: Wie, Sie kommen aus Belgien und sprechen Deutsch? Sprechen Sie auch Belgisch?

*Wie erklärt sich das?*

Ein kleines Land, der eine Teil ist in den Köpfen vieler Deutscher vielleicht so was wie Holland, und der andere hat was mit Frankreich zu tun. Ein Doppelappendix. Aufmerksamkeit gab es oft nur bei herausragenden Skandalen – siehe Dutroux. Oder es heißt herablassend: das schlampige Land, wo nichts funktioniert; igitt. Da wendet man sich schnell ab. Das deutschsprachige Gebiet ist sogar in Belgien vielen Menschen wenig bekannt. Da laufen frankophone Wallonen durchs Hohe Venn, habe ich selbst erlebt, hören Deutsch und glauben, sie wären längst über die Grenze.

Vieles war und ist auch deshalb Laisser-faire in Belgien, weil etwas schlicht nicht funktioniert. So schön das belgische föderale System ist, so komplex ist es. Und es hat eben auch seine Nachteile: Die Anschläge 2016 am Brüsseler Flughafen hatten auch mit Chaos in der Kommunikation zu tun, mit flämischen und wallonischen Zuständigkeiten. Die Atomaufsicht ist flagrant, der Atomreaktor in Tihange ein Riesenskandal.

*Und in einem solchen Land leben Sie freiwillig?*

Ja, es ist nicht so schrecklich geordnet wie in Deutschland. Im Alltag galt und gilt: Wenn du hier keinem auf den Schlips trittst, lassen sie dich in Ruhe, es ist nicht so überbürokratisiert, dirigistisch, die Dinge werden nicht so genau genommen, so kontrolliert. Früher noch mehr als heute, da gab es auch mal einen Weg hintenherum. Das fanden wir ja schon zu Studentenzeiten toll, dass man auch mit einem halb kaputten Auto durch den TÜV kam, wenn man einen 500 Franken-Schein (12,50 Euro) an den Auspuff hängte. Belgien ist angenehm schminkefrei, individualistisch und sehr spontan. Das kommt mir manchmal vor wie eine späte Karikatur auf den preußischen Obrigkeitsstaat.

*Willkommen also im Königreich Antipreußen. Vermutlich lieben Sie die Deutschsprachige Gemeinschaft besonders?*

In Belgien haben die Bundesstaaten viel mehr Rechte als in Deutschland. In den Bereichen, in denen sie zuständig sind, betreiben sie sogar eigenständig Außenpolitik, ohne dass ihnen die Föderalregierung da reinregieren kann. 2010, in der zweiten Jahreshälfte, hatte Belgien die Ratspräsidentschaft der EU inne, aber nur eine geschäftsführende Föderalregierung. Trotzdem funktionierte alles vorzüglich, weil schon damals wohl 80 Prozent aller Aufgaben bei den Bundesstaaten lagen. Wie die anderen Teilstaaten ist auch die DG in zahlreichen interföderalen und internationalen Gremien vertreten. Auch ich vertrete die DG in verschiedenen Bereichen, die mit Erinnerungsarbeit zu tun haben.

Da bin ich mit hochspannenden Menschen aus der ganzen Welt zusammengekommen, z. B. mit international renommierten Wissenschaftlern und Spitzendiplomaten, die ich sonst wohl nie kennengelernt hätte! Ähnliches erleben auch andere: Ich kann mich noch gut erinnern, dass der Rat der Deutschsprachigen Jugend per Anzeige in unseren Reklameblättchen mal eine geeignete Person suchte, die die DG auf einer von der UN in New York abgehaltenen Konferenz vertreten sollte.

Die Aufgeregtheit über CETA im Herbst 2016 war auch so ein Beispiel: Da hieß es, die Wallonen blockieren 300 Millionen Europäer. Das hat gezeigt, dass von den Länderparlamenten in Belgien auch international Druck gemacht werden kann. Selbst die DG mit ihren knapp 77 000 Menschen allein hätte CETA stoppen können. Nur mit Zustimmung aller Bundesstaaten kann die Föderalregierung so ein Abkommen unterzeichnen. Das wäre was gewesen, die DG als CETA-Verhinderer!

*Seit ein paar Jahren leben Sie außerhalb der DG, im frankophonen Dolhain-Limbourg. Hat sich das belgische Lebensgefühl geändert?*

Es ist noch belgischer geworden. Das ist schon anders als 15 Kilometer nebenan in Deutschland. Beispiel das AKW Tihange, in Aachen die große Angst, die große Aufregung. Hier verstehen die Menschen die Panik gar nicht. Ich will Tihange nicht sicher reden, im Gegenteil, das macht auch mir eine Gänsehaut. Aber die Ruhe in der Nachbarschaft tut dann auch wieder gut.

Oft steht nicht die Arbeit im Mittelpunkt, das Haus muss nicht frisch gestrichen sein, und das Auto hat eben ein paar Dellen, egal. Das gefällt mir! Statt Klamotten oder Äußerlichkeiten lieber gut essen. Auch arme Leute – die sagen: auch mit Zahnlücken kann man gut essen. Selbst bei Aldi und Lidl gibt es hier ein ganz anderes Sortiment, auch exzellente Weine. Man feiert ausufernder, man gönnt sich mehr. Die Menschen hier verstehen auch gar nicht, wieso man in den Nachbarländern, auch schon in der DG, die Häuser so vereinzelt baut. Die wollen keine eigene Festung, man lebt hier meist in Reihenhäusern, statt Distanz lieber Nachbarschaft, Miteinander, Kommunikation.

Ich wohne hier gerade mal sechs Kilometer von Eupen, und hier spricht kaum noch wer Deutsch. Den etwas lässigeren Umgang mit allem spürt man sofort. Auch an Umweltthemen wird legerer drangegangen. Was hier im Bach hinter meinem Haus oft an Müll vorbeigeschwommen kommt! Bei Streiks gibt es in der Wallonie oft eine in Deutschland nicht bekannte Militanz. Betriebe werden mal besetzt, es brennen Reifen bei Barrikaden oder Autobahnen sind dicht gemacht. Das hat mich auch mal betroffen, ärgerlich war das, ich wollte nach Deutschland zu einer Beerdigung. Streikende Stahlarbeiter aus Lüttich hatten die Autobahn von Eynatten bis zur Grenze blockiert, um gegen den drohenden Verlust ihrer Arbeitsplätze zu demonstrieren. Aus Kleinlastern wurden die Beteiligten mit reichlich Bier versorgt. Ich kam mit den Arbeitern ins Gespräch. Einige mussten dringend zur Toilette in der Raststätte an der Grenze. Spontan wurde ich zum Streikpostenfahrer ernannt. Ich hab sie gefahren, die waren zufrieden und ich war durch.

*Belgien gilt ja als Kompromissland. Vieles wird langwierig ausgehandelt, bis alles ausgelotet ist und ein Kompromiss gefunden, mit dem alle leben können. Vor allem ist wichtig, dass der andere einen nicht übervorteilt hat. Klingt mühsam, langwierig und langweilig!*

Langwierig ja, aber von wegen langweilig. Belgien ist sehr individualistisch. Schon fünf Leute kriegst du kaum unter einen Hut. Immer wenn du meinst, du hast Belgien politisch verstanden, passiert wieder etwas ganz Neues. So viele Parallelstrukturen überall. Dieses Land ist die reine Wundertüte.

# Das Welterbe – über das belgische Identitätsmerkmal Bier

Trappisten, Mikrobrauereien, Spontanhefe, besonderer All-olol, Spezialitäten für Raucher und die Camorra. Und ein bisschen über belgischen Wein

Männliche Wissenschaftler und Firmengründer neigen zu Abkürzungen, die weibliche Vornamen ergeben. Beispiele: Helga steht für die »Hochschul Electronic Gaming Automaten«, ein Projekt an der Uni Stuttgart, Petra ist die »Positron-Elektron-Tandem-Ringbeschleuniger-Anlage« in Hamburg und Elsa hier eine Hardwarefirma (»Elektronische Systeme Aachen«) und dort die »European Law Students' Association«. Ob der fantasiereich konstruierte Name jeweils auf eine Angebetete zielt, wissen wir nicht. Anders liegt der Fall bei einem belgischen Astronomen. Der dachte an viel Wichtigeres als Frauen.

Michaël Gillon heißt der Mann. Er und sein Forscherteam an der Universität Lüttich hatten im Februar 2017 in gerade mal 40 Lichtjahren Entfernung einen Fixstern mit sieben neuen, niedlich kleinen Planeten entdeckt. Die Aufregung war groß, weil sechs der sieben Zwerge in einer moderaten Temperaturzone liegen, in der es Wasser und damit Leben geben könnte. Womöglich also eine Sensation. Weniger beachtet war, mit welchem optischen Gerät Gillon gearbeitet hatte: mit dem TRAnsiting Planets and PlanetesImals Small Telescope, kurz TRAPPIST. Den Fixstern taufte Gillon Trappist-1, die Planeten Trappist-1a-g.

Der Bezug zum Trappistenbier sei natürlich Absicht gewesen, erklärte Gillon, wissenschaftlich schmunzelnd. In Belgien wurde der Name umgehend begeistert kommentiert, etwa bei Facebook: Einer schlug vor, die kleinen Kerle gleich nach den Trappistenbrauereien Westmalle, Rochefort, Chimay und so weiter zu benennen. Die Milchstraße wurde flugs in Bierstraße umbenannt

(»viel sympathischer«), belgische Bierflaschen waren in die Animations-Bilder der neuen Planeten montiert. »Wenn ich gewusst hätte«, schrieb einer, »dass es im Weltall Trappistenbier gibt, hätte ich bestimmt Astronautologie studiert.« Ein anderer: »Planet Trappist? Da war ich schon mal. Er hat 10 Prozent.«

Bier! Das Nationalgetränk. Und Trappistenbier, heiligster aller Genüsse. Trappistenbier muss von Trappistenmönchen oder zumindest unter ihrer Aufsicht in Klöstern gebraut werden – anders als andere Abteibiere, von denen es auch in Belgien viele Dutzend gibt. Diese dürfen trotz spezifischer, Jahrhunderte alter Rezepturen auch in Lizenz in weltlichen Brauereien entstehen. Die Trappisten, genauer Orden der Zisterzienser von der strengeren Observanz, sind seit dem 17. Jahrhundert ein Orden in der römisch-katholischen Kirche. Bekannt sind die Trappisten für ihr abgeschiedenes, schweigsames Leben, Askese und Freude an körperlicher Arbeit zum Frommen des Herrn. Seit jeher haben sie (wie andere Orden auch) ihre Klöster durch Verkauf eigener Produkte finanziert: Brot, Käse, Marmeladen und eben Bier.

Das von Mönchen gebraute Bier gilt seit dem frühen Mittelalter wegen seiner beruhigenden Wirkung als christliches Heilgetränk. Aus gesundheitlichen Gründen durfte auch ordentlich gebechert werden, denn Bier war keimärmer als banales Wasser aus Brunnen. Zudem: Die typische mönchische Speckschicht bot, ähnlich wie bei Tieren, einen integralen Schutz gegen die Kälte in den ungeheizten Sälen der Klöster. Und auch Starkbier galt trotz allen Alkohols als Fastentrank, weil es den Mönchen auch in der Fastenzeit Energie für ihre schwere körperliche Arbeit gab. Weltweit gibt es heute nur elf Trappisten-Brauereien, sechs davon in Belgien: Westvleteren, Westmalle, Achel, Chimay, Rochefort und Orval.

Trappistenbiere sind meist obergärige, sehr hopfige, in der Regel dunkle, manchmal fast schwarze Biere, unpasteurisiert mit einer Stammwürze von 18 bis 28 Prozent, einem Alkoholgehalt ab 8 Prozent und einem Preis von zwei bis vier Euro für die 0,33-Literflasche. Hefereste im Bier sorgen während der Lagerung für eine zusätzliche Flaschengärung, was der weiteren Entfaltung des Aromas dient. Die »Internationale Trappistenvereinigung« überwacht die strengen Anforderungen und vergibt das Label »Authentic Trappist Product«. Ein Großteil der Einnahmen muss sozialen Zwecken zugeführt werden. Trappistenbier wird nie kalt, sondern nur kühl (Minimum 12 Grad Celsius) getrunken, das dient dem Geschmack, zudem sollten die Flaschen vor Verzehr mindestens eine Woche ruhig lagern.

Ende 2016 hat die Unesco die belgische Bierkultur zum Immateriellen Kulturerbe der Menschheit ernannt. Nicht das Bier selbst – das ist bekanntlich durchaus materiell. Es geht um die belgische Liebe zum Bier und das Leben mit dem Bier. Die Begründung der Unesco ist umfassend: Da ist von einmaliger Vielfalt die Rede bei rund 1600 verschiedenen Sorten (detailliertere Zählweisen kommen auch auf über 3000) mit Aromen und Nuancen, die das Einheitsbräu internationaler Großkonzerne nicht kennt, von der überragenden Rolle im Alltag, den vielen unterschiedlichen Brauarten, den vielen Craft Bieren aus Mikrobrauereien, die wallonischen Saisonbiere oder eben das Trappistenbier mit seinem speziellen Charity-Charakter herstellten. Bier diene mehr denn anderswo als flüssiges Gewürz in der Küche, zum Einreiben bestimmter Käsesorten, und es gebe Sorten mit Spezialaromen, die eigens für besondere Gerichte komponiert würden. Zudem werde Braukunst nicht nur an Universitäten gelehrt, sondern es gebe öffentliche Trainingsprogramme von Meisterbrauern und auch Testbrauereien, wo sich Anfänger ausprobieren können. All in all: Die belgische Bierkultur gehöre zum lebendigen Erbe des Landes *(part of the living heritage).*

Deutschland hat sein bierernstes Reinheitsgebot fast wie eine Reliquie verehrt. Das Reinheitsgebot bremst jedoch alle Kreativität aus, die die belgische Vielfalt ermöglicht. So als wären in Deutschland nur normierte Vollmilchschokoladen erlaubt und Pralinen verboten. Die Folge: Bier ist bei uns verwechselbar gleich, ein Pils wie das andere, seit Jahren herrscht Preiskampf, auch Markensorten gehen nur noch im Sonderangebot weg. Die Szene spricht von kistenweiser Verramschung. Dafür darf sich das heimlicherweise neidische Deutschland kulturell indirekt mit den Belgiern freuen: Denn es war die Deutschsprachige Gemeinschaft mit Regierungssitz in Eupen, die den Antrag bei der Unesco auf das Weltkulturerbe gestellt hatte. Das »Eupener Bier« ist übrigens ein klassisches Pils, und überaus feinschaumig-lecker.

In belgischen Kneipen und Cafés wird manchmal weniger Wert auf frisch gezapftes Fassbier gelegt als bei uns. Hauptsache, die Lieblingsmarke steht im Kühlschrank der Wirtschaft. Wichtig: Jede Sorte hat ihr eigenes Glas, oft in Schalenform, nicht für den Werbeaufdruck sondern zugeschnitten auf die jeweilige Sorte, damit das Gebräu im passenden Glaskelch atmen könne wie ein Wein und das spezifische volle Aroma entfalten, sagen Connaisseure. Und belgisches Bier heißt seltener nach Herkunftsstädten (Bitburger, Flensburger, Kölsch) sondern hat kreative Namen wie Duvel (also Teufel) oder gleich Satan Gold, Malheur, Delirium Nocturnum oder Delirium Tremens. Man kann auch Zielgruppen ansprechen: Gauloise Blond für den Raucher, Campus für den Hochschulangehörigen, Mort Subite gleichermaßen für die Camorra wie für Notfallärzte, Hellekapelle für den fröhlichen Beter, für die politisch Bewussten Vlaamse Bock statt der Rechtsradikalenpartei Vlaamse Blok oder Rodenbach Grand Cru und Bacchus als Gruß an die Weinwelt. Es gibt malziges Rotbier aus Eichenfässern, das alte Kutscherbier Kwak und Aromabiere mit Pfirsich-, Kirsch-, Himbeer- oder Eukalyptusgeschmack. Das flämische Witbier ist dem deutschen Weißbier nur ähnlich: auch sommerlich frisch und leicht, aber mit weniger Süße, dafür weißlicher, ungefiltert trüb und bisweilen gewürzt mit Koriandersamen oder Schalen von Bitterorangen.

Kneipen oder Ausflugslokale haben gern auch das eigene Cuvée mit dem Hausnamen auf dem Etikett und einem hübschen Bild. Das muss geschmacklich nichts Besonderes sein, nur ein gutes handelsübliches Bier im Auftrag umgelabelt – in neuer Verpackung also und souvenirgerecht teurer. Das Snuffle Dog Beer aus der Schelde-Brauerei in Meer bei Antwerpen ist tatsächlich für Hunde: aus einer echten Bierflasche serviert, schäumt es wie das Bier von Herrchen und Frauchen. Immerhin ist es alkoholfrei, dennoch, heißt es, solle man auch großen Hunden höchstens zwei solcher Schnüffelbiere am Tag servieren.

Die Alkohol-Prozentzahlen belgischer Biere sind Legende. Nur selten bleibt es bei 4,5-5 Prozent wie in Deutschland üblich. Mit 6 bis 6,5 Prozent fangen die meisten Spezialbiere an, bis 8 gilt noch als normal, einzelne haben 11 bis 13 Prozent. Also Bier in Weinstärke – dafür sind die Flaschen üblicherweise kleiner, nur 0,25 oder 0,33 Liter. Besondere Literflaschen haben einen Champagnerkorken. Manche Sorten gibt es in der Version Normal (um die 6 Prozent), mit Doppelgärung Dubbel (bis 9 Prozent), dann das dreifache gegorene Triple (bis 11 Prozent) und vereinzelt Quadruple (bis 13). Das ist das stärkste Bier der Welt.

Die alte Universitätsstadt Löwen veranstaltet jedes Jahr Ende April ihr Zythos Bierfestival und nennt sich dann »The place to be(er)«. Abends, vor dem Festival mit Verkostungen von bis zu 500 Sorten in der Brabanthalle und den unzähligen Bier-Cafés entlang des Oude Markt, gibt es die Beertalks im spätgotischen Rathaus: Fachgespräche über Trends in der Bierforschung, Vorträge über spezielle geschichtliche Aspekte, Referate über unterschiedliche Bierkulturen weltweit. Freddy Delvaux, Hochschulprofessor für Brauwissenschaft an der Uni Löwen, lästerte zuletzt über die Deutschen: »Brauen dort ist ja so leicht. Du brauchst nur vier Zutaten für dein Reinheitsgebot und du bist fertig. Wie auch beim Wein: Du hast die Trauben und da ist der Zucker für die Vergärung schon drin. Wirkliches Brauen ist dagegen höhere Kunst.«

Und es fielen auch solche warnende Sätze von Braulobbyisten: »Die große Gefahr für das belgische Bier sind die Belgier. Sie lieben ihr Bier noch viel zu wenig, sie sind noch viel zu wenig enthusiastisch.« Um ganz profan die sich wandelnden gesellschaftlichen Verhältnisse zu beklagen: »Twitter und Co bedrohen das alte *social networking* in Kneipen und Cafes.« Ähnlich ansprechende Beer Talks beim Münchner Oktoberfest sind nicht eben leicht vorzustellen. O'talked ist nicht.

Dann geht es in Löwen zum Bierglasnetworking in die Kneipen: Kosten hier, schmecken da, schnüffeln und süffeln dort. In kleinen Mengen, ein flüssiges Siebengangmenü zum Beispiel, mit Wasser zwischendurch, um die Zunge zu neutralisieren. Neuerscheinungen werden wie Filmpremieren angekündigt: Die Natte Lore zum Beispiel, heute ab 19 Uhr 30 nur hier. Die Natte Lore ist ein trüb-gelber 9,1-Prozenter, den ein Kollektiv von acht Freunden im Hinterhof in einer Mikrobrauerei im Nachbarstädtchen Kessel-Lo entwickelt hat. Das Flaschenetikett ziert eine spärlich bekleidete, grenzsexistische Schönheit mit wehendem kastanienbraunem Haar im Jugendstil-Stil. Was verbindet die Dame mit dem Getränk? Einer der Hobbybrauer lacht. Die nackte Lore, sagt er, sei nur ein Gag, Bier-PR. Schmecken tut sie ungemein, fruchtig, feinschaumig, etwas pfeffrig.

Unzählige solcher Mikrobrauereien sind seit der Jahrtausendwende entstanden. Wie ein Volkssport: Mal hat jemand im Schuppen hinterm Haus oder in der Garage des abgeschafften Zweitwagens einen Braukessel für vielleicht 200 oder 500 Liter aufgestellt oder versucht sich noch kleiner in der Küche. Und dann wird gebraut. Mal nur für den Hausgebrauch, mal als Nebenerwerb. Die Produkte heißen Craft Biere. Sie bezeichnen immer handwerklich gebraute Produkte, immer geht es um Hobby, Lust am Ausprobieren, Experimentierfreude, um Unabhängigkeit von Konzernen und Normgetränken, um Geschmacksvielfalt, ungewöhnliche Braustile, alte Rezepturen.

So wie bei Mieke De Backer, die im flämischen Städtchen Hoegaarden, bekannt für die große Weißbierbrauerei gleichen Namens, eine Café-Brauerei betreibt. Ihr dunkles Bier entsteht in einem verschachtelten Schuppenkomplex im Hinterhaus; silberglänzende Braukessel harmonieren vortrefflich mit der Patina der Gewölbe, Hopfenduft überlagert alles. Weil sie hier im ältesten Haus von Hoegaarden lebt, heißt ihre Marke ironisch Nieuwhuys, was wie Neuhaus klingt. Mit ihren 200 Hektolitern im Jahr zählt De Backers Brouwerij schon zu den mittelständischen Mikrounternehmen. »Wir machen alles selbst, unsere kleine Größe hält uns flexibel«, sagt die junge Frau. Dann kommen die nächsten Gäste, sie muss zapfen. Ihr Gebräu mit Namen Alpaide hat zehn Prozent und – doch, man kann das tatsächlich schmecken – eine feine Schokoladennote.

Skurril war die Wiederentdeckung von Seef Bier in Antwerpen. Johan van Dyck war Marketingdirektor der Duvel-Brauerei. Er stieß auf das im 19. Jahrhundert überaus populäre Antwerpener Seef Bier, damals »Champagner der Arbeiterklasse« genannt, aber längst untergegangen, die Rezepturen vergessen. Hundert Brauereien gab es damals in Antwerpen, zwei waren geblieben. Immerhin, der Stadtteil Seefhoek im Norden der Stadt hatte sogar seinen Namen von diesem Bier. Zwei Jahre wühlte sich van Dyck durch Bibliotheken, konsultierte Experten und tourte durch Altenheime, um betagte Brauer zu finden mit Erinnerungen. Rettung brachte ein kleines, handgeschriebenes Notizbuch mit Rezeptnotizen, ein Dachbodenfund bei einer alten Brauerfamilie. Man braucht Buchweizen, Weizen, Hafer, eine spezielle regionale Hopfensorte und das authentische Treibmittel: eine spezielle Bäckerhefe, die er in einer historischen Hefebank auftreiben konnte. Van Dyck braute los. Bald gewann seine Antwerpse Brouw Compagnie erste Medaillen bei internationalen Bierwettbewerben. Den banalen Marketingjob bei Duvel macht inzwischen wer anderes.

Das speziellste Bier Belgiens entsteht nahe Brüssel. Wenn man nur ein paar Kilometer durch den Stadtteil Anderlecht weiter nach Westen fährt, kommt man ins flämische Pajottenland. Hier hat Pieter Bruegel der Ältere gern gemalt, die Landschaft, Weiler, Gehöfte. Die alten Bauernkaten haben teils bis heute den typischen Mörtel aus Lehm und gehacktem Stroh, viele Jahrhunderte alt. Pajot heißt der Mix. Es ist eine sanfte Gegend, und es riecht säuerlich.

Hier, im Tal der Zenne, wird Lambic hergestellt. In der Luft im Pajottenland, angefangen an Brüssels Stadtrand, schwirren die richtigen Hefesporen herum, die Brauer für eine natürliche Spontangärung brauchen. Dazu wird das fertig vorgebraute Getreide-Hopfenwasser in sehr flache, offene Edelstahlwannen von 30 oder 40 Quadratmeter Größe und mehr gefüllt. Dann die Fenster für einen halben Tag auf – und los geht's. Fast hundert verschiedene wilde Hefepilze und Bakterien setzen die natürliche Spontangärung in Gang. Bis zum Endprodukt dauert es, erzählen die Bierbrauer hier, bis zu drei Jahren. Das Lambic-Bier schmeckt gewöhnungsbedürftig sauer, genauer: sehr sauer, würzig auch und mal eine Spur rauchig. Und jeder Jahrgang schmeckt anders sauer. Und dieses Bier hat gewöhnungsbedürftig keinen Schaum.

Gerne werden verschiedene Jahrgänge vermischt. Diese Geschmackskreationen heißen Französisch Gueuze, Niderländisch Geuze. Junge Lambic-Biere haben noch gärfähigen Zucker, während ältere Jahrgänge komplexe Hefekulturen ausgebildet haben, die für die Nachgärung in der Flasche sorgen. Wie man welche Erzeugnisse mixt? Braukunst, Geschmack, Gefühl und eine traditionelle Wissenschaft für sich. »Echtes Geuze reift wie Champagner« ist das Motto in der Burgbrauerei Old Beersel. Viele Lambic-Brauer stellen auch gesüßte Sorten her, Kriek-Biere sind mit Sauerkirschen vergoren und Framboise mit Himbeeren.

Bei allem Durst und aller Folklore ist Bier auch stocknüchternes Big Business. Und auch da ist Belgien mit Abstand ganz vorne: Der Brauereigigant InBev mit Sitz in Löwen ist der größte Bierkonzern der Welt. Zu InBev gehören international bekannte Marken wie Stella Artois, Corona oder Budweiser und der halbe deutsche Markt wie Beck's, Hasseröder, Haake-Beck, Franziskaner, Löwenbräu, Spaten oder Diebels. Ende 2016 schluckte InBev, das darf man in diesem Zusammenhang mit Absicht so formulieren, auch noch die zweitgrößte Firma der Welt, die britisch-südafrikanische SAB-Miller-Gruppe – für etwa 90 Milliarden Euro, wie Branchenkenner schätzten. Mit der Fusion der beiden größten Brauereigruppen gehören weitere Weltmarken wie Foster's, Miller und Pilsener Urquell zum Konzern. Der neue Gigant kontrolliert jetzt 32 Prozent des Weltmarktes (danach folgen die Konzerne Heineken und Carlsberg, die aber zusammen nicht mal die Hälfte ausmachen). Schon vor der Hopfenhochzeit produzierte die InBev in gut hundert Ländern fast 500 Millionen Hektoliter im Jahr, das sind fast 700 Badewannenfüllungen in jeder Minute. Umsatz: 60 Milliarden Euro im Jahr, Börsenwert 200 Milliarden, jetzt halt 300.

Die US-amerikanische Webseite RateBeer, eine Art Gault Millau für Bier, ist das weltgrößte Bewertungsportal. Dort werden jedes Jahr an die 470 000 verschiedene Sorten aus 26 000 Brauereien analysiert und von Verkostern weltweit mit einem ausgeklügelten Punktesystem akribisch bewertet, durchgecheckt und durchgeschmeckt. Wenn man die Bewertungen liest, ahnt man, dass Bierverkostung etwas völlig anderes ist als ein banal leckeres, noch so frisch gezapftes Pils gegen den dito-banalen Durst zu trinken. Da werden Aromen herausgezüngelt, die man dem vermeintlich schnöden Getränk Bier nie zutrauen würde: sanft dunkelschokoladig, Anklänge von Kokos, Lakritze, Espresso, Karamell, mittel bis starke Süße, leichte Dunkelfrüchtearomen im Nachgang, Aromen von Bourbon Whiskey. RateBeer ist amerikanisch orientiert, nicht repräsentativ, und dennoch landen belgische Brauereien regelmäßig unter den besten der Welt. Zuletzt: De Struise Brouwers (Oostvleteren in Westflandern), 3 Fonteinen (Beersel in Flämisch-Brabant) und Cantillon im Brüsseler Stadtteil Anderlecht. Als »Entdeckung des Jahres« wurde 2016 die Mikrobrauerei Bokkenyder aus Hasselt genannt. Hier kreiert ein junger Brauer aus mehreren Lambic-Bieren ein neues Produkt. Die Kneipe *In Het Verzekering Tegen de Grote Dorst* (Deutsch: »In der Versicherung gegen den großen Durst«) in Eizeringen in Flämisch-Brabant ist laut Ratebeer das beste Lokal seiner Art.

Das flämische Westvleteren 12 aus der Trappistenbrauerei St. Sixtus, eines der Quadruple-Biere Belgiens (11,2 Prozent Alkohol), ist so etwas wie ein großes mönchisches Craft Beer und seit vielen Jahren der Weltstar unter den Einzelsorten. Es ist nur für Selbstabholer im Kloster zu haben, nur nach vorheriger telefonischer Bestellung, nur in kleinen Mengen (eine Kiste kleiner Flaschen) und mit Wartelisten. Wenn man telefonisch durchkommt zu bestimmten Uhrzeiten, bekommt man mit Glück einen Termin und eine Uhrzeit. Das muss man akzeptieren, ansonsten: kein Bier. Moderne Dinge wie Mail und Paketversand gibt es nicht. Hier bewirbt man sich also um ein Bier. Das hat Gründe: 1. mönchisches Marketing. 2. Die 19 Mönche dort stellen nur 6000 Hektoliter pro Jahr her (andere Trappisten in Belgien bis zu 120 000). Seit der Wahl zum Bier Nr. 1 in der Welt übersteigt die Nachfrage das Angebot um ein Vielfaches. Aber 19 Mönche bleiben nur 19 Mönche. Und die sagen von sich: »Wir brauen, um zu leben und leben nicht, um zu brauen.«

Nur einmal, 2011, als die Abtei Geld für ein neues Dach brauchte, wurde die Produktionsmenge deutlich erhöht und die Bezugsrechte über Zeitungscoupons angeboten. Überall standen die Menschen lange vor Öffnung von Kiosken Schlange, um eine Zeitung ergattern. Andere hatten versucht, die Blätter mit den Vouchern im Dutzend zu reservieren. Am Morgen des Verkaufs führte die große belgische Bierkultur zu einem Verkehrschaos allerorten und einer Schlacht um die Sixtus-Sixpacks in den Supermarktregalen der Colruijt-Kette. Es ging um 93 000 Schachteln zu je 25 Euro. Nachmittags kosteten sie bei Ebay schon 150. Heute gibt es bei Versandhändlern drei Flaschen plus Geschenkbox plus Glas für 60 Euro oder schon mal einzelne für 12,95. In deutschen Restaurants ist Westvleteren eine große Rarität: im Münchner Tap-House kostet die kleine Flasche 25,90 Euro. Prost.

Am 23. April ist immer Tag des deutschen Bieres. Tag des belgischen Bieres ist vom 1. Januar bis zum 31. Dezember. Und mehr als vier Jahre lang gibt es, bei 1600 Sorten, jeden Tag ein anderes. Erstaunlich: Pro Kopf lässt ein Belgier im Jahr 71 Liter durch die Kehle rauschen, in Deutschland aber sind es 106 (Spitzenreiter Tschechien: 143). Man darf das so interpretieren, dass in Belgien das Bier mehr als Genussmittel denn als Durstlöscher wahrgenommen wird. Andererseits: Auf Alkoholprozente umgerechnet, kommt man auf ähnliche Mengen. Und ähnlich sind auch die Probleme der großen Brauereien: In beiden Ländern geht der Bierkonsum langsam aber kontinuierlich seit Jahren zurück.

Und noch etwas kommt dazu: Die vielen verschiedenen Sorten in Belgien sind nicht das (oder die) Maß aller Dinge. Noch Mitte der 1990er Jahre entfielen in Belgien 90 Prozent des Branchenumsatzes auf banales Pils (bekannteste Marken: Jupiler, Stella Artois, Maes), der Rest auf Spezialbiere. Das hatte Preisgründe. Heute liegt das Verhältnis bei 70 : 30. Branchenexperten vermuten, dass allmählich ein Ende der Fahnenstange erreicht ist: Die Zahl derer, die sich ein teils doppelt so teures Bier leisten können oder wollen, ist begrenzt. Und man weiß, dass ab einem bestimmten Einkommen weltweit die Menschen auf andere Getränke umsteigen. Alternativen gibt es bekanntlich reichlich – und zunehmend: Mischgetränke mit und ohne Bier, Convenience Produkte. Und natürlich: Wein.

Damit sind wir bei allem Hype um das Gerstengetränk beim belgischen Rebensaft. Doch, den gibt es tatsächlich. Und für die minderbevorteilte Lage nördlich des 50. Breitengrades mit durchaus erwähnenswerten Ergebnissen. Nicht in großen Mengen, weshalb man auch in großen Supermärkten wie Delhaize und Carrefour nur in Ausnahmefällen belgische Weine findet. 275 Millionen Hektoliter werden weltweit jedes Jahr produziert – aus Belgien kommen davon geschätzt gerade mal 5000 Hektoliter. Belgien ist Weinimportland – und 60 Prozent der 300 bis 350 Millionen Flaschen pro Jahr kommen aus Frankreich.

Dabei hat Wein hier durchaus seine Kulturgeschichte. Schon im 9. Jahrhundert wurde unter Kaiser Karl dem Großen (742–814) von Mönchen im heutigen südlichen Belgien Weinbau betrieben. Die Gottesmänner brauchten ja ihren Messwein, Wein war wie Bier durch den Alkohol keimfreier als Wasser. Im recht warmen Mittelalter gehörten Reben zum Landschaftsbild, bis ins frühe 15. Jahrhundert, als man allein in Löwen 23 öffentlich betriebene Weinpressen zählte. Die kleine Eiszeit beendete die kleine Weinseligkeit, dazu kamen jahrzehntelange Kriege und bald leichtere Transportmöglichkeiten für den Import aus südlicheren Gefilden. Mitte des 19. Jahrhunderts, kaum also gab es Belgien als Belgien, war die Rebkultur so gut wie ausgelöscht.

Seit den 1990er Jahren aber wird auch in Belgien wieder professionell angebaut, und die Tendenz geht steil bergauf. Die wichtigsten Weinbaugebiete liegen rund um Namur an der Maas und in der Provinz Limburg zwischen Tongeren, Hasselt und der niederländischen Weindomäne Maastricht. Hier liegt auch das größte Weingut Belgiens mit 22 Hektar Anbaufläche, das ist immerhin ein Drittel Golfplatz: Das Wijnkasteel Genoels-Elderen in Riemst. Es favorisiert bei seinen kalk- und mineralreichen Böden Chardonnay-Trauben. Da kostet eine Flasche auch mal 29,50 Euro und landet als Rarität sogar in Sterne-Restaurants. Wer hat schon mal von belgischem Wein gekostet?

1997 gab es in Belgien das erste offizielle Herkunftssiegel AOC – Appellation d'Origine Contrôllée. Mittlerweile sind es sieben Gebiete. »Côtes de Sambre et Meuse« steht zum Beispiel auf den wallonischen Etiketten. Die limburgischen Weine dürfen sich AOC Haspengouw nennen. Sekt heißt hier *Vlaamse mousserende kwaliteitswijn*. In der Wallonie gibt es sogar Cremants wie »La Baronne« und seit einigen Jahren eine eigene wallonische Weinmesse. Santé!

Dennoch, belgischer Wein bleibt auf absehbare Zeit ein Nischenprodukt. Und so würden belgische Biergenießer großen Gefallen finden an einem Satz des früheren Präsidenten von Fußballbundesligist Borussia Dortmund, Gerd Niebaum. Der hatte nach einem Europapokalspiel in Auxerre gesagt: »Das Beste am Chablis ist das Pils danach.« Prost!

Kurz vor Drucklegung erreicht uns noch folgende Eilmeldung: In der vergangenen Nacht sind aus den Tiefen des Weltalls kleine weiße Trappistenmännlein mit wehenden schwarzen Schulterüberwürfen auf der Grand-Place von Brüssel gelandet. Die mönchsähnlichen Wesen sollen von ihrem Heimatplaneten Trappist-1f gekommen sein und haben Belgien beim Anflug offenbar dank der Autobahnbeleuchtung gleich als magisch grellen, biergelben Fleck identifiziert. Agenturen berichten übereinstimmend, die Besucher haben gleich nach der Landung als Geste ihrer friedlichen Absichten verschiedene heimatliche Spezialbiere mit reichlich All-ohol ausgeschenkt. Näheres ist noch nicht bekannt.

# Besondere Orte 7: Schmuddelig? Nein, aufgehübscht – Lüttich

Die Geburtsstadt des großen Krimiautors Georges Simenon galt lange als dreckig, muffig, gestrig. Das ist weitgehend vorbei. Auch eine der anrührendsten Attraktionen, das Gesangscafé »Les Olivettes«, ist grundsaniert.

Aus Aachen ist man in Lüttich schneller als in manchem Vorort: 23 Minuten braucht der ICE für die gut 50 Kilometer. Und dennoch ist die Nachbarstadt der Euregio Maas-Rhein alles andere als ein Sehnsuchtsziel: Sprachprobleme sind das Eine, das schlechte Image ist das Andere: Lüttich gilt seit langem als schmuddelig, gestrig, attraktionslos. Allein diese Hochhäuser entlang der Maas, furchtbar. Und wie heruntergekommen muffig es da riecht.

Vorurteile sind bekanntlich zäh. Lüttich hat in den vergangenen Jahren schwer aufgeräumt und umgebaut, renoviert und stadterneuert. Da sind etliche ambitionierte Museen runderneuert und marode Quartiere aufgehübscht worden, irgendwo versteckt im engen Gassengewimmel. Leuchtturm ist der Bahnhof Liège-Guillemins, vom Spanier Santiago Calatrava erdacht und 2009 eröffnet: eine weiße, sehr kühne Grandiosität voll lichter Eleganz inmitten allerdings eines Bahnhofsviertels, das aussieht wie so viele Bahnhofsviertel auf dieser Welt. Mittlerweile ist auch ein Teil der weiten Brachfläche Richtung Stadtmitte bebaut, etwa mit dem Campanile des Finanzamts.

Und doch gibt es das alte Lüttich weiterhin, die »feurige Stadt«, wie sie sich gern nannte, mit den einst vielen Hochöfen rundherum, deren Lichter nach Sonnenuntergang das Firmament flackern ließen. Mit dem alten Malocherviertel Seraing neben den früheren Stahlhütten des 1817 gegründeten Cockerill-Imperiums. Mit dem zweitgrößten Binnenhafen Europas (nach Duisburg).

Mit dem Stolz, dass die Industrialisierung Europas genau hier im Talkessel der Maas begonnen hat. Mit dem scheußlichen zwanzigstöckigen Verwaltungsturm aus der Nachkriegszeit mitten im Zentrum, der die alte Aufschrift trägt: »Die Lütticher wurden nie wie die Esel gezähmt. Stattdessen haben sie immer das Zaumzeug abgeworfen.« Auch die breite Treppe mit den 374 Stufen in die Oberstadt, 1880 gebaut, bleibt als Attraktion. Sie wurde als Route für besoffene Soldaten gebraucht, damit sie von den Kneipen der Stadt in ihre Zitadelle oben nicht lärmend durch die Quartiere der Reichen torkeln mussten. Heute gibt es neben der Treppe zauberhafte Routen nach oben, die sich an wilden Gärten vorbei schlängeln und an den ersten Beginenhöfen aus dem 11. Jahrhundert. Ein gutes Beispiel für Lüttichs häufig genanntes Image: »Die Stadt für den zweiten Blick.«

Ob von hier oben oder auf den zweiten Blick vom Maasufer aus – Lüttich sieht immer unaufgeräumt aus und wie beliebig zusammengepuzzelt. Ein halbes Jahrtausend hat hier sehr verschiedene Gebäude hinterlassen: vorneweg das Fürstbischöfliche Palais, dazu Kirchenklötze, Neubau-Ensembles oder die typischen Hochhauszeilen am Fluss (direkt nach dem Krieg gebaut, weil nach damaligem belgischem Recht vor Hochhäusern genügend Platz sein musste – und den bot das Wasser nun mal) und die mächtige Kathedrale Saint-Paul. Dabei ist sie nur Ersatz für die einst noch größere gotische Kathedrale Saint-Lambert, die im Mittelalter das Gotteshaus mit dem größten Innenraum Westeuropas war und 4000 Betern Platz bot. In den französischen Revolutionsjahren identifizierten Lütticher Aufständische 1794 die Kathedrale als das Symbol der Gewaltherrschaft des Fürstbischofs. Es galt das Zaumzeug abzuwerfen: Eine »Commission destructive de la cathédrale« organisierte den Abriss. Die Mammutaufgabe war erst 30 Jahre später abgeschlossen, restefrei. Bis heute klafft hier mitten in der Stadt eine Freifläche.

Für weltliche Macht und immensen Privatreichtum steht der Lütticher Waffenhändler Jean Curtius, der ab 1600 von den unzähligen Kriegen Westeuropas mit Großlieferungen von Schießpulver, Kanonen und Gewehren profitierte wie kaum ein anderer. Seine Bauten wurden nicht geschliffen. Heute sind die renovierten Familienpaläste des Curtius-Clans, äußerlich in beige und knalligem Rot, die wahrscheinlich schönsten Gebäude der Stadt: maasländische Baukunst der Renaissance direkt am Fluss. Sie beherbergen Ensembles unterschiedlicher Museen.

Berühmtester Bürger Lüttichs ist ohne Zweifel Georges Simenon (1903 – 1989). Mit 15 Jahren begann der spätere Weltliterat als Kriminalreporter. Gegenüber seinem Geburtshaus in der Rue Léopold 26 lag ein Polizeirevier, wo er sich täglich Informationen über die neuesten Kriminal- und Sittenaffären holte und sie als Georges Sim für die *Gazette de Liège* in Artikel goss. Bald erfand er die besseren Geschichten lieber selbst, in denen sein wortkarger Kommissar Jules Maigret die Hauptrolle spielte. Da war Simenon längt (mit gerade 19 Jahren) nach Paris gezogen, wo auch die meisten seine Krimis spielen sollten – einzelne anfangs aber auch in Lüttichs Stadtteil Outremeuse. Dort lebte seine Familie, seit Georges zwei Jahre alt war. All seine Romane, hat der alternde Simenon später beteuert, hätten ihren Ursprung in Phantasien aus seiner Kindheit und Jugend. Aus Outremeuse, dem Revier der kleinen Leute.

Georges Simenon, anfangs Anarchist, Freund von Kokain und Alkohol, Literaturverschlinger, passionierter Pfeifenraucher wie sein Held Maigret, ausdauernder Bordellbesucher, später Dandy von Paris, wurde zu einem der ganz großen Schriftsteller des 20. Jahrhunderts. Man zählt heute 1400 Romane und Kurzgeschichten, 500 Millionen verkaufter Bücher und über 50 Romanverfilmungen (oft mit Claude Chabrol als Regisseur). Den Kommissar Maigret spielten Rupert Davies, Charles Laughton, vielfach Jean Gabin und einmal Heinz Rühmann. Noch 2016 wurde der Krimi *Kommissar Maigret: Die Falle* in England neu verfilmt – von und mit Mr. Bean, Rowan Atkinson. Simenon, den das Eupener *Grenzecho* einmal als »Inhaber literarischer und erotischer

Weltrekorde« adelte, war ein rekordverdächtiger Schnellschreiber. Als rasender Romancier brauchte er für die Rohfassung eines Werkes kaum mehr als eine Woche. Es gibt die schöne Anekdote, dass Alfred Hitchcock einmal bei ihm anrief, weil er über eine Verfilmung sprechen wollte. Simenons Frau sagte, ihr Mann habe gerade seinen neuen Roman begonnen und dürfe nicht gestört werden, bis er fertig sei. Macht nichts, soll Hitchcock geraunt haben, ich bleibe solange am Apparat.

In Outremeuse lassen sich heute viele Orte aus Simenons Leben nachverfolgen. Da ist das dunkle Kirchenportal von Saint-Pholien, an dem sich der kokainsüchtige Joseph Kleine aus Simenons anarchistischen Kreisen im Vollrausch strangulierte. Ihm zu Ehren hieß der erste Krimi 1931 auch *Maigret und der Gehängte von Saint-Pholien* und spielte hier. Und da sind die Gassen, in denen Simenons Vater arbeitete, erst als Hutmacher, dann als Sozialinspektor in den Elendsquartieren. Genau hier war das, erklärt eine Stadtführerin gerade einer kleinen Besuchergruppe und beginnt von der »heißesten Nacht meines Lebens« zu berichten. Oh, la, la! Alle spitzen die Ohren. War sie etwa noch dem Charmeur Simenon begegnet? Im Hochsommer, berichtet die Frau weiter, habe es sich hier in diesem Hinterhof-Restaurant abgespielt: »Essen vom heißen Stein, brechend voll das Lokal, kein Fenster, keine Klimaanlage, alles voller Leute. Nachher haben wir alle unsere Unterwäsche inspiziert.« Und alle seien nassgeschwitzt gewesen, wie man sich versichert habe. Feurige Stadt Lüttich. Wässrige Stadt Lüttich.

Jenseits von Maas-Boulevards, historischen Vorzeigebauten und schicken Einkaufsstraßen hat Lüttich bis heute etwas von DDR: schmale Hochhausriegel etwa am Boulevard d'Avroy, die an die Leipziger Straße in Berlin erinnern, nur ohne realsozialistische Plattenbautechnik. Dort findet sich auch das Restaurant »l'Industrie«. Es charmiert nicht nur mit seinem Namen, sondern auch mit der Einrichtung aus dunklen Holzbalken, Schmiedeeisen, Schummerlicht und weitgehendem Verzicht auf Schmuck:

Ganz wie einst die osteuropäischen Abfüllrestaurationen. Ins Obergeschoss ist gerade eine Horde rheinischer Burschenschafter eingefallen, unangenehm angetrunken, laut deutsches Liedgut grölend. Das Fremdschämen betäubt man mit einem großen Jupiler, Belgiens umsatzstärkstem Bier, gebraut in Lüttichs Randgemeinde Jupille-sur-Meuse. Dann kommen die *Boulettes à la liégois* – die Frikadellen-Stadtspezialität in süßsaurer Soße aus Sirup, Essig, Bier. Dazu, natürlich, die landesübliche Sättigungsbeilage. Zu Simenons Erbe in Lüttich gehören auch Speisekarten, auf denen Kalbsköpfe oder Nierchen à la Maigret locken.

Eine der versteckten Attraktionen der Stadt ist das Café »Les Olivettes« gleich am Maasufer, ein Gesangscafe. Mit Karaoke-Partygeplärre hat das nichts zu tun: Hier sitzt der Pianist live auf der winzigen Eckbühne, und wer spontan Lust hat, bittet ihn um eine Begleitmelodie, schnappt sich das Mikro – und singt ein oder zwei Lieder. Programm, Organisation? *Non.* Wer singt, der singt. Jeder kann sich anmelden, Hauptsache der Mann am Klavier kennt die Noten, oder man bringt sie mit. Die Kneipengäste auf den harten Caféhausstühlen trinken derweil ihren Kaffee oder das nächste Bier. Sie lauschen, sie applaudieren – oder sie kümmern sich nur am Rande um die Live-Volksmusik.

Viele einheimische Hobbysänger sind jenseits der 60, auch deutlich Ü70. Sie schmettern ihre Lieblingschansons in den kleinen, mit altbelgischem Mobiliar geschmückten Raum – so wie andere von ihren Alltagserlebnissen oder vom Krieg erzählen oder ihr Liebesleid wortreich beklagen. Sie tun das inbrünstig, mit großer Würde, uneitel, vor allem wie selbstverständlich. Man meint, ihr schweres Leben in den Gesichtern zu lesen, melancholisch und tapfer ertragen. Eine 93-Jährige war die Älteste bis vor ein paar Jahren, Mademoiselle de Paris nannte sie sich. Heute begleitet Philippe am Piano, ein 69-Jähriger mit Monstermoustache und strubbeligen Haaren, der da gebückt hockt wie Schröder bei den Peanuts. »La vie en rose« ist meist dabei und »Je ne regrette rien«.

Das »Les Olivettes« gibt es seit Mitte der 1960er Jahre. Solche Gesangscafés sind ein beliebter Bestandteil der frankophonen Kultur, in der Wallonie noch mehr als in Frankreich selbst. Lüttich hatte in den 1980ern noch fünf solcher Kneipen. »Aber Plastik setzt sich überall durch. Das Authentische stirbt aus.« Das sagt Win Janssen.

Der pensionierte Ingenieur und Hobby-Chorsänger aus Aachen geht seit 30 Jahren im Olivettes ein und aus und gehört deshalb, wie er sagt, »längst zur Stammklientel«. Bei Eugene, einem blinden Klavierspieler, habe er sich 1989 erstmals selbst getraut. »Down by the rain« sei dabei gewesen, Harry Belafonte, später auch französische Chansons. »*Formidable* haben sie mich gelobt«, sagt Janssen. Acht Jahre später hat er in Aachen das Projekt *Café Chantant* angeschoben. Neun Mal im Jahr kommt seitdem eine Gruppe Lütticher Sänger in die Szenekneipe *Egmont* nahe des Doms. Es ist jedes Mal brechend voll. Wenn die Aachener Lüttich verschmähen, kommt Lüttich eben zu ihnen.

Belgien, sagt Win Janssen, habe eine ganz andere Gesangskultur: »Wenn der Wallone vor Publikum ein Lied zum besten geben will, sagt er: ich gehe singen. Den interessiert gar nicht, dass er auf einer Bühne steht. Die Deutschen sagen: Ich habe einen Auftritt.« Die Unterschiede seien offensichtlich: »Der Deutsche will wissen, wie er gesehen wird. Und das merkst du dem auch an.« Wallonen kümmerten sich viel weniger um Außenwirkung: »Die sagen sprichwörtlich: Du musst nicht immer deine Zähne zeigen.« Dadurch gebe es »unheimlich viele Überraschungen, wen du so vor dir hast. Mal denkst du: typischer Arbeitertyp und es ist ein Hochschuldozent. Ich habe mir abgewöhnt, Leute zu taxieren. Du vertust dich sonst laufend.«

Das »Les Olivettes« war bis 2015 noch heruntergekommener als es das Image Lüttichs je geschafft hat. Positiv gesagt: Sehr authentisch, schrullig gestrig. Die Realität: Auch wirtschaftlich ging es mit dem Etablissement bergab. Dann hat ein schwules Paar das Haus gekauft und renoviert. »Vieles Alte ist weg«, sagt Janssen mit ein wenig Wehmut. »Für mich hätten nur die unglaublichen Toiletten verändert werden müssen.« Aber die »schöne Wohnzimmerstimmung sonntags nachmittags« sei geblieben. Dann ist die Zeit gekommen für die Besucher des Marktes La Batte am Maas-Ufer (früher Flohmarkt, heute mehr Wochenmarkt von Krempel über Obst / Gemüse und ortsübliche Delikatessen bis zu Kleintieren), den Tag im »Les Olivettes« weiterklingen zu lassen. Mit Liedern aus Zeiten, als die Antiquitäten von La Batte noch neu waren.

# Besondere Orte 8: In den dunklen Forsten – Ardennen, Namur, Dinant

Auf Rundreise durch die Ardennen – mit wallonischen Widerstandskämpfern, kulinarischen Beglückungen und reichlich Einsamkeit

Wälder, Wälder, Wälder. Und sonst: Fettwiesen, Obstwiesen, Buchenalleen, rundbemooste Eichenstämme, steile Schieferwände, Gehöfte aus Bruchstein, oft von der Zeit gezeichnet, vereinzelt Holzbauten. Und noch ein Château und noch ein Viadukt und noch ein Hinweis auf eine Abtei. Statt Leitplanken oft noch verwitterte Steinmauern aus der Anfangszeit automobiler Erschließung der Welt. Die Straßen immer kurvig, meist sehr eng. Wenig Verkehr. Mal ein Baumstammtruck, ein Gülletrecker, kaum Reisebusse. Man wähnt sich auf Expedition in einer fremden, sehr leeren Welt. Die Schilder Französisch, im Radio dudelt es Französisch – es ist wie ein Ausflug in die Cevennen, nur halt nicht so warm.

Die Ardennen sind in Deutschland der wahrscheinlich unbekannteste Landstrich in unmittelbarer Nähe. Die Gegend mit ihren dunklen, weiten Forsten ist ein menschenarmes schiefes Hochplateau, von tektonischen Verwerfungen tief zerfurcht, das ab dem Hohen Venn und Lüttich bis an die luxemburgische und französische Grenze reicht. Saure Böden und zerklüftetes Gelände lassen kaum Landwirtschaft zu, deshalb ist die Gegend überaus naturbelassen – dichte Flechten und Moose sind Beleg. In den Tälern mäandern, gezwungen von mächtigen Steilwänden, Flüsse wie Ambleve, Lesse und Ourthe: allesamt Kajak-Paradiese. Auf 15 000 Quadratkilometern sind Städtchen von 3000 Einwohnern schon Metropolen. Ortsschilder zu Weilern, die weniger Häuser haben dürften als der Name Buchstaben. Nicht zufällig liegt mittendrin Durbuy, das sich mit 400 Einwohnern als »kleinste Stadt der Welt« vermarktet. Es fällt auf: Viele auch sehr kleine Orte haben ihr Geschichtsmuseum: Thema Winter 1944, die fürchterliche Ardennenoffensive.

Über Namur, der Hauptstadt der Wallonie mit ihren 110 000 Einwohnern am Zusammenfluss von Maas und Sambre, thront unweit des örtlichen Châteaus die Zitadelle, einst Symbol von Macht und Verteidigungswillen. Unten am Maasufer, im mittelalterlichen Hospice Saint-Gilles, bis 1965 Krankenhaus der Stadt, befindet sich heute das wallonische Parlament, gegenüber der Regierungssitz Élysette. Hier kämpfte der sozialistische Ministerpräsident Paul Magnette, gleichzeitig Bürgermeister von Charleroi, im Herbst 2016 seinen Kampf gegen das Freihandelsabkommen CETA mit Kanada. Die Wallonie hatte gerade üble Erfahrungen mit einem großen Unternehmen gemacht: Die US-Baumaschinenfirma Caterpillar, größter ausländischer Investor der Region, hatte wider alle Versprechen angekündigt, 2000 Jobs zu streichen. War Magnettes Haltung antieuropäisch, belgienfeindlich? Die Flamen fanden ja: Die flandern-nationale Partei N-VA sprach von der »Sowjetrepublik Wallonien« und »Kampfföderalismus«, die flämische Zeitung *De Tijd* sekundierte: »Der halsstarrige Widerstand lehrt uns, dass es auch zu viel Demokratie geben kann.« *Le Soir* hatte Magnette dagegen für den Widerstand gegen die wirtschaftspolitischen Caterpillars der EU gelobt: »Die kleine belgische Region hat sich wie ein Erwachsener verhalten und nicht wie das willfährige Opfer eines europäischen Bulldozers. Das nötigt Respekt ab und wird vielleicht auch andere politische Mächte inspirieren.«

Im Maison des Desserts, in der angenehm bedächtigen Fußgängerzone, werden seit drei Generationen Nachtischspezialitäten kreiert. Die Auswahl ist Folter. Zum Glück gibt es die Trilogie de Gateau, drei schokoladige Kuchenstücke mit bunten Minimacarons an den Rändern, hauseigenes Nusseis dazu, Sahne, eine sehr vanillige Vanillesauce. Welch Genuss. Welch Zuckerschock. Noch eine Tüte »Biétrumé de Namur« mitgenommen, Karamellbonbons, eine Spezialität der Stadt. Im Haus der Nachtische kann man sich die Figur anfuttern, die zur Barockstadt Namur passt. Mit der man sich dann so langsam bewegt wie es dem Wappentier Namurs wesenseigen ist: im Schneckentempo.

Restaurantbesuche im Ardennerland geraten schnell zu Glückserlebnissen. In La-Roche-en-Ardenne landen wir im La Claire Fontaine, dem Restaurant eines Viersterne-Hotels. Im Hochwintergarten sitzt man fast in den blühenden Bäumen des Hotelgartens, ein Stück dahinter fahren die ersten knallroten Kajaks dieses Frühjahrs die Ourthe entlang. Im Speiseraum mit viel rotem Samt und Unmengen spätbarockem Krempel an den Wänden bedient Jean-Louis Son. Monsieur Son ist ein gertenschlanker Mann um die 70 im schwarzen Kellnerfrack mit fliegendem, dünnem Weißhaar. Von mutmaßlich Millionen Serviertaten ist sein Oberkörper dauerhaft eine Idee nach rechts gebeugt, und der Kopf noch ein Stück schräger abgeknickt. Das Menü flüstert er wie ein Conferencier, dazu ein warmes melancholisches Lächeln, dass man ihn umarmen möchte. Dieses angenehm Dienende, aus tiefstem Herzen, das man nicht lernen kann. Zwischendurch verschwinden Krümel und Geschirr vom Tisch, niemand hatte etwas bemerkt – Jean-Louis, der unsichtbare Geist, muss sogar Zauberhände haben.

Beim Ort Bouillon ganz im Süden, kurz vor Frankreich, wandern und kraxeln wir durch besonders dichte Wälder, Felsmassive dazwischen und manches Kloster, Herrenhaus oder ein schiefergedecktes Bruchstein-Gehöft. Über Stunden trifft man keine Menschenseele. Vom Pic du Diable, dem hervorragenden Teufelsfelsen, sieht man steil unten weite saftige Wiesen, das romantische Geschlängel der Semois, dahinter die hügelige Halbinsel Tombeau du Géant. Dort soll ein Riese begraben sein, den einst ein römischer Zenturio erschlug. Schon Römer und Kelten wussten die Ardennen zu schätzen, Franzosen sowieso und Herzöge des Deutschen Reiches. Leider nicht ohne Gewalt. »In Bouillon hat im Mittelalter jeder sein eigenes Süppchen gekocht«, sagt der Reiseleiter mit gewolltem Essensbezug.

Im Nachbardorf Corbion beim Zigarrenfabrikanten Manil (Tabakanbau in den Ardennen!) hat Charles de Gaulle einst seinen Fahrer kistenweise Rauchwaren einkaufen lassen. Die Einheimischen sind bis heute mächtig stolz, dass es ihre Großväter unterlassen haben, auf Nebensächlichkeiten wie Zoll oder Kontrolle zu achten. Nach der Nacht im betagten und voll-vertrödelten »Hotel de la poste«, wo schon Emile Zola und Napoleon III. ihre Häupter betteten, ruft Bouillons Kirche die Menschen mit der einenden Europahymne zur Messe. Leise gluckst und plätschert dazu die Semois vorbei.

Wohl denen, die von der Ardennenoffensive nicht betroffen waren. Anders als die Städte Bastogne, Rochefort, La Roche, Houffalize, Stavelot und gleich an der deutschen Grenze St. Vith, das komplett dem Erdboden gleichgemacht wurde, blieb Bouillon verschont. So ist ein anmutiges altes Städtchen mit einer viele hundert Meter langen Burganlage auf dem Bergfelsen erhalten geblieben. Wenn die Festungsmauern ockerfarben im Morgenlicht leuchten oder abends von Scheinwerfern angestrahlt werden, wähnt man sich um Jahrhunderte zeitversetzt.

Auch bis Dinant im Westen der Ardennen kam die Wehrmacht im Winter 1944 zum Glück nicht mehr. Die Kelten priesen das Maas-Tal hier einst als heilig. Später ließ Philipp der Gute, der unbarmherzige Herzog von Burgund, im 15. Jahrhundert 800 Einwohner Dinants im Strom ertränken, die Franzosen brandschatzten den Ort 1544 bis auf die Grundmauern und dann kamen auch noch die Deutschen zweimal, 1914 und 1940. Sie zerstörten drei Viertel der Bausubstanz und ermordeten 674 Einwohner. Man spricht von einer der »meist verwüsteten Städte Europas«.

Heute ist Dinant mit 13 000 Einwohnern ein angenehm hutzeliges Städtchen, charmant verwohnt, sehr schlank von Statur, weil eingequetscht zwischen steilen Felswänden beiderseits der Maas, die hier auf den Namen Meuse hört. Überall stehen bunt angemalte Riesensaxophone herum. Die Stadt ist stolz auf ihren Sohn Adolphe Sax, der 1842 das Instrument erfand. Im Centre

Culturel gibt es den Salle Sax, gegenüber die Bibliothek A. Sax, in der Rue Sax auch ein winziges Sax-Museum, Kneipen und Cafés mit Saxophone-Namen, wo man Saxo-Bier trinken kann. Hector Berlioz lobpries das Saxophon für seine »seltene Sonorität nahe der Grenze zur Stille«. Nur dieses Instrument, so Georges Bizet, könne »ungebändigte Leidenschaft gefärbt mit Zurückhaltung kombinieren«. Man isst in Dinant gern gesalzene Hartfladen. Wer davon Durst bekommt: Oben auf dem Berg thront die Abtei Notre Dame de Leffe. Von 1240 bis Mitte der 1950er Jahre wurde hier das bekannte Leffe-Bier gebraut.

Beim Örtchen Trois Pont findet sich am Rand der Straße ein schöner Beweis, dass der Belgier selten aufhübscht, sondern lieber zustellt: Eine unbenutzte Garageneinfahrt ist zugepackt mit Setzkästen en maxiature: darin betagte Gartenzwerge, Blumenkübel, Fußbälle, rostige Blecheimer, Krempel. Es scheint einen nationalen Zwang zu geben, jeden Raum wie einen Flohmarktstand mit alten Pretiosen vollzuladen. Das gilt sogar für Freiräume wie Vorgärten oder Höfe. Ein paar Kurven weiter plötzlich ein knatschbunter Freizeitpark mit Seilbahnen bis auf die Höhen, so betagt allerdings, dass hier wahrscheinlich schon die Oma gespielt hat. Das Alte, Betagte, Gestrige lebt in den Ardennen sein Leben weiter.

Die schroffe Schönheit dieser einsamen Welt hat ihren Preis: einen niedrigen. Und so tauchen seit der Jahrtausendwende verstärkt Holländer und Flamen als Investoren und Käufer auf; Mittelstand, der preiswert alte Gehöfte shoppt. Reich kauft arm: Das kennt man auch aus Ostdeutschland, kaum dass die Mauer gefallen war. Nach Huy wird es Kaufwillige trotz pittoresker Altstadt und dem mächtigem Fort direkt über der Stadt weniger ziehen. Am Ortsrand fristet das betagte AKW Tihange sein hoffentlich gesundes Restleben. Huy ist auch das Ziel eines der ganz großen Traditionsrennen der Radprofis: La Flèche Wallonne, der Wallonische Pfeil. Das Ziel liegt am Ende der Mauer von Huy (Mur de Huy), einem Anstieg von rund 1,3 Kilometer Länge mit Steigungen bis zu saftigen 27 Prozent.

# Seltsames Unileben: Interview mit zwei Brüssel-Studierenden

Schulen und Universitäten: Mit sechs Wochen in die Kita, mit 17 Jahren an den Campus. Und wie es sich in Brüssel studiert – ein Doppelinterview

Im Vergleich zu Deutschland ist es in Belgien einfacher, Beruf und Familie zu vereinbaren. Kita-Plätze gibt es fast für alle Vorschulkinder. 62 Prozent der Drei- bis Sechsjährigen (Deutschland knapp 30 Prozent) besuchen die Vorschule. Zuletzt waren sogar 23 Prozent der Unter-Dreijährigen (Deutschland: 7 Prozent) in einem Hort – vielerorts ist eine Betreuung schon ab sechs Wochen Lebensalter möglich. Die Angebote in der Wallonie sind noch besser als in Flandern. Zudem sind die Betreuungszeiten bis 18 Uhr jobkompatibler und die Kosten sehr gering.

Es schließt sich eine sechsjährige Grundschule (»Primarschule«) an statt der vierjährigen wie in vielen deutschen Bundesländern; danach folgen sechs Jahre Sekundarschule. Die Schulen gelten als stringenter, autoritärer, konservativer als in Deutschland, die Kinder angepasster. Der Unterricht beginnt um 8.30 Uhr, oft erst um 9 Uhr und dauert inklusive Mittagsbetreuung bis in den späteren Nachmittag. Die Kids sind meist acht bis neun Stunden in der Schule. Es gibt volle neun Wochen Schulferien im Sommer und sogar eine Woche Karnevalsferien. Autonom zuständig sind überall die Sprachgemeinschaften. In Brüssel gibt es mehrere Internationale Schulen und gegen happiges Schulgeld (pro Jahr über 10 000 Euro) auch eine »Internationale Deutsche Schule« (1803 gegründet) mit bilingualem Unterricht (Sachfächer auf englisch). Viele Kids haben die Hochschulreife, bevor sie 18 sind.

An den Hochschulen gibt es lockenderweise keinen Numerus Clausus, aber Studiengebühren von moderaten 600 bis maximal 1000 Euro jährlich. Etwa tausend Deutsche studieren in Belgien, insgesamt sind knapp eine viertel Million Studierende eingeschrieben. Einzelne Besonderheiten: In Lüttich kann man (in Kooperation mit der Uni Hohenheim) einen deutsch-französischen Bachelor in Wirtschaft machen, an der Hochschule Eupen einen Bachelor als Kindergärtner oder Krankenpfleger. Die Unis in Gent und beide in Löwen landen regelmäßig unter den Top 150 der Hochschulen weltweit.

Und wie geht studieren heute in Belgien? Sam Kirch, 27, Deutscher aus Hauset/Belgien und Laura Thelen, 28, Deutsche aufgewachsen in NL-Vaals, beide Orte nahe Aachen, berichten von ihren Erlebnissen. Kirch hatte zunächst Psychologie und Neuropsychologie in Maastricht studiert, danach Gerontological Sciences an der Vrije Rijksuniversiteit in Brüssel und ist heute in Köln Betreuungsassistent für demenziell veränderte Menschen bei der Arbeiterwohlfahrt und macht eine Psychotherapie-Ausbildung. Thelen belegte Internationale Entwicklungsstudien an der Wageningen University nahe Arnheim, machte dann ihren Politik-Master in Brüssel und arbeitet heute als Eventmanagerin in München.

*Gab es einen ersten Eindruck an der Uni in Brüssel, überraschend, prägend?*

Laura Thelen: Gleich in der Eröffnungsveranstaltung saß eine junge Belgierin neben mir, sie war gerade 17 und ich war 24, also quasi eine alte Frau. So kam ich der jedenfalls vor, sagte sie. Die sind alle wirklich krass jung in Belgien. Es war deutlich weniger zu lesen und zu arbeiten zwischen den Vorlesungen als in Wageningen. Und ich hab gestaunt, dass die Belgier das viel fanden. Aber dass Studenten über die Arbeitslast stöhnen, kenne ich aus vielen Ländern.

Sam Kirch: Schon beim Infotag an der Uni dachte ich: Oje, was ist das denn für ein altes Ding von Gebäude? Da soll ich jetzt hin? Da musste ich erst mal schlucken. Nicht schön alt, sondern mehr Plattenbau, verkommen fast schon und so grau. Als hätten da schon die Großväter studiert. Wie ein Krankenhaus wirkte das statt vorher die top-moderne Uni in Maastricht. Positiv überrascht hat mich dann schnell das internationale Flair unter den Studenten.

*Das belgische Studiensystem gilt als sehr verschult. Ist das so?*

Thelen: Ja, Belgien hat ein sehr schulisches System, fast nur Frontalunterricht, obwohl es mehr mündliche Prüfungen gibt als in den Niederlanden, das war sehr positiv und lehrreich. Das Studium ist in den Niederlanden heftiger, was Stoff und Erwartungen der Dozenten angeht. Fragen stellen ist in Brüssel ungewöhnlich gewesen, das war völlig neu für mich. Im niederländischen System wird man dazu ermutigt, Fragen zu stellen und zu reflektieren, in Belgien wird nur mitgeschrieben und weniger hinterfragt. Einmal habe ich den Lehrer mit einer Frage richtig aus dem Konzept gebracht. Gefragt oder sich an Diskussionen beteiligt haben sich oft nur die Ausländer.

Kirch: Ja, 80 Prozent Frontalunterricht, bei uns auch. Es gab immer eine Woche Vorlesung, dann drei Wochen eigenständige Arbeit. Das war gut. Die Atmosphäre in Maastricht ist viel relaxter und entspannter gewesen, das Verhältnis zu Professoren ist in Belgien distanzierter. Die Qualität in Maastricht ist viel höher an Equipment, Struktur, Dozenten. Beide Unis sind international orientiert. In meinem Semester in Brüssel waren Leute aus Griechenland, Zypern, mehreren afrikanischen Ländern, ich als einziger Deutscher, einige Belgier auch, klar.

*Fühlen sich die belgischen Studenten durch die große Internationalisierung wohl unsicher, zurückgesetzt, als Minderheit?*

Thelen: Bei mir waren die belgischen Studenten nicht in der Minderheit, und ich habe keine Unsicherheit mitbekommen. Das könnte daran liegen, dass Belgien schon lange ein sehr multikulturelles Land ist. Das Verhältnis zwischen Belgiern und Niederländern ist ja vorurteilbelastet. Wenn ich auf Niederländisch frage, hört man meinen niederländischen Akzent. Niederländer haben ja das Image direkt, offen, meinungsfreudig zu sein – und da ich mich an Diskussionen oft beteiligt habe, habe ich das damit bestätigt. Belgier sind kulturbedingt eher verschlossen und öffnen sich oft langsamer. Das verschulte Universitätssystem verstärkt das noch und hebt die Unterschiede der Studenten hervor. Ich habe auch in einer internationalen Studentenorganisation mitgearbeitet. Unternehmen haben gesagt: Belgische Studenten sind sehr jung, auch die Masterstudenten sind oft nicht reif für das Arbeitsleben. Denen fehle Erfahrung und Wissen, auch von außerhalb des Fachstudiums, da das Studium mit 17 Jahren angefangen und dann durchgezogen wird. Sich Zeit lassen ist die Ausnahme.

Kirch: Noch was kommt dazu: Bei meinen flämischen Mitbewohnern ist mir vor allem diese Sprachbarriere aufgefallen: Auch wenn die ganz gut Französisch sprachen, weigern die sich das zu sprechen. Daran sind nachher zwei meiner drei Mitbewohner bei der Jobsuche gescheitert. Brüssel ist halt sehr frankophon, wer sich da nicht auf Französisch einlassen will, wird nicht genommen und muss in Antwerpen oder Brügge suchen.

*Und das Studentenleben?*

Thelen: Von den 14 Leuten, mit denen ich in einem Studentenhaus gelebt habe, waren am Wochenende – alle weg! Alle zu Mama und Papa. Wenn alle Freunde zurückfahren, ist das verlockend, zudem sind viele Studenten in ihren Städten sozial, kulturell oder politisch sehr engagiert. Manche machen das auch noch, wenn sie zwei Jahre im Job sind. Freitags standen schon die Koffer an der Uni, weil die gleich gefahren sind.

Kirch: Ja, genau, so ist das da. Pendelstudenten. Ich war oft der Einzige, der da geblieben ist. Manche sind auch abends weg und morgens wiedergekommen. Von Studentenleben hab ich nicht viel mitgekriegt.

Thelen: Und montags kommen die dann mit Tupperdosen zurück mit Essen von der Mama. Manche für die ganze Woche. Ich hab' noch nie so viele Fertiggerichte gesehen wie dort. Warum fahrt ihr immer weg, hab ich gefragt, Brüssel ist doch so eine coole, fantastische Stadt: sonntags der unfassbare Gemüsemarkt am Gare du Midi, Openair-Salsa am Place Flagey, das afrikanische Viertel Matonge in Ixelles, und die größte Straße in der Innenstadt ist jetzt autofrei – wunderbar!

Kirch: In Brüssel gibt es wirklich alles. Die Stadt ist so faszinierend: Ich hab' im berüchtigten Schaerbeek gewohnt, mein Weg zur Uni ging durch ein ziemlich marodes Viertel, am Straßenstrich vorbei, rechts ab durch einen Tunnel – und du stehst mitten im schnieken Bankenviertel voller prunkvoller Bürogebäude. So ist Brüssel.

Thelen: Tja, und mich fragten die Mitstudenten: Was soll ich denn hier machen am Wochenende, in meinem Zimmer sitzen? Sogar eine Kommilitonin, die Tourismus studierte! Studentenleben am Wochenende ist nur für die Brüsseler – und die Ausländer. Viele sind nicht reif, nicht losgekoppelt, auch hier spielt das Alter und die Verbindung mit der Heimatstadt eine Rolle.

*Von Brüssel ist man ja in weniger als einer Stunde fast überall.*

Thelen: Ja, und es gibt da Vergünstigungen für Studenten unter 25 Jahren für die ohnehin schon günstigen Bahntickets, speziell auf das Pendeln abgestimmt. Und wenn du die belgischen Studenten fragst, wo wohnst du: Dann haben die alle den Wohnort der Eltern genannt.

*Wie unterscheiden sich die Kommilitonen, wer ist eifriger, lockerer, strebsamer?*

Thelen: Strebsamer sind die Niederländer und lockerer auch. Das liegt auch an der Integration der Studenten in ihrer Studienstadt.

Kirch: Ich fand die Belgier und Deutschen eifriger und auch strebsamer. Die Ehrgeizigsten waren die Belgier, am meisten eine

Frau, Doktor der Mikrobiologie, marokkanischen Ursprungs, die war extrem engagiert und interessiert. Viele Niederländer haben das Studium nicht so ernst genommen. Die Belgier sind oft verschlossener und ernster. In Maastricht gingen die belgischen Studenten ziemlich unter.

*Und wie war es all in all im Nachhinein?*

Thelen: Ich wollte unbedingt in diese sehr internationale Stadt, wo es gerade im Bereich Politik sehr viel zu lernen und erfahren gibt. Im Nachhinein war das eine meiner besten Entscheidungen und hat meine Erwartungen hoch übertroffen. Ich habe gelernt, Menschen offener zu begegnen, da man mit Vorurteilen oft daneben liegt.

Kirch: Ich bin ein Kind des Dreiländerecks: in Aachen geboren, in der Deutschsprachigen Gemeinschaft in Belgien aufgewachsen, habe in Deutschland Abitur gemacht und in den Niederlanden studiert. Um alles rund zu machen fehlte Brüssel, das Zentrum Europas. Eine sehr interessante Erfahrung, in dieser Stadt voller Widersprüche.

Thelen: Brüssel ist so bunt, voller Lebenslust, hat schöne und skurrile Seiten, vor allem ist es eine der verrücktesten Städte, in denen ich war. Ich vermisse die Stadt sehr und rate jedem, dort mal eine Zeit zu verbringen.

# Ja zum gewollten Sterben: Euthanasie

## Belgien ist bei der aktiven Sterbehilfe das fortschrittlichste Land der Welt

Wie jedes Jahr machen sechs Freunde und Freundinnen aus dem Raum Frankfurt eine mehrtägige Radtour. Dieses Jahr geht es an die belgische Küste. Hannes hatte das Ziel gewählt. Unterwegs erfahren die Radfahrer, dass es Hannes' letzte Reise sein soll. Er ist an der unheilbaren Nervenkrankheit ALS erkrankt und will in Belgien Sterbehilfe in Anspruch nehmen. Die Freunde sind starr vor Schreck. Bei der Ankunft in Ostende erfahren sie, dass der Arzt, der Sterbehilfe leisten sollte, selbst gerade verstorben ist. Ein kurioser Wink des Schicksals? Doch Hannes bleibt bei seiner Entscheidung, es wird ein Ersatzarzt gefunden. Todesspritze.

Hannes' Schicksal im Kinofilm »Hin und weg« (u. a. mit Jürgen Vogel) von 2014 hat viele aufgerüttelt. Und die Frage aufgeworfen: Belgien, da kann man einfach so hinradeln und sich die Spritze geben lassen?

In den meisten europäischen Ländern ist die Tötung auf Verlangen, also aktive Sterbehilfe, heftig strafbewehrt: bis zu fünf Jahre Haft in Deutschland und Österreich, in Irland bis zu 14. In Griechenland und Großbritannien wird Euthanasie sogar mit Mord gleichgesetzt. Verboten ist in vielen Ländern auch der assistierte Suizid (Beihilfe zur Selbsttötung). Allenfalls die passive Sterbehilfe ist mitunter gestattet – bei entsprechender Patientenverfügung in Deutschland, Österreich, Frankreich oder Slowenien.

In Belgien ist Euthanasie erlaubt. Das Gesetz zur Tötung auf Verlangen trat 2002 in Kraft, nach langen Debatten, abgesegnet durch das nationale belgische Ethikkomitee. Die Regeln sind strikt: Sterbewillige müssen zurechnungsfähig sein, der Wunsch muss freiwillig sein, überlegt und ohne äußeren Druck entstanden. Vorbedingung ist zudem eine medizinisch ausweglose Situation mit anhaltendem physischem und/oder psychischem Leid ohne Chance auf Heilung oder Linderung.

Vorgeschrieben ist ein eindeutiges Procedere. So muss der Arzt den Patienten über dessen Gesundheitszustand und Lebenserwartung sowie über therapeutische und palliative Möglichkeiten informiert haben. Beide müssen zu der gemeinsamen Überzeugung gelangt sein, dass es keine andere vernünftige Lösung (»solution raisonnable«) gibt. Der Arzt hat sich in mehreren Gesprächen, verteilt über eine angemessene Periode, mit dem Patienten über den andauernden Sterbewunsch auszutauschen. Zudem ist ein zweiter Arzt zu konsultieren. Der Sterbewunsch muss schriftlich aufgesetzt und unterschrieben sein. Und noch ein Sicherheitspuffer: Im Regelfall muss mindestens ein Monat zwischen Sterbewunsch und der Tat vergehen.

Jede praktizierte Tötung auf Verlangen wird bei einer 16-köpfigen Kontroll- und Evaluationskommission gemeldet. Die Kommission (acht Mediziner, vier Juristen und vier mit der Problematik unheilbar Kranker befasste Personen) beurteilt nachträglich, ob alle Verfahrensregeln erfüllt sind. Gibt es keine Zweidrittelmehrheit, geht der Fall an die Staatsanwaltschaft. Bislang ist in 15 Jahren erst ein solcher Fall bekannt geworden: Ärzte hatten 2015 in Antwerpen den Sterbewunsch einer 85-Jährigen befürwortet, weil ihre Tochter gestorben war und die alte Frau darauf selbst traurig, einsam und deprimiert nicht mehr leben wollte.

In den Niederlanden gelten (auch seit 2002) ähnliche Bestimmungen wie in Belgien, dazu seit 2009 auch in Luxemburg. Die Benelux-Staaten sind zudem die einzigen in der EU, die auch Kindern und Jugendlichen das Recht auf aktive Sterbehilfe einräumen. Seit 2014 ist Belgien sogar der erste europäische Staat, der für aktive Sterbehilfe keine ausdrückliche Altersgrenze mehr vorgibt (Niederlande frühestens mit 12 Jahren, Luxemburg ab 16). Voraussetzung ist neben dem Procedere wie für Erwachsene die Einwilligung der Eltern, dazu ein kinder- oder jugendpsychologisches Gutachten, das die volle Zurechnungs- und Urteilsfähigkeit des Minderjährigen bestätigt. Psychische Beweggründe sind anders als bei Erwachsenen ausgeschlossen. Die katholische Kirche und Palliativmediziner kritisierten die Ausweitung auf Jugendliche teils scharf, aus dem Vatikan kam die Stellungnahme, das Leben sei »heilig und muss immer angenommen werden«.

Im Jahr 2011 zählte die nationale Kontrollkommission 1133 Fälle angewandter Sterbehilfe, Tendenz deutlich steigend. 86 Prozent waren mindestens 60 Jahre alt, fast zwei Drittel an Krebs erkrankt. Beantragt wurde Sterbehilfe häufiger. In den ersten Jahren betrug die Bewilligungsquote kaum 50 Prozent, mittlerweile liegt sie nahe 80. Die Anträge kommen weit mehrheitlich aus bildungsstarken Milieus, etwa gleich viele Frauen wie Männer. Mittlerweile beträgt die Fallzahl pro Jahr über 2000. Damit hat jeder 50. Verstorbene in Belgien offiziell nachgeholfen, also etwa zwei Prozent.

Bei Minderjährigen rechnete man vorher mit einem Dutzend Fälle pro Jahr. Der erste Fall wurde dann im Herbst 2016 bekannt, mehr als zwei Jahre nach der Gesetzesänderung. Einer der Urheber der gesetzlichen Bestimmungen für Jugendliche war Jean-Jacques De Gucht von den flämischen Liberalen. »Wenn wir als Gesellschaft erkennen, dass Leiden keine Altersgrenze kennt, müssen wir auch zurechnungsfähigen Minderjährigen die Möglichkeit bieten, Sterbehilfe in Anspruch zu nehmen.« Allen solle das Recht zugestanden sein, »wenn sie eine der schwierigsten Entscheidungen ihres Lebens treffen müssen«. Beim ersten Fall handelte es sich übrigens um einen Teenager, nicht um ein Kind.

Das Leiden Todkranker ist meist so fürchterlich wie still. Und meist auch ihr leiser selbstgewollter Abgang. Für Schlagzeilen sorgten spektakuläre Fälle. Ende 2012 entschieden sich die taub geborenen, eineiigen Zwillingsbrüder Marc und Eddy V., die 45 Jahre lang gemeinsam gelebt hatten, für den gemeinsamen assistierten Tod. Sie hatten sich im elterlichen Haus ein Zimmer geteilt, machten gemeinsam eine Ausbildung zum Schuster und zogen später gemeinsam in eine kleine Wohnung. Sie hatten sich wohl arrangiert mit ihrem Schicksal. Doch dann begannen sie zu erblinden. Die Brüder entschieden sich, Sterbehilfe zu suchen.

Aber: Ist Taubheit (zumal gewohnt) und Erblindung ein ausreichender Grund, moralisch und juristisch? Der Bruder erklärte, die beiden »schleppten sich von einer Krankheit zur nächsten. Sie waren wirklich erschöpft.« Ein Nachbar sagte: »Die letzten zwei Jahre ihres Lebens waren die Hölle.« Ärzte der Klinik vor Ort lehnten das Sterbehilfegesuch zunächst ab – ein Zeichen, wie ernsthaft um die richtige Haltung gerungen wird. »Wenn jemand, der blind oder taub ist, ein Recht auf Sterbehilfe hat, sind wir weit von unserer Linie entfernt«, sagte ein Krankenhaussprecher. »Ich glaube nicht, dass der Gesetzgeber das mit ›unerträglichen Leiden‹ gemeint hat.«

Das Universitätsklinikum Brüssel willigte schließlich ein. »Unerträgliches Leid kann ebenso mental wie körperlich sein«, so ein Sprecher. Die Brüder seien unzertrennlich gewesen, hätten einander aber nicht hören und nicht mehr sehen können. Die Familie habe die Entscheidung mitgetragen. Marc und Eddy V. seien am Tag ihres Todes glücklich und ruhig gewesen, schrieb die niederländische Tageszeitung *De Volkskrant.* Die Leichen seien eingeäschert worden, die identischen Urnen liegen nun unter einem Grabstein – in Stille, im Dunkeln.

Nur wenige Monate später, im Mai 2013, nahm der todkranke belgische Medizin-Nobelpreisträger Christian de Duve, mit 95 Jahren Sterbehilfe in Anspruch. »Ich habe vor dem Danach keine Angst, denn ich bin nicht gläubig. Ich werde verschwinden, es wird nichts bleiben.« Seine Tochter berichtete nachher, ihr Vater sei sehr gelassen gewesen: »Er sagte uns Adieu und lächelte uns zu, dann ging er von uns.« 1974 hatte Duve mit zwei weiteren Forschern den Nobelpreis bekommen für die gemeinsamen Untersuchungen über die Struktur von Zellen.

Dazu kamen immer wieder komplexe Randfälle: Da war der zu lebenslänglich verurteilte Mörder und Sexualstraftäter, der (erfolglos) nach Euthanasie rief. Der Mann, der erst nach dem Tod seiner tief depressiven Mutter in einer Klinik von ihrer Sterbehilfe erfuhr und empört den EU-Gerichtshof anrufen wollte. Oder das katholische Seniorenheim im flämischen Diest: Alles war vorbereitet, die schwer leidende todkranke 74-Jährige mit Krebs im Endstadium inniglich verabschiedet von ihren Angehörigen. Dann ließ das katholische Heim den Sterbehilfe-Arzt kurzerhand nicht ins Haus. Würdelos musste man die arme Frau aus dem Haus in die Wohnung der Tochter schaffen und ein zweites Mal den Abschied einleiten.

Ein Erzbischof sorgte noch für Empörung hier und Applaus dort: Seiner Meinung nach habe eine katholische Pflegeeinrichtung durchaus das Recht, Euthanasie zu verweigern, trotz der Gesetzeslage. Insgesamt aber bleibt es erstaunlich, dass ausgerechnet in einem durch und durch katholischen Land wie Belgien die liberalsten Regeln der Welt gelten. Und ein Zeichen dafür, dass die politische Macht der Kirche in Belgien geringer ist als etwa bei uns.

Immer wieder diskutiert werden die Fälle von Sterbehilfe bei allein psychischen Leiden. Pro Jahr sterben nach offiziellen Statistiken etwa 60 Personen mit solchen austherapierten, hoffnungslosen Leiden. Das sind kaum drei Prozent aller Euthanasie-Fälle. Auch kritische Klinikpsychologen bezweifeln eine Notwendigkeit: Einsamkeit und allgemeine Depression dürfe kein hinreichender Grund sein. Der Vorsitzende der staatlichen Sterbehilfe-Kommission Wim Distelmans wendet ein: »Es handelt sich um Menschen, die schon seit Jahren verschiedene Psychiater aufgesucht, mehrere Arzneimittel eingenommen haben und nach vielen Jahren zu dem Schluss gekommen sind, dass sie noch stets unter unerträglichen Schmerzen leiden. Wer sind wir, dass wir als Mediziner sagen können, Du musst das noch einmal 20 Jahre lang aushalten?«

Auch in der Schweiz ist Beihilfe zum Suizid zwar nicht ausdrücklich erlaubt, aber doch geduldet: Helfer (etwa die umstrittenen Privatorganisationen Exit oder Dignitas) stellen das Mittel zur Selbsttötung bereit, der Sterbewillige muss es aber selbst einnehmen. Etwa 150 Ausländer wählen jährlich diesen Weg, knapp die Hälfte aus Deutschland. Prominente Nutzer waren 2012 der ehemalige Fußballstar Timo Konietzka, der 1963 das erste Bundesligator erzielte, und 2015 der Feuilletonist und Literaturkritiker Fritz J. Raddatz. Wie viele Gleichgesinnte Hannes aus dem Film »Hin und weg« in Belgien hat, ist nicht bekannt. Zahlen über solchen Suizid-Tourismus liegen nicht vor. Einige hundert Ausländer dürften es seit 2002 längst sein.

Ein belgischer Landeskenner sagt zur Sterbehilfe: »Seit das unter bestimmten Umständen erlaubt ist, sprechen alle über unser fortschrittliches Land. Aber es gab, wie anderswo wahrscheinlich auch, in Belgien schon immer Mittel und Wege. Allerdings wahrscheinlich mehr als anderswo.«

# Verkehre: Weltall-Autobahnen und kostenloser ÖPNV

Beleuchtete Autobahnen, preiswerte Bahnen, Busse zeitweilig mit Nulltarif und Beschilderungen, die oftmals verwirren – aber das Land vorzüglich erklären helfen

Belgien gilt vielfach als Transitland: hinein an der deutschen Grenze und nichts wie durch. Manche nennen Belgien auch ein zweistündiges Hindernis auf dem Weg nach Frankreich oder Richtung England, ob zu den Fähren in Ostende oder Zeebrügge oder zum Tunnel kurz hinter der französischen Grenze in Calais. Das Land ist unbekanntes graues Terrain auf dem Weg in die drei bekanntesten bunten Ausflugsstädte Brüssel, Brügge, Antwerpen.

Belgien macht es einem auch schwer: Wer auf der Autobahn etwa von Antwerpen (Französisch überraschenderweise: Anvers) kommend nach Lüttich will, liest Liège. Klar, da will ich hin, ist ja Wallonie, da heißt das so. Dann steht da nur noch Luik. Welche Stadt ist das? Luik heißt niederländisch Lüttich. Es gibt Brussel, Bruxelles, englisch: Brussels, das ist Brüssel. Bruges oder Brugge ist Brügge. Namur hört niederländisch auf den Namen Namen. Vielsprachigkeit als Erschwernis für Auswärtige: Manchmal wechseln auf Autobahnen auch Fernzielorte, nach denen man sich gerade so schön orientieren konnte. Gründe sind nicht direkt offensichtlich. Es liegt aber ganz einfach daran, in welcher Sprachregion man sich gerade bewegt. Das kann man mitunter auch hören: Auf der Autobahn von Aachen (oder Aken oder Aix-la-Chapelle) nach Brüssel (oder Brussel oder Bruxelles) wechselt auch der Fahrbahnbelag je nach Sprachregion – es rauscht stärker im flämischen Teil Belgiens. Aber besser man lernt: Mechelen heißt auf Französisch Malines und das wallonische Mons niederländisch Bergen. Da ist auch nicht jedes Navi firm.

Auf Provinzstraßen freut man sich überhaupt über Hinweise:

Die Ausschilderungen sind lückenhaft, oft stehen Richtungsangaben so, dass man sie gar nicht erkennen kann – oder erst wenn man gerade vorbeigefahren ist. Ob das als Übung zum Schulterblick dienen soll, ist nicht belegt. Auch Wanderwege sind eher nach dem Prinzip Zufall ausgeschildert: unübersichtlich, lückenhaft, schwer nachvollziehbar – ganz anders als im durchrationalisierten Holland nebenan.

Verwirrend? Zumindest ist es gewöhnungsbedürftig. Indes können gerade Straßenschilder sehr gut helfen, das Land zu erklären. Drei Beispiele: Auf vielen Landstraßen gilt, oft auch bei banalen Feldwegen, rechts vor links, zu erkennen am entsprechenden Hinweisschild. Das wirkt für Fremde nervig, ständig muss man aufpassen, weil man immer damit rechnen muss, dass man mit vielleicht 90 oder unerlaubten 100 Stundenkilometern auf der breiten, unbefahrenen Straße dahingleitet und plötzlich von rechts ein Trecker eingebogen kommt. Das ist auch Sinn der Sache: Achtsamkeit. Weil Treckerfahrer und andere Verkehrsteilnehmer immer mit Rasern rechnen (und seien es arglose Deutsche), biegen sie auch nicht einfach ab. Sondern vergewissern sich selbst trotz Vorfahrt – meist zumindest. Die Folge: An solchen Kreuzungen halten oft beide, man einigt sich per Lichthupe oder Handzeichen, gern von einem Lächeln begleitet. Eine höfliche Kommunikation. Der vorfahrtsberechtigte Deutsche wäre vielleicht drauflos gebraust. Auf seinem Grabstein stünde: »Aber er hatte Recht.«

Dann ist da, etwa auf der Ardennen-Autobahn, das Hinweisschild »Luxemb(o)urg«. Bürokratisch knapper kann man die Sprachenvielfalt kaum ausdrücken, höchstens noch durch Remersdaal / Remersdael (siehe Besondere Orte 4: Die Enklave Voeren / Fourons). Und zum dritten dies: Auf den belgischen Bauarbeiten-Straßenschildern ist links und rechts des Arbeiters mit der Schaufel je ein Haufen zu sehen. Das ist ungewöhnlich; in den meisten Ländern (Ausnahme etwa Sri Lanka und Brasilien) ist da, auch in Deutschland, nur ein Haufen abgebildet. Die Botschaft dort: Wir wollen hier arbeiten. Belgien ist genauer: Wir sind dabei zu arbeiten (und haben eben schon einen Teil weggeschaufelt). Schon das ist erfrischend sinnig, aber Belgien weiß sich noch einmal zu steigern. Das liegt an den blauen Bauarbeiten-Ende-Schildern, die noch weitaus verbreiteter sind als bei uns. Darauf ist, zumindest auf den alten Modellen, vielfach links unten ein kleines Restehäufchen zu sehen. Die Botschaft ist Nationalbekenntnis: Mag die Arbeit auch getan sein, ganz fertig sind wir nie. Belgien ist immer *work in progress.*

Berühmt ist die durchgängige, oft gelbliche Beleuchtung im dichten Netz der belgischen Autobahnen (zunehmend mit Lücken allerdings oder ab Mitternacht ganz ausgeschaltet). Das sorgt dafür, dass Belgien auf der Europa-Wetterkarte der ARD als gleißendste Erscheinung des Kontinents deutlich zu erkennen ist. Und Belgien ist dank der Autobahnen als ein Haufen gelber Striche sogar aus dem Weltall leicht zu identifizieren. Eine typische Großstadtlegende? Nein. Siehe hier: https://www.flickr.com/photos/thom_astro/31223973281/. Und wenn man diese dünnen gelben Stäbe sieht, denkt man da nicht auch an eine künstlerisch arrangierte Portion Pommes Frites? Die Beleuchtung der Autobahnen als leuchtendes Bekenntnis zum Nationalessen? *Form follows food.*

Etwa 150 000 Masten sind für die Autobahnbeleuchtung gebaut worden, die Stromkosten pro Jahr liegen bei 20-30 Millionen Euro. Sicher ist das ungewollt gutes Staatenmarketing (Alleinstellungsmerkmal) und ein selten blödes Argument für die Existenz der belgischen Schrott-Atommeiler. Wenn man an die deutsche Grenze kommt, ist mit einem Schlag alles düster. So sorgt Belgien dafür, dass Dunkeldeutschland auf Autobahnen schon an der Westgrenze beginnt.

Die belgischen Autobahnen sind besonders graue, leblose Bänder entlang oft trostlos leerer Felder und hässlicher Vororte, bei schlechtem Wetter unter einem uniformen Himmel mit tief hängenden Wolken. Manche meinen, das uniforme Grau diene vornehmlich dem Zweck, die riesigen grellbunten Werbeplakate besser herauszuheben. Sicher ist: Die Beleuchtung wurde in den 1950er Jahren eingeführt, um die horrenden Unfallzahlen zu senken. Heute im Zeitalter strahlender LED-Leuchtkraftwerke an den Autos ist die Belampung der Autobahnen ein Anachronismus und macht nur deshalb Sinn, weil die Straßen oft in auffällig schlechtem Zustand sind, vor allem in der Wallonie. Flutlicht an, dann muss man die Schlaglöcher nicht verfüllen. Tempo 120 einzuhalten (50 innerorts, Landstraßen: 90) ist schon aus Eigenschutz angezeigt.

Andernfalls kann es sowieso teuer werden und ruppig zugehen. Strafmandate kosten in Belgien viel Geld – innerorts nach dieser Formel: Überschreitung bis 10 km / h – pauschal 50 Euro; für jeden Kilometer darüber plus zehn Euro. Macht also bei beispielsweise Tempo 72 in der Stadt inklusive vieler Gebühren schnell über 250 Euro. Ab Tempo 81 (oder 61 in der 30er-Zone) wird der Führerschein gleich einkassiert, wie auch bei 161 auf der Autobahn (statt der erlaubten 120): Es folgen Gerichtsverfahren, Fahrverbot bis zu fünf Jahren und ein Bußgeld bis 2750 Euro. Wer auf Autobahnen nicht gleich zahlen kann, darf damit rechnen, dass der Wagen beschlagnahmt wird.

Bei anderen Verkehrsvergehen gibt es einen Wettlauf mit niederländischen Bestimmungen um europäische Rekordwerte: Falschparken Minimum 50 Euro, Handy am Steuer: 100, Überholen im Überholverbot: 200 aufwärts. Keine Warnweste im Wagen: bis 1375 Euro. Es werden fast dreimal so viele Fahrverbote wie in Deutschland verhängt, 2016 waren es 360 pro Tag. Zwei schwere Verstöße binnen drei Jahren führen automatisch zu drei Monaten Pause, drei sorgen für neun Monate. 20 Prozent dieser Fälle müssen alle Prüfungen neu machen, dazu kommt ein psychologischer Test.

Fußgänger im Straßenverkehr leben dagegen ganz anders als nebenan in den Niederlanden. Dort bleiben fast alle Autofahrer an Zebrastreifen stehen oder verringern ihre Geschwindigkeit schon spürbar, kaum dass sie einen am Horizont ahnen, als stünde auf Verstöße mindestens die Todesstrafe. In Deutschland gelten Fußgänger als Verkehrsakteure zweiter Klasse: Bestenfalls geduldet, ansonsten ignoriert. In belgischen Städten scheint es manchmal, als würde Jagd auf einen gemacht, vor allem in Brüssel. Oder als trüge man eine Tarnkappe. Abbiegende Autos quetschen sich trotz Fußgängergrün zwischendurch. Zebrastreifen – was ist das? Eine neue Designermarotte? Stoppt man als Autofahrer für einen Fußgänger, erntet man seine verdutzten Blicke: Wieso hält der, hat der eine Panne? Ist das eine Falle?

Wer in Deutschland mutwillig gegen Vorschriften im Straßenverkehr verstößt, bekommt Empörungsblicke, wird womöglich zur Rede gestellt oder angebrüllt. In Belgien ist das weniger verbreitet. Die Journalistin Marion Schmitz-Reiners hat es einmal so zusammengefasst: »Dutzende von Malen habe ich erlebt, dass Autos über die Bus-Spur fuhren, sich durch Absperrungen quetschten oder in entgegengesetzter Richtung durch Einbahnstraßen fuhren. Niemand findet daran etwas auszusetzen. Im Gegenteil: Man drückt den Verkehrssündern geradezu die Daumen, dass sie nicht erwischt werden, da sie ja nur das tun, was die anderen sich nicht trauen, obwohl sie sich eigentlich gerne trauen würden, aber gerade nicht den Mumm oder die Energie dafür haben.«

Autoverkehrlich ist Belgien das nördlichste Land Südeuropas, angeblich weil das Land die schlechtesten Autofahrer Europas hat. Bis in die 1960er Jahre gab es Führerscheine auch ohne Prüfung. »Die Belgier glauben«, schrieb die *Süddeutsche Zeitung* einmal, »sie würden hinter dem Steuer zu Italienern.« Vor allem in Brüssel mit seinem täglichen Autoinfarkt gelten Verkehrsregeln als schiere Theorie, die es im Namen des Individualismus zu ignorieren gilt. Aber es ist eben Brüssel; und Brüssel ist die internationalste Stadt Europas. Offenbar potenzieren sich nur die schlechten Angewohnheiten unter Autofahrern vielerlei Herkunft.

Das kleine Land ist auf den Hauptachsen sehr gut per Bahn durchgetaktet. Vielfach im Halbstundentakt sind die belgischen ICs unterwegs, meist über den Knoten Brüssel von Ostende nach Eupen, nach Namur / Charleroi, Luxemb(o)urg, Gent / Brügge / Ostende, nach Antwerpen und Hasselt. Die Züge sind eine Mischung aus deutschen Intercitys und Regionalexpress-Wagen, manchmal doppelstöckig. Dazu kommen Regionalbahnen (etwa von Spa nach Aachen), die teils noch Vorkriegscharme haben. Die Fernzüge haben eine Pünktlichkeitsquote um die 90 Prozent. Als der Wert im Dezember 2016 zwischenzeitlich auf 82 Prozent absackte, wurde das als Skandal gegeißelt und als neuer Tiefpunkt. Die Deutsche Bahn schafft seit Jahren um die 77 Prozent, wobei viele diese offiziellen Zahlen anzweifeln.

Auch beim Bahnfahren muss man sprachlich aufpassen. Im wallonischen Welkenraedt fährt der Zug laut Anzeige nach Courtrai, bei Löwen (Leuven oder Louvain) wechselt das Fahrtziel nach Kortrijk – das ist halt der flämische Name. Rund um das bilinguale Brüssel wechselt die Anzeige hin und her. Fehler kann man schnell bei den Aushängen am Bahnsteig machen: Anders als bei uns gibt es in Belgien keine Symbole für wochentags und sonntags, sondern zwei komplett verschiedene Pläne: für Montag-Freitag und das Wochenende. Wenn die Durchsage an einem wallonischen Bahnsteig einen Zug nach »Akenobannoff« ankündigt, geht es zwar in Richtung Sibirien, aber nur bis zum Aachener Hauptbahnhof.

Deutlich besser als in Deutschland funktionieren die Verspätungsanzeigen in den Bahnhöfen. Während bei uns »ca. 10 Minuten« angezeigt und gleichzeitig »15 – 20 Minuten« durchgesagt wird für einen Zug, der dann nach einer halben Stunde kommt, gibt es an belgischen Bahnsteigen seit vielen Jahren minutengenaue Anzeigen, und die auch schon 15 oder 20 Minuten vor Ankunft und nicht erst, wenn die planmäßige Ankunft vorbei ist. Und die belgischen Angaben stimmen fast immer. An der Küste fährt im Viertelstundentakt mit knapp 70 Kilometern Strecke die längste Straßenbahn Europas, die *Kusttram*, Deutsch: Küstentram. Sie erreichte 2016 mit 15 Millionen Fahrgästen einen neuen Jahresbestwert. Mehr als zehn Millionen Fahrgäste davon waren außerhalb der Sommersaison unterwegs, ein Beleg, dass diese Tramlinie neben ihrem touristischen Nutzen auch als Nahverkehrsmittel für Einheimische unerlässlich ist.

Prunkstück des belgischen Bahnwesens ist die Hochgeschwindigkeits-Trasse von Aachen nach Brüssel und weiter Richtung Paris. Die Werbung der französischen Privatbahn Thalys verspricht Köln – Brüssel in gut anderthalb Stunden, Aachen-Paris in gut zweieinhalb. Das ist die eine Seite. Die andere hat mindestens vier Schatten. Da sind zunächst mal die vielen Züge, die abgeschafft wurden, seit die Schnellzüge unterwegs sind. Bis in die 2000er Jahre fuhr ein preiswerter belgischer D-Zug im 2-Stundentakt von Brüssel nach Köln und retour. Eingestellt. Ein Nachtzug, der spät abends Aachen mit Lüttich verband, ist ebenfalls seit damals abgeschafft. Eine Direktverbindung zwischen den beiden Euregio-Städten Aachen und Lüttich, gerade mal 50 Kilometer auseinander, gibt es nicht mehr (abgesehen von dem teuren ICE und dem zusätzlich reservierungspflichtigen Thalys). Die letzte Chance, abends von Lüttich mit Umstieg in Welkenraedt per Bahn nach Aachen zu kommen, startet um 20.04 (umgekehrt 21.04).

Da sind zweitens die Tücken der Schnellstrecke selbst. Kaum eine Strecke in Europa dürfte so verspätungsanfällig sein. Manchmal fahren Züge in Brüssel pünktlich los, haben schon in Aachen mehr als eine halbe Stunde Verspätung und behindern danach Regionalzüge auf dem Weg nach Köln, so dass alle zu spät kommen. Oder ein deutscher ICE blockiert in Aachen gleich ein Gleis, weil die Stromumstellung auf das belgische System nicht funktioniert und das Glitzerding umkehren muss.

Drittens möchte man nicht ausrechnen wollen, wann sich die Schnellstrecke amortisiert haben könnte. Seit dem Bau 2009 fuhren auf der Strecke Aachen – Lüttich – Brüssel pro Tag anfangs sechs, später ganze neun ICE- und Thalys-Paare am Tag, seit Ende 2016 sind es elf: 22 Züge für ein neu gebautes Stelzenwerk entlang der Autobahn, für das halbe Kulturlandschaften zerlegt wurden und neue Brücken gebaut. Der Bau kostete inklusive Modernisierung der Strecke Lüttich – Brüssel mindestens zwei Milliarden Euro. Immerhin machen Flüge aus Deutschlands Westen nach Paris keinen Sinn mehr und Autofahrer auf der E40 von und nach Lüttich können staunen, wie schnell man auf der Schiene statt auf Asphalt unterwegs sein kann (bis Tempo 260). Und viertens: Mit jeder Fahrplanumstellung brauchen die Züge ein paar Minuten mehr. Aachen – Paris lag 2009 bei zweieinhalb Stunden, mittlerweile sind es zwei Stunden 48 Minuten. Das Preis-Leistungsverhältnis ist reziprok: Teurer wurde es gleichzeitig auch.

Seit Ende 2016 steht der staatlichen belgischen Eisenbahngesellschaft NMBS auf Beschluss der Föderalregierung eine Frau vor. Sophie Dutordoir ist offenbar ein mehrfaches Multitalent: Vor dem Bahnjob führte sie ein italienisches Delikatessengeschäft, nachdem sie in der Konzernspitze von Electrabel war, also mitverantwortlich für die Pannenmeiler Tihange und Doel. Davor war die diplomierte Philologin für romanische Sprachen in der Politik unterwegs: Kabinettschefin des flämischen Premierministers Wilfried Martens – als Wallonin.

Öffentliche Verkehrsmittel in Belgien sind deutlich preiswerter als bei uns. Zehn Bahnfahrten per IC (egal von wo nach wo) kosten mit dem Rail Pass 77 Euro (Stand 2017, Gültigkeit 1 Jahr). Man trägt vorher die Strecke ein und los geht's quer durchs Land, ob von Eupen nach Antwerpen oder von Knokke über Brüssel nach Genk. Senioren ab 65 zahlen sogar nur 6,20 Euro für eine Strecke hin und zurück. Für die anderthalbstündige Überlandbusfahrt etwa von Eupen nach St. Vith (mit dem »Venn Liner«) sind es ganze 3,20 Euro. Immer noch zu viel? Im flämischen Hasselt wurde Ende der 1990er Jahre sogar verkehrspolitische Revolution gemacht. Die Stadt, 70 Kilometer nordwestlich von Aachen, stellte gleich auf Gratisverkehr um. Einsteigen, losfahren und aussteigen, wo man gerade will. Nie mehr Ticketkauf, Entwertersuche, Tarifzonen, Kontrolleure. Nur noch Nulltarif.

1995 hatte Bürgermeister Steve Stevaert von den flämischen Sozialisten, damals 40, die Schnauze voll. Seine 72 000-Einwohner-Stadt stand vor dem Verkehrskollaps. Ein dritter Autoring müsse her, hatten die einfallslosen Stadtplaner gesagt. Unbezahlbar und umweltfeindlich, sagte Stevaert und setzte stattdessen auf Busse. Viel mehr davon, und dann alles umsonst. Bürgertum und Autolobby schimpften. Naiv! Grüner Spinner!

Im Juli 1997 ging die Transportrevolution los. Vorher gab es in Hasselt acht Busse und zwei Linien, die pro Tag kaum tausend Unentwegte nutzten. Bald fuhren 50 Busse auf 12 Linien. Die Zahl der Fahrgäste verdreizehnfachte sich. Straßen wurden zurückgebaut, es entstanden breite Radwege und kleine Platanenalleen. Schnell wurde die Luft besser, der Lärm geringer. Es gab weniger Unfälle und umgehend mehr Krankenhausbesuche, weil zuerst alte Menschen die verlässlich häufigen Busse ohne Preisdschungel zu nutzen liebten. Das Lebensgefühl war bald ein anderes geworden – ruhiger, geselliger, entspannter, erzählte Kim Tempels, Öffentlichkeitsreferentin in der Stadtverwaltung. »Gerade Alte haben sich zu Einkaufsgemeinschaften zusammengetan und fahren gemeinsam in die Stadt. Ein schöner sozialer Aspekt. Und viele Familien haben den Zweitwagen abgeschafft. Früher gab es Beschwerden über leere Busse, da hätten die Leute gemosert: ›Die fahren ungenutzt herum, und wir Bürger müssen das bezahlen.‹« Dann, berichtet sie, beschwerten sich Leute, weil Jugendliche am Wochenende in den Bussen Partys veranstalten. Sie fuhren stundenlang kreuz und quer ohne auszusteigen. Busfahren in Hasselt machte eben Spaß.

Die Busfirma kassierte jährlich pauschal etwa eine Million Euro von der Stadt, dazu weitere Zuschüsse von der Provinz. Diese Kosten und die entgangenen Fahrscheineinnahmen fing Hasselt durch erhöhte Gewerbesteuereinnahmen auf. Hasselt machte auch Auswärtige neugierig, das Shopping in seinen verwinkelten

Sträßchen mit den feuerroten Backsteinhäusern war schick geworden, Kneipen und Cafés boomten. Obwohl die Stadt bei den Einwohnerzahlen Belgiens nur Platz 19 einnimmt, hat sie sich seitdem auf einen stolzen vierten Platz der belgischen Einkaufsstädte hochgearbeitet – nach Brüssel, Antwerpen und Lüttich.

Ihren Stevaert nannten sie in Hasselt bald »Stevie Wonder«. Er machte Karriere erst als Provinzgouverneur, dann als Minister in der flämischen Regierung und wurde Parteivorsitzender. Andere Städte wie Tallinn, Portland und Seattle kopierten zumindest in Ansätzen das Hasselter Modell, auch Lübben und Templin in Ostdeutschland. »Weil wir kein Geld hatten, fuhr der Bus umsonst«, sagte Stevaerts, »das mag paradox klingen, aber es funktionierte.« Dann zog Hasselt im April 2013 die Reißleine – es gab andere Mehrheiten im Stadtrat mit neuen Deals, um die flämischen Rechten auszublocken, dazu angeblich horrend steigende Kosten. Seitdem ist in Hasselt Bus fahren nur noch bis 20 Jahre frei, ansonsten kostet die Einzelfahrt 60 Cent. Und vielleicht ist das Projekt ja nur ausgesetzt – bis zur nächsten Wahl. Hasselt wurde auch innerbelgisch Vorbild. In Gent sind seit April 2107 drei neue Elektrobusse innerstädtisch unterwegs: gratis.

Auch im Verkehrssektor vermag Belgien die Kunst der perfekt geplanten Improvisation zu belegen. Blicken wir zurück nach Lüttich während der Fußball-Europameisterschaft 2000: Die Organisatoren hatten das Stadion auszuschildern, alle wichtigen Zufahrtsstraßen in der sehr unübersichtlichen, verwinkelten und hügeligen Stadt. Deutsche hätten Klärungskomissionen einberufen, Pläne entworfen, Skizzen gemacht, am Ende hätte man vielleicht 132 Rechtsabbiegeschilder, 77 Linksabbiegeschilder und 91 für geradeaus errechnet und bestellt. Und, naja, am Ende hätte wahrscheinlich doch genau ein Linksabbiegerschild gefehlt, was einen Untersuchungsausschuss nach sich gezogen hätte, empörte Leserbriefe (»typisch Sozen: können nicht planen …«), politische Rücktrittsforderungen und Rechtfertigungen: »Die Verwaltung hatte uns ausweislich der Planungsunterlagen in der Fassung vom … über die Baustelle nahe der Unterführung bei … nicht in Kenntnis gesetzt…«

Anders Belgien. Da bastelte man ein paar hundert Schilder mit allem zusammen, Rechts-, Links- und Geradeauspfeile, verteilte sie an allen Kreuzungen und setzte den landeseigenen Pragmatismus in Kraft: Auf allen schicken Schildern wurden die falschen Richtungsangaben einfach mit braunem Klebeband abgedeckt. Das sah schäbig aus, klappte aber einwandfrei. Und am Parkplatz vor den Tribünendächern waren, als kleine ironische Zugabe, beide Seitenpfeile zugeklebt. Das war die analoge belgische Variante der GPS-Navigationsstimme: »Sie haben Ihr Ziel erreicht.«

# Besondere Orte 9: Heavy Metal in der Spielzeugstadt Mechelen

Mechelen: Eine kleine Gemeinde in Flandern mit drei sehr verschiedenen Highlights. Sie ist besonders familienfreundlich, beherbergt die älteste Glockenspielerschule der Welt und hat seit 2017 mit Bart Somers den weltbesten Bürgermeister

Glocken? Machen Ding, machen Dong. Sie schlagen die Zeit, gliedern den Tag. Erfunden haben sie die Chinesen, vor 4000 Jahren. Karl der Große ordnete Ende des 8. Jahrhunderts an, alle Gotteshäuser damit auszustatten. Fortan nutzten die Kirchen sie als Machtsymbol: Wir sagen, was die Zeit geschlagen hat. In unseren säkularen Zeiten ist das Geläut unbeachteter geworden oder es geht gleich im Alltagslärm unter. Glocken können auch scheußlich nerven: Das schönste Hotel wird zum Horror, so man vor einer Kirche früher als gewollt wach wird mit ding und mit dong. Sonst ist noch der Glöckner von Notre Dame bekannt, allerdings nicht für sein feingliedriges Spiel.

Mehrere Glocken im Verein gelten als Instrument. Das heißt dann Carillon und ist das gewichtigste Instrument, das die Welt kennt. Erfunden wurde es im 14. Jahrhundert, 1510 entstand das erste mechanische Glockenspiel mit Stiftwalze und mehreren Glocken verschiedener Größe im flämischen Oudenaarde, südlich von Gent.

Glockenspielen kann man lernen. Oder in Mechelen, zwischen Antwerpen und Brüssel gelegen, einfach probieren. Arno aus Köln, 7 Jahre alt, traut sich sofort. Hoch oben im St.-Rombouts-Turm der Kathedrale dürfen auch Kinder mit ihren kleinen Fäusten die Holzstöcke des Manuals bearbeiten. Eine Gaudi. Timothy, der junge Absolvent der Königlichen Glockenspielerschule in Mechelen, führt die Kinderhände. Eine kurze Melodie erklingt. Arno strahlt, die Mama lächelt. Dann lässt Timothy den »Tanz der Mägde« folgen, Ganzkörperarbeit (Pedale inklusive) zu sehr anspruchsvoller Partitur: Ding – Dong – Wumm – Dingeling – Whumm – Whooommmm: Heavy Metal aus dem Vorgestern. Und es ist wie immer: Die ganze Stadt hört zu.

Spieler wie Timothy lernen hier, in der Glockenspielakademie, gegründet 1922 und damit weltweit die erste ihrer Art. Mechelens Stadtglockenspieler Eddy Mariën weiß um die körperliche Arbeit: »Ich brauche kein Fitness-Studio, das Carillonspiel hält mich in Schwung.« In Deutschland gibt es etwa 40 Glockenspiele, das größte, sogar europaweit, findet sich in Halle / Saale mit 78 Glocken. Im kleinen Flandern gibt es allein 60 Carillons, die mit Abstand höchste Dichte weltweit. Viele der Carilloneure kommen immer mal wieder nach Mechelen, um ihr Können zu verfeinern.

Der Turm der gotischen Kathedrale ist das Wahrzeichen der Stadt, 97 Meter hoch, 538 ausgetretene Steinstufen Wendeltreppe. Unterwegs, nach 160 Stufen, hatten wir in der Krankammer samt ihrem riesigen hölzernen Laufrad Halt gemacht. Ein Dutzend Menschen lief darin bis 1930 hamsterartig Akkord, wenn mal wieder Material und Glocken in die Höhen zu hieven waren. Die größte Glocke heißt Salvator, wurde 1498 gegossen und wiegt 8,8 Tonnen. Die gleich zwei kompletten Glockenspiele von Mechelen (insgesamt 98 Glocken) kommen auf 78 Tonnen, das sind etwa 50 normale Autos. Seit 2014 ist das Glockenspiel von Mechelen Unesco-Weltkulturerbe.

Hier oben üben die Absolventen, was sie weiter unten in ihrer Schule gelernt haben. Und es klingt, donnert, dröhnt oft in dieser Stadt. Man muss als Mann nicht Klavier spielen können, um die große Liebe zu beeindrucken. Auch Carillons zeigen Wirkung: In der Filmkomödie »Willkommen bei den Sch'tis« hämmert der Held Philippe hoch oben auf dem Glockenturm von Bergues nah der belgischen Grenze »I just called to say I love you« in die Manuale – und wird von seiner Angeschmachteten im Wortsinn erhört. Luc Rombouts, selbst einst Schüler in Mechelen und heute Chefcarilloneur in Löwen, sagt: »Das flämische Carillon ist der mittelalterliche Vorläufer von Spotify und kann heutzutage, 500 Jahre später, noch immer die Herzen einer ganzen Stadt anrühren.« Rombouts erzählt, er spiele Lieder von Bach bis Lady Gaga, auch mal arabische Weisen und südamerikanische. Mit einem Kollegen bildet er das vierhändige Duo »Bell's Angels«.

Die Stadt der 300 denkmalgeschützten Renaissancegebäude ist noch aus einem anderem Grund bemerkenswert. Hier funktioniert Integration offenbar vorbildlich, und das liegt an Bürgermeister Bart Somers. Der Liberale, seit 2001 im Amt, leitet seine Stadt mit dem gelungenen Spagat aus Unnachgiebigkeit und intensivem Kümmern. Die Formel: Nur die Zukunft zähle, nicht die Herkunft.

Dealer, Hehler und Kleinkriminelle werden gnadenlos verfolgt, Videoüberwachung und Polizeipräsenz sind massiv ausgeweitet. »Wir haben mehr Kameras im öffentlichen Raum als jede andere Stadt in Belgien«, sagt Somers, Spitzname Mr. Zero Tolerance. Gleichzeitig ist da sein vielfältiges Engagement, die 138 Nationalitäten der Stadt mit immerhin 20 Prozent Muslimen zu handeln. »Zu viele Städte in Europa sagen, sie würden die Vielfalt lieben, aber tatsächlich leben sie in einer Art Apartheidsystem.« Die meisten Städte bestünden aus »monokulturellen Inseln«, das sei der Nährboden für Radikalisierung ausgegrenzter und gelangweilter Jugendlicher.

Somers hat sehr genau beobachtet, wie junge Muslime in den belgischen Vorstädten für den IS angeworben werden. »Das funktioniert wie eine Sekte«, erklärte er der *Zeit,* »junge Menschen schauen zu einem Vorbild auf und bekommen gesagt, es sei schlecht, Freunde zu haben, die keine Muslime sind. Und dann heißt es, die muslimischen Freunde seien nicht gut, weil sie nicht dem wahren Glauben folgen. Am Ende werden die Jugendlichen vollkommen isoliert und manipuliert.« Also: niemals Isolation zulassen. Kontakte suchen und Gemeinschaftlichkeit, soziale Kontrolle, soziale Angebote, multikulturell gemischte Schulen, Förderung von Nachbarschaftsprojekten, Investitionen in arme

Viertel. Ziel, sagt Somers, sei ein Klima des Vertrauens. »Wenn jemand sieht, dass ein Jugendlicher gefährdet sein könnte, kann er ins Rathaus kommen, denn er weiß, dass der Bürgermeister die Familien dieser Jugendlichen nicht als Terroristen, sondern als Opfer und als Verbündete sieht.«

Alleine aus dem Nachbarort Vilvoorde, nur halb so groß wie Mechelen, zählt die Statistik 28 junge Menschen, die nach Syrien gegangen sind. »Und aus meiner Stadt? Niemand! Wir haben unsere Kinder beschützt, und da bin ich wirklich stolz drauf.« Im Februar 2017 wurde Somers von der *City Mayors Foundation* in London zum »World Mayor 2016« gekürt wegen herausragender Verdienste um Integration. Weltbürgermeister.

Auch im Ranking »European Cities of the Future« landete Mechelen zuletzt in der Top Ten europäischer Kleinstädte. Und dann ist da noch die Kampagne »familienfreundlichste Stadt Flanderns«: Bei ausgearbeiteten Stadttouren schleifen nicht die Alten ihre quengelnden Kids mit, sondern die Kinder sind Fremdenführer ihrer Eltern. Bei einer Verkostungsrallye bekommt man in diversen Geschäften stadtspezifische Schokolade oder Kekse in Turmform geschenkt oder ein Stück Apfeltorte, gebacken mit Mechelener Golden Carolus Bier (das seine köstliche 9-Prozent-Kraft pur allerdings besser entfaltet). Infomaterialien haben kinderspezifische Sagengeschichten, kleine Aufgaben und Suchrätsel. Am hübschen Grote Markt entdecken wir am Rathaus das Vorzeige-Kinderklo der Stadt: Alles kleiner und tiefergelegt mit besonders niedriger Tür, damit bloß kein Erwachsener leicht da rein käme.

Es gibt ein Spielzeugmuseum und das Abenteuerland Technopolis, ein Mitmachzentrum für Forschung und Technik. Da blinkt es, klingt, tutet, scheppert, surrt. Draußen horcht der kleine Arno plötzlich auf. »Sind das wieder unsere Glockenspieler?« fragt er unvermittelt, als ein neuer Klangteppich auf die Stadt niederschwebt. »Und die hört man bis hierhin? Überall?« Ja, sagen wir, in ganz Mechelen. »Echt?« Er zögert einen Moment. »Na, wie gut, dass wir uns da oben so viel Mühe gegeben haben.«

## Besondere Orte 10: Das Licht der Küste

Ein zubetonierter Landstrich von abgrundtiefer Hässlichkeit, auf den ersten Blick. Seine eigene Magie wirkt auf Künstler wie eine Muse.

Man kann sich der Situation mathematisch nähern: Rund 400000 Betten in Hotels, Pensionen und Privatwohnungen gibt es an der belgischen Küste. Bei 69 Kilometern Küstenlänge von der niederländischen Grenze mit dem Naturschutzgebiet Het Zwin (»internationaler Flughafen für Vögel«) bei Cadzand und der Grenze zu Frankreich nahe Dünkirchen käme man auf 5,8 Betten pro Meter Strand. Das wäre recht eng. Also hat man die Betten senkrecht geschichtet, in Hochhäusern, in Hochhauszeilen, in Hochhausstädten.

Belgiens Küste ist grottenhässlich. In diesen abstoßenden Betonriegeln aus den 1970er Jahren wohnen und urlauben Menschen, vermutlich sogar freiwillig? Ein Betonklotz reiht sich hinter den breiten Strandbegleitpflasterungen an den nächsten, acht- bis zehnstöckig, vereinzelt auch mehr. Baumeister des einst real existierenden Sozialismus müssen entweder gelb vor Neid geworden sein oder haben hier Fortbildungskurse in Abschreckungsarchitektur gemacht. Ein Ort sieht aus wie der andere: ob Blankenberge, de Panne, Marienkerke, Middelkerke oder auch Nebenkerke, so es das gäbe, Westende wie Ostende.

Obwohl, wenn man durch Ostende schlendert, merkt man gleich: Hier ist doch etwas anders. In der 70000-Einwohnerstadt gibt es immerhin den großen Hafen, der das uniforme Grauen unterbricht; dafür sind die Monumentalklötze oft noch höher. Am Anfang der Strände gleich hinter dem Hafen wurde 2015 die Schlussszene der wundervollen Komödie »Das brandneue Testament« gedreht. Mancher Kinobesucher hat sicher gehofft, das abstürzende Flugzeug würde tatsächlich in die Häuserzeilen krachen – so wären ein paar Grauensbauten verschwunden gewesen. Die Geschichte nahm ein gutes Ende. Bislang auch nebenan: Direkt hinter der französischen Grenze um die malerische Küste bis Dünkirchen stehen seit Jahren Investoren und Baufirmen in den Startlöchern, um nach belgischem Vorbild zu bebauen. Doch noch sind die Widerstände zu groß.

Im Nordosten, jenseits der Grenze ab Cadzand, schließt sich die niederländische Küste an: Die kennen aus Deutschlands Westen alle – und sei es aus der Kindheit. Man fuhr in den Ferien mal eben für ein Wochenende nach Zeeland: Renesse, Oostkapelle, Vrouwenpolder. Da gibt es romantische Dünen, weite (wiewohl überfüllte) Campingplätze, Sandidyll, Kinderglück. Alle fahren und fuhren wie die Lemminge nach Holland, um dort überraschenderweise Nachbarslemminge zu treffen. An die belgische Küste fahren Deutsche viel seltener. Man braucht dafür ein dickes Fell, etwas Selbstironie oder ausgeprägten Individualismus. Ausgerechnet Individualismus, wenn es in die Massenquartiere geht.

An die holländische Küste kommt man nur sehr umständlich per Zug, und man braucht man das Auto auch vor Ort. Nach Ostende geht es bequem per Zug, nur einmal umsteigen ab Köln. Und entlang der belgischen Küste geht es weiter mit der *Kusttram*. Sie pendelt entlang der gesamten Küste von Knokke-Heist bis De Panne und gilt als längste Straßenbahn der Welt: 68 Kilometer Strecke, 69 Haltestellen, sommers im 10-Minutentakt, winters alle 20 Minuten. Das Tagesticket kostet (2016) schlanke 6 Euro, fünf Tage 17. Zeitweilig geht die Fahrt, zudem rasend schnell, direkt am Meer entlang, ein pittoreskes Erlebnis, bei Sonnenuntergang nahe der Magie.

Die Küstenstraßenbahn fährt seit Ende des 19. Jahrhunderts. »Die Tram hat die Küste gemacht«, sagt im Ostender Mu.Zee (Museum aan Zee) die Fremdenführerin Leen vor einem mächtigen Foto, das von der Veranda des Gründerzeit-Spielcasinos die Szenerie vor fast hundert Jahren zeigt. Ostende war damals längst ein ganz großes Seebad für die feinen Herrschaften. Man flanierte durch die Wandelgänge entlang des Strandes Richtung Sommerpalast der belgischen Könige und zockte im Casino unter Wandmalereien von Paul Delvaux. Über den Konzertsaal des Casinos soll Herbert von Karajan einmal gesagt haben: »Die beste Akustik der Welt.« Casino, Palast, Wandelwege – alles ist heute noch fast wie damals. Daneben die Pferderennbahn »Wellington Hippodrom«, eine pittoreske Ansammlung architektonisch kühner, geschwungener Tribünen und Richtertürme, bernsteinfarben, fast weiß. Der Schah von Persien war gerne hier.

Und noch etwas ganz eigenes gibt es hier, vor allem in Ostende. Dieses Licht! Ein wundervoll klares Licht. Im Winter noch mehr als im Sommer, wenn Familienurlauber sonder Zahl die Szenerie beherrschen. Dann umweht einen der Duft von Salz, Waffeln, Frittenfett und Sonnencreme; dem Licht kann das nichts anhaben. Diese Weite. Diese Konturen, besonders abends. Das Meer reflektiert alles. Ostende strahlt.

Für Künstler wirkt der Ort mit seinen maritimen Energien offenbar als natürliche Muse. René Magritte hat hier gemalt und Keith Haring. US-Soulkomponist Marvin Gaye (1939 – 1984) lebte zwei Jahre in Ostende und komponierte hier 1982 seinen letzten Hit *Sexual Healing*. Aus Ostende stammen die Maler Leon Spilliaert und der Avantgardist James Ensor, »der beißende Kritiker des Bürgertums, der wüste Anarchist« (so einmal die *Neue Zürcher Zeitung*), die hier nach der vorletzten Jahrhundertwende ihre Werke schufen, als Ostende in Blüte stand. Ensors Wohnhaus ist heute ein kleines Museum, in einem Park steht an einer Ensor-Büste sein Lebensmotto: *Pro luce nobilis sum* – was doppeldeutig übersetzbar ist: Aus dem Licht bin ich hervorgegangen, durch das Licht bin ich berühmt geworden.

Ensor bestach mit burlesken Phantasmen, schräg, immer unerwartet, mit absurdem Humor. Ein Humor, wie ihn die Flamen heute noch gern für sich reklamieren, abgedreht, umgedreht, grotesk. Ensors wundervoll böses Monumentalwerk »Der Einzug Christi in Brüssel« mit Jesus als Hauptfigur eines hippen Karnevalsumzuges hängt heute im Getty-Museum in Los Angeles. Im Ostender Mu.Zee ist ein Tuchdruck in Originalgröße aufgespannt. Ein Bild Spilliaerts zeigt kaum mehr als eine monochrome dunkelblau-schwarze Fläche. Erst bei genauem Hinsehen erkennt man in der Mitte so etwas wie eine Farbabstufung, offenbar die Küstenlinie. Die Museumsführerin sagt dazu: »Das hat er mit 17 gemalt. Wenn mein Kind in dem Alter so malen würde, ginge ich mit ihm wohl zum Psychiater.« Flämischer Humor.

James Ensor ist im Museum auch auf einer anrührenden zeitgenössischen Fotografie von 1933 zu sehen – mit Albert Einstein beim Gartenbier im Nachbarort de Haan. Dorthin war Einstein vor den Nazis geflüchtet, bevor er in die USA emigrierte. De Haan, zehn Kilometer von Ostende, eine Viertelstunde mit der Tram, ist anders. Statt Beton-Uniformität hübsche, teils mondäne Häuser im Belle Epoque- und Landhausstil, mit schicken weißen Villen, altem Fachwerk und späterem Scheinfachwerk, inklusive so manchen Reetdächern wie mit der Hundebürste gestriegelt. Hier gab es schon vor über hundert Jahren strenge Bauvorschriften – ein Segen! Geblieben ist eine Oase, von Wäldern und Dünen gesäumt.

Auf de Haans Strandpromenade flaniert man an der Ferienresidenz Golf vorbei, die Bars heißen Rimini und St.-Tropez, der Friseur Instituut. Am Strand von Coq sur Mer, wie der Ort einst hieß, als noch mehrheitlich die frankophile Hautevolee hier sommerfrischte, sind kommunale, einheitliche Windschutzmatten angebracht, fest verankert, eine charmante Idee. In einem kleinen Park lächelt mit energischer Freundlichkeit Albert Einstein, als lebensgroße Figur auf einer Parkbank sitzend. Das Wartehäuschen der Tram, die seit Ende des 19. Jahrhunderts hierher fährt, ist im Art-déco-Stil. Die mittelalterliche Prachtstadt Brügge ist gerade mal 15 Kilometer entfernt. Von einer Düne kann man schon die vielen Kirchtürme ausmachen.

Wenn man in einem der Hochhäuser wohnt, macht es nichts, dass um einen herum nur Hochhaus ist: Der vieltausendfach exklusive, unverbaute Panoramablick über Strand und Nordsee von hoch oben ist fantastisch. Dicke Möwen kommen auf dem Fenstersims zu Besuch. Es ist ruhig, das Meeresrauschen wirkt eher wie ein Meeressäuseln. Hochhäuser ermöglichen vielen ein solches Erlebnis, nicht nur Gutverdienern mit Privathaus oder dickem Portemonnaie für teure Apartments. Und die armen Reichen erleben das alles nur vom Parterre aus.

Die Strände, vor allem südwestlich von Ostende Richtung Frankreich, sind ohnehin ein endloser breiter Traum, zig Kilometer nichts als Sand. Jemand hat das mal »belgische Sahara« getauft. Viele Strandkabinen, emsig genutzt zum Umziehen, lassen auf eine gewisse belgische Prüderie schließen. Nacktbaden ist kaum bekannt, nur im Ort Bredene gibt es ein FKK-Terrain. Beim Badeausflug am Strand sind die Sinne, vor allem die Augen, aufs Meer gerichtet. Ob hinter einem schicke Belle-Epoque-Villen sind oder belgische Einheitshochhäuser, ist schnell egal.

In Sint-Idesbald bei de Panne lebte seit 1945 fast ein halbes Jahrhundert lang auch der Surrealist Paul Delvaux, dem heute hier ein hübsches, kleines Museum gewidmet ist. Die Küste regt die Phantasie und Sinne an. Auch Rainer Maria Rilke hat hier zeitweilig gelebt und geschrieben. Im Sommer 1936 trafen sich in Ostende viele Dichter aus Deutschland und Österreich, heimatlose Juden und verfolgte Exilliteraten, noch unsicher, wohin sie flüchten werden müssen: Egon Erwin Kisch, Ernst Toller, Irmgard Keun, Arthur Koestler, der mondäne Erfolgsschreiber Stefan Zweig oder der leberkranke Trinker Joseph Roth. Ostende war Fluchtpunkt und Badeort zugleich, hinter ihnen das Land, in dem die Bücher brannten, vor ihnen die Fähren nach Dover, Beginn der Sehnsuchtsroute nach Amerika. Bis auf den reichen Zweig wohnten die Literaten im bahnhofsnahen Hôtel de la Couronne. Ostende war ein Treffpunkt in völlig ungewisser Zeit, in den Cafés Flore und Flynt debattierten, tafelten und zechten sie bis tief in die Nacht. Roth schrieb über seine Zwischenheimat: »Es war schon spät im Sommer, es war schon ein sehr alter, ein sehr müder Sommer, kurz vor dem Herbst. Der Sommer glich selbst einem alten Juden, der Sommer selbst schien sich auf dem Friedhof ausruhen zu wollen. Milde war er, gütig und von goldener Weisheit.«

Ostende bringt auch heute noch anerkannte Künstler hervor. Von hier stammen der Karikaturist Kamagurka, der auch für zahllose deutsche Blätter zeichnet und der in Belgien bekannte Aktionskünstler Peter Van Heirsele, alias »Herr Seele«. Über die Belgier sagt er: »Wir sind surrealistisch bis auf die Knochen, und darauf sind wir stolz.« Van Heirsele freut sich, dass Ensor und er am gleichen Tag geboren sind, wenn auch mit 99 Jahren Unterschied. »Ich spüre eine starke Seelenverwandschaft. Kamagurka und ich sind die Erben des Surrealismus und Dadaismus.«

Dadaistisch wirkt auch der Stadtname. Warum heißt der Ort an Belgiens Westende Ostende? Weil Ostende einst am östlichen Ende der ehemaligen Insel Testerep lag, die ab dem 12. Jahrhundert eingedeicht wurde.

## Sportnation – im Zweifel auf Englisch

»Belgium vor – noch ein Tor«: Im Sport helfen dem Land Anglizismen, Sprachprobleme zu vermeiden.

Es ist wohl einmalig auf der Welt, dass Fußballfans ihr Nationalteam nicht in der Landessprache (oder einer der Landessprachen) anfeuern, sondern in neutralem Englisch: »Belgium … Belgium …« So geht das in Belgien. Man stelle sich vor, deutsche Fans riefen »Germany, Germany …« oder die genauso dreisprachigen Schweizer »Switzer … Switzer … Switzerland«. Auch auf den belgischen Trikots steht Belgium, ganz offiziell. Welche Alternativen gäbe es? Zweisprachig sähe doof aus. Und würde sich arg kakophon anhören. Nur eine Sprache? Dann würden die anderen wegen der großen Wichtigkeit des Themas einen Volksaufstand machen. Belgische Spieler twittern auch durchweg auf Englisch. Möchte man das von Lothar Matthäus oder Lukas Podolski erleben müssen?

Belgien ist im Fußball durchaus eine große Nummer, auch wenn es bislang nie zu einem großen Titel reichte, abgesehen vom Olympiasieg 1920 daheim in Antwerpen. Bestes WM-Ergebnis des Nationalteams: 1986 in Mexiko Platz 4. Beste EM-Platzierung: 2., also Vize-Europameister. 1980 war das, da verloren die Belgier das Finale in Rom gegen die Bundesrepublik mit 1:2. Damals war das kleine Belgien auch so stark, weil seine Trainer die Gegner gerade mit Erfindung der Abseitsfalle verblüfften. Nur gegen Horst Hrubeschs Kopfball in der Schlussminute fehlte in Rom eine effiziente Falle. Rekordnationalspieler Belgiens ist Jan Ceulemans mit 96 Spielen. Die belgische Liga, eine der ältesten der Welt (seit 1895) fristet seit vielen Jahren nur ein Schattendasein, bestenfalls genutzt als Showroom für Talente, nach denen die großen Klubs in Europa ihre Krakenarme ausstrecken.

Die große Fußballzeit Belgiens auch bei den Vereinsmannschaften waren die 1970er und 1980er Jahre. 1982 gewann der RSC Anderlecht (Rekordmeister mit 34 Landestiteln, worauf der FC Ruhmreich aus München neidisch sein darf) den Uefa-Cup. Sechs Mal war das Team aus Brüssel zudem im Finale des Europapokals der Pokalsieger (und gewann zwei Mal, 1976 und 1978). Das ist in diesem Wettbewerb (eingestellt 1999) hinter dem großen FC Barcelona Platz 2 der ewigen Rangliste. Auch der KV Mechelen holte 1988 diesen Titel. Brüssels Problembezirk Molenbeek gilt nach den Anschlägen 2016 als »Hauptstadt des Terrors« – hier war lange auch der Erstligist RWD Molenbeek zu Hause, der es 1977 bis ins Halbfinale des Uefa-Pokals schaffte (dabei Schalke 04 eliminierte) und hauchzart gegen Athletic Bilbao das Endspiel verpasste. 2002 war der Verein insolvent und wurde aufgelöst. In der Champions League spielten Belgiens Clubs keine besondere Rolle mehr.

Verbandsoffizieller Spitzname der Nationalteams ist Red Devils. Der Verband hat auch eine englischsprachige Adresse: www.belgianfootball.be. Landesintern wird aber differenziert: mal sind es die Diables Rouges, mal die Rode Duivels, mal die Roten Teufel. Der rode Diable Christian Benteke schaffte im Oktober 2016 beim Spiel gegen Gibraltar einen Weltrekord: das schnellste Tor einer Nationalmannschaft bei gegnerischem Anstoß – nach 8,1 Sekunden. Im gleichen Jahr 2016 staunte die Fußballszene über die Rechenmethoden des Weltverbandes Fifa: Belgien war von November 2015 bis April 2016 die Nr.1 der Weltrangliste. Das konnte doch nicht sein! Das kleine Belgien, das nie einen Titel gewann? Aber sie sammelten eben fleißig Ranking-Punkte durch viele Siege in Qualifikationsspielen. Tja, Belgien, die weltbesten Kicker. Oder um mit Asterix, dem einstigen Anrainer von Gallia Belgica, zu sprechen: »Merckx dir!«

Eddy Merckx, größter Radrennfahrer aller Zeiten, überstrahlt im belgischen Sport alle. Er gewann seine erste Tour de France am gleichen 20. Juli 1969, als irgendein amerikanischer Fußgänger als Erster auf dem Mond herumtrampelte. Ein kleiner Schritt für die Menschheit, ein großer Ritt für Belgien. Jahrelang beherrschte der Kannibale, wie Merckx wegen seines Siegeshungers ehrfurchtsvoll genannt wurde, das Peloton mit insgesamt fünf Tour-Siegen, was ihm später den Titel Belgiens Jahrhundertsportler einbrachte.

Belgier sind ohnehin fanatische Radfans. Und viele selbst Radfahrer. Manchmal meint man, sie sind es alle. Sommers zieht sich eine bunte Schlange nach der anderen über die Landstraßen. Rennrädercorsos. Alle in den körperbetonenden Kunststofftrikotagen mit den gerade aktuellen grellen Werbebotschaften. Erstaunlich betagt und faltig im Gesicht sind viele, aber die Waden stahlstramm. Oft sind Straßen wegen eines lokalen Radrennens gesperrt. In den zahllosen Supportercafés des Landes trinken sie danach ihr Bier. Oder zwischendurch. Früher ging man sonntags morgens in die Kirche, heute geht es in den Sattel.

Oder man hockt stundenlang vor dem Fernsehschirm. Die belgischen Profirennen, gern kilometerweit über fiese Kopfsteinpflaster geführt, gelten als große Klassiker: Lüttich-Bastogne-Lüttich, La Flèche Wallone, Benelux- und die Flandern-Rundfahrt. Zwei Wochen vor dieser »Ronde van Vlaanderen« über das gefürchtete Kopfsteinpflaster hinauf zum Koppeberg und über die fast 20 Prozent steile, grob gepflasterte »Mauer von Gerardsbergen«, immer im April, fahren Hobbyradler organisiert die Strecke ab: 2017 waren 4500 Menschen im Sattel. Die Hügellandschaft rings um Oudenaarde mit seinem Rundfahrt-Museum erinnert ein wenig an Irland, nennt sich aber recht kreativ »flämische Ardennen«.

Auch beim Radfahren selbst ist man kreativ. Der Belgische Kreisel, auch Belgische Reihe genannt, bezeichnet eine Formation, die einer Radfahrer-Gruppe durch Ausnutzen des Windschattens und Ablösen bei der Führungsarbeit eine energiesparende und somit schnellere Fahrweise ermöglicht. Der vorneweg Fahrende schert aus und lässt sich bis ans Ende zurückfallen, bis der nächste Pause machen muss bei der Führungsarbeit. Bei der

Tour de France und insbesondere bei den Bahnradrennen ist das heute Standard. Weniger löblich war die junge Radlerin Femke Van Den Driessche, die 2016 als Erste mit Elektrodoping erwischt wurde: Sie hatte einen Minimotor im Rahmen ihres Velos versteckt. Apropos Doping: Im Jahresbericht der Welt-Antidoping-Agentur ist Belgien auf Rang 5 gelistet (hinter Russland, Italien, Indien und Frankreich). Verglichen mit der Landesgröße ist Belgiens Sport also besonders dopingverseucht. Oder ist man nur besonders ehrgeizig? Oder kann schlecht vertuschen? Auch der Radfahrverband nennt sich übrigens englisch: Royal Belgian Cycling League.

Beim Fahren mit erlaubtem Antrieb hat ein gebürtiger Hasselter zuletzt für viele Schlagzeilen gesorgt. In der Formel 1 (so man das Kreisfahren zum Sport zählen möchte) startete Max Verstappen 2015 mit 17 Jahren und 163 Tagen als jüngster Pilot aller Zeiten – in einem Alter also, in dem man im Straßenverkehr auch in Belgien noch keinen Führerschein haben darf. Bald fiel Verstappen durch besonders dreckige Fahrweise auf, gefährdete andere und blieb beratungsresistent. Am schlimmsten trieb es der Rennrüpel 2016 beim Großen Preis von Belgien in Spa-Francorchamps. Expilot Niki Lauda meinte gar, der junge Mann gehöre »in die Psychiatrie«. Verstappen, Sohn eines Rennfahrers, hat sowohl die belgische als auch die niederländische Staatsbürgerschaft – bei seinen PS-Rüpeleien freuen sich die Belgier, dass er mit einer Rennlizenz aus dem Nachbarland startet.

Ein Belgier legte auch die Grundlage zur Erfindung der Inliner, zumindest der Rollschuhe. Gegen 1760 baute der Musikinstrumentenbauer und Violinist Jean-Joseph Merlin aus Huy eine Konstruktion aus drei hintereinander unter die Schuhe montierten Laufrollen. Jetzt konnte man das Dahingleiten wie beim Schlittschuhlauf (seit etwa 1000 v. Chr.) auf Parkett der Bühne ausprobieren. Merlin tat das selbst. Bei einem Ball in London spielte er rollschuhlaufend Geige. Ohne Stopper, die er vergaß zu erfinden, krachte er in einen Wandspiegel und verletzte sich erheblich.

Raymond Ceulemans (33 WM- und 44 EM-Titel) beherrschte jahrzehntelang das Weltbillard. Beim qualenreichsten Triathlon, dem Iron Man auf Hawaii, hält seit 1996 der zweifache Sieger Luc van Lierde aus Brügge mit 8:04:08 Stunden die Bestzeit. Mit Jacques Rogge war auch mal ein Belgier, immerhin zwölf Jahre lang, oberster Herr der Ringe, also IOC-Chef. Man kann indes nicht sagen, dass der massiv korrupte und dopingbelastete Olympiasport durch ihn eine andere Richtung bekommen hätte.

Herausragend in der Leichtathletik ist Nafissatou »Nafi« Thiam. Die junge Brüsselerin (Jahrgang 1994) gewann in Rio 2016 Olympiagold im Siebenkampf, ist also Königin der Athletinnen. 2017 holte sie als erst vierte Frau der Welt mehr als 7000 Punkte in einem Wettkampf und wurde zu einer der jüngsten Unicef-Botschafterinnen ernannt. Die 4x400 Meter Männerstaffel der Leichtathleten, die 2017 Silber bei der Hallen-EM holte, heißt »Belgian Tornados«. Offenbar braucht der belgische Sport immer wieder Anglizismen. Das Basketball-Nationalteam der Frauen heißt Belgian Cats.

Und dann ist da noch der Golfsport. Zweimal gehörten Belgier zu Europas Ryder Cup Team, dem wichtigsten Turnier der Golfprofis: Erstmals 2012 Nicolas Colsaerts und 2016 Thomas Pieters, der sich als Neuling beim prestigereichen Kontinentalkampf gegen die USA gleich zum punktbesten Europäer auf- und durchschwang. Viel wichtiger aber dies: Seit Jahren gibt es eine erbitterte Debatte zwischen Schotten und Niederländern, wer denn nun im späten 14. oder 15. Jahrhundert das Golfspiel erfunden hat. Aus diesem Streit könnte ein lachender Dritter hervorgehen: Belgien, obwohl es den Belgier zu dieser Zeit als Belgier noch lange nicht gab.

Lange galten schottische Schäfer als natürliche Erfinder, die seit dem 15. Jahrhundert aus Langeweile Schafsköttel mit Holzstöcken über die Dünen der Highlands in Kaninchenbauten zielten. Beweis schien lange ein Kirchenbild in der Kathedrale von Gloucester aus dem 15. Jahrhundert, das einen golfenden Menschen zeigte. Dann stellte sich heraus, dass dieses Bild zweifelsfrei einen Franzosen abbildet. Merde! Äh, Shit! Legende kaputt. Umgehend wurde der Sportler zum Lacrosse-Spieler umdefiniert. Aber man hatte ja noch das Verbotsdekret des schottischen Königs von 1457 (lange als ältestes Dokument vermutet), das das Golfspiel verbot. Eine genaue Überprüfung zeigte: Der König verbot Hockey, nicht Golf.

Mindestens gleichzeitig gab es schon das *kolven* in den Niederlanden, man zielte in das *put,* übersetzt Grube oder Erdloch (deshalb heute putten, auch im Englischen). Gilt nicht, rufen die Schotten heute, die spielten ja auf Eis. Das kann kein Golf sein, weil es kein Erdloch als Ziel gebe. Aber noch früher als alle anderen Dokumente, im Jahr 1360, erschien in Brüssel eine Verordnung, die ausdrücklich alle golfähnlichen Spiele in der Stadt verbot. Das würde bedeuten, dass man schon damals auf Brüssels Wiesen und Wegen herumgolfte respektive -kolvte. Congratulations, Belgium.

# Staatsküsse – Einendes und Trennendes

Auf dem Weg zu Belgiens 200. Geburtstag: Gegen das Einende hat das Trennende auf Dauer kaum Chancen. Oder?

*»Wenn unter den Wolken die Menschen Zwerge sind.*
*Wenn die Tage dahinziehen in stummer Regelmäßigkeit.*
*Und starke Ostwinde das Land noch flacher schlagen.*
*Dann wartet mein Land, mein flaches Land.«*
(Jacques Brel – Le plat pays, mijn vlakke land, das platte Land)

Die belgische Melange aus Zerrissenheit und Einigkeit lässt sich schön an Jacques Brel (1929 – 1978) festmachen. Der Chansonnier mit dem Französisch klingenden Namen, Sohn eines Flamen und einer Wallonin, geboren in Brüssel, sang auf Französisch und Niederländisch gleichermaßen hinreißend. Wenn man seine Lieder zweisprachig mischt, wie es der Deutschlandfunk in einem Feature über Belgien 2010 tat, ergibt sich eine groteske Mischung: »Mijn vlakke land ...«, »Le plat pays ...«, »Mijn plat pays ... dann wartet mein Land, mein flaches Land, le vlakke pays ...«

Ja, aber ist Belgien denn wirklich derart zerstritten? Beliebt ist es im Ausland, zumal in Deutschland, bunte Meldungen aus dem belgischen Alltag in zwei Klischees einzubetten: Da steht dann, die Belgier mögen noch so über Kreuz sein, aber größte Einigkeit herrscht bei Bier, Schokolade, Comics, Fritten. Und dann kommt die Neuigkeit aus dem Themenkomplex Bier, Schokolade, Comics, Fritten wie: weltbestes Bier gekürt, berühmte Frittenbude abgebrannt, Schokoladencomics erfunden. Der Stolz der Belgier sei umso besonderer, als man das in diesem sonst so zerrissenen Flamenwallonenland sonst kaum kenne. Irgendwas mit dieser Argumentationsschleife.

Die Stadt Löwen (Flämisch: Leuven, Französisch: Louvain) mittenmang gelegen, ist ein guter Seismograph, wie es um das

Land steht. Blicken wir zunächst auf die Unruhejahre 1967/68 zurück. Überall in Westeuropa und in Amerika streikten, schimpften, demonstrierten Studierende, die damals noch Studenten hießen. In Belgien war zudem der Kulturstreit auf seinem ersten Höhepunkt. Die Unruhen waren zunächst nicht flämisch gegen wallonisch, es war im Grunde wie in Deutschland auch. Zunächst war das ein Ausbruch rebellischer Lebensfreude, die Sit-ins, die Forderung nach Teilhabe, nach Demokratisierung. Dann wurden die Debatten politischer. Die Flamen riefen immer lauter »Wallonen raus«.

Es flogen Pflastersteine und Bierflaschen, es gab Prügeleien, zunehmend untereinander. Das war doch mal wahre Anarchie in Anarchistan. *La bourgeousie aux balcons* – Bürger auf die Balkone!, hallten die Rufe durch die Hauptstraße von Löwen – kommt raus, damit wir euch auslachen können, skandierten flämische Studenten. Die Gendarmerie beantwortete Stacheldrahtbarrieren mit Wasserwerfern, Knüppel frei. »Das war schon allerhand«, erzählt Freddy Derwahl, der damals in Löwen studierte, »für mich galt nur: Nix wie weg. Ich war damals in den ersten Semestern, ein Männlein wie ein Nagel. Die hätten mir alle Knochen gebrochen.«

Die Uni Löwen, mit Abstand die älteste des Landes (seit 1425), hatte (und hat) Weltruf. Die Stadt war einst eines der Geisteszentren Europas: Hier wurde zum Beispiel 1516 die Sozialutopie »Utopia« von Thomas Morus gedruckt und verlegt, eines der ersten mit beweglichen Typen gedruckten Bücher überhaupt. 450 Jahre später fühlten sich die Flamen dort in ihrem eigenen Landesteil massiv unterdrückt. In Gemeinschaftseinrichtungen dominierte das Französische. Der Alltag hatte etwas von Apartheid, manche Cafés und Aufenthaltsräume waren nur für die eine oder die andere Belgierhälfte vorgesehen. Der Ruf nach Spaltung kam auf. In Flandern hat auf Niederländisch gelehrt zu werden, sagten die Flamen, und nicht mehr auf Französisch. Der Aufruhr eskalierte weiter. Eine entscheidende Rolle spielten schließlich die katholischen Bischöfe, es war ja eine katholische Universität. Bischof Emiel-Jozef De Smedt aus Brügge, eigentlich ein vergleichsweise kosmopolitischer Mann, schlug sich irgendwann auf die Heimatseite und stimmte einer Spaltung zu. Die Politik beschloss die Aufteilung. In Louvain-La-Neuve, ein paar Kilometer nur entfernt, aber auf wallonischem Gebiet, entstand eine zweite, eine frankophone Uni.

Für die Frankophonen war das eine Vertreibung. Flamen sind Rassisten, sagten sie. Teilung plötzlich überall: Die Christliche Partei CSP spaltete sich in zwei Sprachenflügel und feierte schon ihren Neujahrsempfang getrennt. Danach spalteten sich alle Parteien. Sozialistische Internationale? Nicht in Belgien: Hier gab (und gibt) es nicht mal mehr eine sozialistische Nationale. Die christliche Regierung zerbrach an dem Streit, die einzige in Europa im Revoltejahr 1968. Später gingen von den 1,3 Millionen Bänden der Universitätsbibliothek die geraden Nummern nach Louvain-La-Neuve. Und im gesamten Königreich wurden befriedende Staatsreformen auf den Weg gebracht.

Sind Wallonen und Flamen denn bis heute so verschieden? Den Wallonen wird seit jeher mehr Lebensfreude und Savoir-Vivre nachgesagt, den Flamen mehr Ordnungsliebe, mehr Konsequenz und auch etwas mehr Intoleranz. Der *Spiegel* schrieb einmal über Wallonen und Flamen: »Deren Zuneigung füreinander ist notorisch begrenzt. Die Wallonen, sagen viele Flamen, seien faule, genussfreudige, unordentliche Typen. Die Flamen, glauben viele Wallonen, seien steife Halbgermanen mit ausgeprägtem Putzfimmel.«

Solche Vorurteile hat jeder in Belgien im Gepäck. Wenn man reisend aus Flandern in die Wallonie kommt (oder umgekehrt), verändert sich in der Wahrnehmung vieles sofort. Hier wollen einem die Menschen mehrheitlich geschäftig vorkommen, freundlich, zugewandt, manchmal etwas eilig. Dort sofort brummiger, dann aber von größerer Offenheit und überbordender Lebensfreude. Hier dominiert blond, dort dunklere Typen.

Man glaubt hier saubere Gutbürgerlichkeit um sich zu fühlen, dort typisch abgewrackte Städte, zumindest auffallend unaufgeräumter. Manches mag tendenziell stimmen, vieles ist nur *self fulfilling prophecy.* Belgien ist ein innerer Bildungsauftrag: Immer kann man die eigene Vorurteilsneigung abchecken, hinterfragen, bessern.

Der Übergang in Deutschland von Württemberg nach Bayern, auch von Hessen nach Thüringen ist fließend. In Belgien ist der Übergang tatsächlich abrupt, was natürlich an der Sprache liegt, unmittelbar auf Verkehrsschildern oder Werbebotschaften zu erkennen. Und vielfach an der Geographie: Flandern ist flach und weit, kaum bewaldet, manchmal öde. Die Wallonie ist in vielen Teilen mittelgebirgig, baumreich, mit wilden Flüssen, teils spektakulär.

Der Brüsseler Schriftsteller Geert van Istendael beschrieb in der Einleitung seines Buches *Das belgische Labyrinth* sein persönliches Verhältnis zu Belgien – es ist gespalten wie das Land selbst: »Ich liebe Belgien, weil man hier Französisch spricht und weil ich in der Schule richtig Französisch gelernt habe – diese klare, kühle, geistreiche Sprache, die mir immer wieder ein verfeinertes Vergnügen bereitet, wenn ich sie höre, spreche, lese; diese Sprache mit Maß und Vernunft, diese Sprache von Paris und des Mittelmeers. Ich hasse Belgien, weil es mit diesem arroganten Französisch mein Niederländisch hat vernichten wollen, weil es mein Niederländisch in den Kuhstall verbannt und meine Sprache nicht in der Schule zugelassen hat; weil Belgien die Sprache seiner Bevölkerungsmehrheit erst nach mehr als hundert Jahren des Unwillens und der Vergewaltigung des Rechts und des eigensinnigen Widerstandes gegen diese Ungerechtigkeit anerkannt hat. Ich liebe Belgien, weil ihm Gott sei Dank die Respektlosigkeit und Überheblichkeit der Franzosen und ihr Größenwahn total fremd sind. Ich hasse Belgien, weil die Belgier zu beschränkt sind, um ein kleines bisschen von der republikanischen Strenge der Franzosen aufzunehmen. Ich liebe Belgien, weil seine Bewohner so gut wie keine Vaterlandsliebe kennen. Ich hasse Belgien, weil seine Bewohner nie stolz sind auf ihr Land.«

Ist das mit Sprachen- und Kulturstreit denn besser geworden? Natürlich, winken manche ab, es sei doch Klischee, wiedergekäute Spielchen. Eigentlich fast ausgestanden, wegen der strukturierenden und ausgleichenden Staatsreformen. Die wirklich großen Probleme gab es noch in den späten 2000er Jahren mit den Rechtsradikalen von Vlaams Blok und Vlaams Belang, die das Land kompromisslos, also unbelgisch, spalten wollten. Damals brüllten die Ultrarechten »Belgie barst«, Belgien zerbreche. Die Chancen zum Bersten sind seitdem deutlich geringer geworden.

Heute saugt die vergleichsweise gemäßigte nationalkonservative Nieuw-Vlaamse Alliantie N-VA alle nationalistischen Energien ab. Die Partei ist in den meisten Parlamenten vertreten, im nationalen Parlament mit 31 von 150 Abgeordneten, im flämischen Parlament sogar mit fast einem Drittel. Sie stellt dort sogar den Ministerpräsidenten und den Parlamentsvorsitzenden. Die Partei kann sich engagieren für ihre Belange, aber ihre Anhänger beißen nicht mehr – und schon gar nicht den Staat weg. Man wolle »einem modernen, zukunftsorientierten und demokratischen flämischen Nationalismus Gestalt geben«. Ein eigener Staat Flandern mag langfristig politisches Ziel sein, ist aber insgesamt nicht mehrheitsfähig. Und gegen den ohnehin geschrumpften Vlaams Belang, weit unter zehn Prozent, haben die demokratischen Parteien den Cordon sanitaire errichtet – einen Schutzgürtel, der föderale Koalitionen mit den Rechtsaußen-Separatisten ausschließt.

Alles gut? Zumindest deutlich besser? Das glaubt man nur, bis man in Flandern angepampt wird: nein, man spreche kein Französisch. Der Hinweis kommt in perfektem Französisch. Immer wenn man wieder ein Stückchen das Land verstanden zu haben glaubt, gibt es einen Rückschlag. Grotesken bleiben ohnehin, vor allem an den Grenzlinien: In Sint-Joris-Weert südlich von Löwen/Leuven/Louvain gibt es eine Straße, die an ihrer nördlichen

Bordsteinkante einen flämischen Namen trägt und an der südlichen einen französischen, hier Roodse Straat, dort Rue Weert Saint Georges. Die einen kriegen flämisches Wasser und flämischen Strom, die anderen von wallonischen Firmen. Und man staunt darüber, dass flämische Gemeinden ganz offiziell wallonische als Partnerstädte haben (etwa Nieuwpoort und Durbuy) – als käme man aus zwei Staaten.

Besonders rund um Brüssel gibt es immer wieder erbitterten Streit, weil frankophone Brüsseler in den flämischen Speckgürtel ziehen. Dürfen die zum Beispiel eigene französischsprachige Schulen haben? Schon 1963 gab es Ausnahmen: Wezembeek-Oppem etwa ist eine von sechs Gemeinden rund um Brüssel, die zu Flandern gehören, in denen aber schon damals die Mehrheit der Bürger französischsprachig war. Es gibt Spracherleichterungen: Die französischsprachigen Bewohner dürfen mit der Verwaltung auf Französisch kommunizieren, im Rest Flanderns undenkbar. Es gibt tatsächlich eine französischsprachige Grundschule. Aber strikt nur für die Einwohner der Gemeinde und nur, wenn nicht beide Eltern Flamen sind.

Das Königshaus respektieren alle, Fußball und Radrennsport sind wichtig, gemeinsam steht man zur Kompromissliebe, und die meisten schulterzuckend zum hochkomplexen Staatsgebilde. Oftmals jeder für sich, das aber sehr ähnlich und gemeinsam. Die Wallonen sind die Flamen des Südens und umgekehrt.

Im Alltag gibt es viele einende Ähnlichkeiten. Flamen und Wallonen sind Weltmeister im Werken, Frickeln, am Haus und im Garten herumfummeln. Man wundert sich, dass der Begriff *Do it yourself* nicht Niederländisch oder Französisch ist. Beliebt überall sind aus Holzbalken, Pappe und Wellblech zusammengezimmerte Hinterhausschuppen, in denen man dem typisch belgischem Messietum fröhnen kann. Bloß nichts wegwerfen. Diese Schuppen voller Reservekrims und Hobbykrams, ausrangiertem Plunderchaos und Materialen für den nächsten Bau sind so belgisch, dass sie in beiden Sprachen *kot* heißen. Die Fassaden typisch belgischer Einfamilienneubauten konterkarieren das Chaos dahinter. Vorne sind die geklinkerten Hässlichkeiten von erschütternder Eintönigkeit und Ästhetikfreiheit erschreckend abgeleckt. Balkonpflanzen: sehr selten. Vorgarten? Maximal handtuchschmal. Und ansonsten gern zubetoniert. Gesamterscheinung: wie Restware aus dem Räumungsverkauf von Discountern.

Noch etwas eint die Belgier. Man lebt auf positive Art in den Tag hinein. Bloß keine Problemlösung auf Vorrat, dieses deutsche Abwägen und Vorsichtsdenken. Stattdessen lieber einmal zu viel schwelgen und prassen als einmal zu wenig. Wenn ein Unglück eintritt, ist es immer noch Zeit sich zu kümmern. Neue Dinge kommen, alte Freunde gehen, manchmal umgekehrt – so what. Statussymbole zählen kaum: Bloß nicht zu den Reichen gerechnet werden. Belgier gelten als unsichtbares Volk: Man ist gern zurückhaltend, spürbar stiller als die lauten Deutschen oder Niederländer, bisweilen verschlossen – außer bei ausgelassenen Familienfesten.

Belgier sind diskret auch im Urlaub. Jeder in Deutschland kann von Begegnungen mit Niederländern berichten (auch jenseits der abgedroschenen Wohnwagen-Geschichten auf Autobahnraststätten). Aber Belgier? Wann hat man mal bewusst Belgier wahrgenommen oder unterwegs sogar kennengelernt? Auch hier gilt: Belgier wollen meist gar nicht auffallen, sind eher still, zurückhaltend, vorsichtig im Kontakt. Hört man Niederländisch am Nachbartisch im Restaurant, ob auf Mallorca, im Sauerland oder in Bangkok, denkt man: Aha, Holländer. Dass es genauso gut Flamen aus Genk oder Gent sein können, darauf kommt man erst gar nicht. Und die Franzosen in der Nachbarwohnung im Ferienhaus? Könnte auch jemand aus Tournai oder Mons sein oder eine Familie aus Brüssel.

Die verschiedenen Muttersprachen bleiben natürlich. Kaum zehn Prozent der Wallonen gelten als sprachfirm im Niederländischen. Immerhin gut 40 Prozent der Flamen sprechen zwar Französisch, geben das aber oft nicht zu. Gegenseitige Versuche der sehr unterschiedlichen Sprachen sind mindestens von einem höflich unterdrückten Lächeln begleitet. Oder von Geläster hinterher.

Das Niederländisch der Flamen klingt deutlich weicher als das der Niederländer. Scheveningen in flämischer Aussprache kriegen Fremde leichter hin als Scheveningen mit seinem absonderlichen Kehlenzwischenkrächzen auf Hochniederländisch. Gegenseitig identifizieren sich Flamen und Niederländer sofort wie Mecklenburger einen Oberbayern. Viele Vokabeln unterscheiden sich zudem, *mooi* ist Niederländisch für schön, der Flame sagt *schoon. Leuk* heißt hier angenehm/nett, dort *plezant*. Niederländische Metzger heißen *slagers,* flämische *beenhouwers;* die einen schlagen also Fleisch, die anderen hauen es. In Frankreich sagt man soixante-dix für 70, in der Wallonie einfacher septante, der französische Café Crème ist hier unbekannt, das läuft alles unter Café au lait. In einer Garage wird ein Auto im deutschem Sprachgebrauch untergestellt, in Belgien repariert – sowohl in Flandern als auch in der Wallonie. Und der Werkende dort ist der Garagist.

Viele Belgier, zumindest in Flandern und in Brüssel, beherrschen zwei Sprachen fließend, manche drei oder vier. Das ist vorbildlich in einem um Einigkeit ringenden Europa, quasi eine innere Integration über die Sprache, wie wir sie von Migranten fordern. Andere Sprachen lernen funktioniert nebenher beim Fernsehen. Wie in den Niederlanden sind Spielfilme in Belgien selten synchronisiert, sondern laufen mit Untertiteln. Bei den Flamen merkt man das auch an fast perfekter Aussprache des Englischen. Bei den Wallonen klingt es wie bei den Franzosen: nun ja… *très* komisch. Aber: Ist ja auch eine ganz andere Sprache.

Die gleiche Sprache zu sprechen bedeutet auch nicht viel, Beispiel Verlagswesen: 90 Prozent der flämischen Literatur kommt erst gar nicht über die Grenze in die Niederlande. Umgekehrt hat man die Namen der angesagtesten Autoren aus Amsterdam in Antwerpen nie gehört. »Die Holländer wissen nicht, was die Belgier überhaupt tun«, sagt der Schriftsteller Marc Reugebrink, gebürtiger Niederländer und seit Jahren in Brüssel zuhause, »und letztlich ist es ihnen auch wurscht«. Das flämische Niederländisch klingt für Niederländer so anders, dass sie Flamen manchmal sogar für Deutsche halten. Auch kein direktes Kompliment. Und Niederländer grenzen sich sogar inländisch ab: Diese komischen Südlimburger, erzählt ein Architekt aus Den Haag, dieses mehrheitlich katholische Volk in seinem calvinistischem Land rund um Maastricht, Heerlen und Kerkrade – »die nennen wir eigentlich gern Belgier, im freundlichen Fall unsere niederländischen Belgier«.

Flämische Intellektuelle gucken nicht nach Amsterdam, sondern eher in Flandern umher und dann ins Angelsächsische. Wallonen orientieren sich an Paris, der großen Kultur- und Denkermetropole. Franzosen wiederum nehmen Belgier, auch die ihnen nahestehenden Wallonen, als Kleingeister wahr und Provinzler. Im Spielfilm »Nichts zu verzollen« mit dem großartigen Dany Boon, dem Nachfolgestreifen von »Willkommen bei den Sch'tis«, ist das amüsant mitzuerleben.

Bisweilen sind Franzosen auch froh, dass es dieses Belgien gibt – zum Beispiel wenn man Ende der 1980er Jahre als Urlauber in Neuseeland unterwegs war. Gerade hatten französische Geheimagenten das Greenpeace-Schiff Rainbow Warrior wegen dessen Aktion gegen die Atomversuche im Südpazifik im Hafen von Auckland in die Luft gesprengt und einen Greenpeace-Fotografen getötet. Wer als Tourist jetzt Französisch sprach, machte einen Spießrutenlauf mit, man wurde in Sippenhaft genommen, ausgefragt, beschimpft. Schließlich war Greenpeace so etwas wie das inoffizielle Außenministerium des friedliebenden Landes. Der Inquisition entkam wer sagte: Excusez-moi, aber ich bin Belgier, nicht Franzose. Machen Sie mich bitte nicht verantwortlich für Ideen aus Paris … Belgien als Schutzschild. Très smart.

Vor einigen Jahren suchten die beiden großen öffentlich-rechtlichen Rundfunksender, der flämische VRT *(Vlaamse Radio en Televisie)* und der wallonische RTBF *(Radio-Télévision belge de la Communauté française)* in einer gemeinsam konzipierten Umfrage den »Größten Belgier aller Zeiten«. Befragt wurde belgientypisch getrennt. Nur drei Personen schafften es in beiden Landesteilen in die Top Ten: der Pater Damiaan de Veuster, Radprofi Eddy Merckx und Jacques Brel. Typischerweise hatten alle drei in Belgien gelebt, als es noch keine offizielle Sprachgrenzen gab. Flandern wählte schließlich Pater Damiaan auf die Pole, der 1889 auf den Molukken eine Leprakolonie gegründet und sich dabei selbst tödlich angesteckt hatte. Die französischsprachigen Belgier hatten sich für Jacques Brel entschieden – Damiaan wurde bei ihnen immerhin Dritter, in Flandern landete Brel nur auf Platz 7.

Wieder ein Beleg für die Verschiedenheit. Aber ist das staatsgefährdend? Ein Beleg, dass es auf Dauer nicht klappen kann als Königreich Belgien? Natürlich nicht. Es klappt, etwa bei uns, ja auch mit Alten, die bebend auf Heino abfahren oder Operetten liken, und jungen Menschen, die dem Rap zusprechen oder Techno goutieren. Und mit Menschen, die Schalker sind oder Borussen. Zusammen bleiben sie Pott. Im April 2017 waren belgische Meinungsforscher, beauftragt von der Tageszeitung *De Standaard* und dem VRT, ziemlich überrascht: Wer ist der beliebteste Politiker in Belgien? Die Flamen votierten mehrheitlich für Premierminister Charles Michel – einen Wallonen! Und auch wenn Namen an sich kein Argument sind: Wenn der flämische Ministerpräsident auf Geert Bourgeois hört, den bürgerlichsten frankophonen Namen, den man sich vorstellen kann, dann muss man schon lächeln.

Ein altes belgisches Bonmot lautet: Jeden Abend fragst du dich, ob es uns morgen früh wohl noch gibt. Bislang hat das immer geklappt, schon rund 68000 Mal. Belgien überlebte 2010/2011 auch die Weltrekordzeit von 541 Tagen ohne Bundesregierung (auch weil die sehr autonomen Gliedstaaten gut die Alltagsgeschäfte übernahmen). Damals gab es mal wieder Stimmen, das Land vielleicht besser aufzuteilen: Flandern zu den Niederlanden, die Wallonie als Provinz nach Frankreich (sozusagen als Nord-Sch'tis), die Deutschsprachige Gemeinschaft teils an Luxemburg, der Kanton Eupen vielleicht wieder an Deutschland. Welch Unfug: Das Land war weit überwiegend einig, dass es am besten gemeinsam weitergeht.

Überall in Europa haben sich im Laufe dieses Jahrhunderts populistische und nationalistische Bewegungen gebildet, die die EU infrage stellen oder sogar offen bekämpfen wollen. Die Briten haben sich sogar auf ihre Inseln verbarrikadiert. Populisten sind mehrheitsfähig geworden wie in Ungarn oder Polen. In Frankreich droht dauernd der Front National, Geert Wilders in den Niederlanden, die AfD in Deutschland. Dazu am Rand die Gruselfiguren Erdoğan und Trump, die in die Geschichtsbücher hoffentlich nur als historische Versehen eingehen werden. Und in Belgien? Da war der rechtsextreme Vlaams Blok mal sehr stark und laut – aber seine Forderung war die Unabhängigkeit Flanderns, mit innerbelgischer Stoßrichtung also. Ansonsten war das Rezept der flämischen Nationalisten immer auch banales Ränkespiel politischer Profis: Unabhängigkeit fordern, um im bestehenden System mehr Selbständigkeit zu bekommen. Niemand hat je ernsthaft gefordert: Belgien raus aus der EU. Das wäre auch ganz schön grotesk: Belgexit – und mitten im Land bleibt die Politik und Verwaltung der EU, die man verlassen hat. Brüssel als Unions-Zentrale wäre so etwas wie exterritoriales Gebiet, eine EU-Enklave, schwer vorstellbar.

»Die Komplexität ist unser Reichtum«, sagt der frankophone Schriftsteller Jacques De Decker, indes: »Man wird noch oft flirten mit dem Gedanken an Trennung. Das ist der belgische Dadaismus.« Geert van Istendael schrieb vom belgischen Labyrinth. Das Labyrinth scheint zunehmend dechiffriert, besser einsehbar, mit klareren Wegen hinaus. Van Istendael meint: »Wir haben Zündstoff für zehn Bürgerkriege. Und wir machen keinen.« Eine Demokratie sei eben »kein Sportwagen. Eine Demokratie ist ein Esel. Aber er kommt auf den Berg hinauf.«

Auf dem Weg dorthin gehen wir noch einmal zurück nach Löwen/Leuven/Louvain-La-Neuve. 2007, als das belgische Staatsgebilde mal wieder sehr zerstritten war, bot die Stadt eine der schönsten Manifestationen der Gemeinsamkeit: »België knuffelt – Les belges s'embrassent« (Deutsch: Belgien knutscht) hieß die Aktion, bei der sich hunderte Studierende auf Kommando umarmten, streichelten und küssten, am liebsten immer gemischt zwischen Wallonen und Flamen. »Wir Belgier wollen zusammen bleiben«, sagte eine junge wallonische Studentin, »ich liebe unser Land und das will ich auch zeigen.« Ein Kommilitone: »Ich würde es schrecklich vermissen, sagen zu können, dass ich Belgier bin. Ich bin Flame, habe aber viele wallonische Freunde, mit denen ich mich genauso verbunden fühle.« Nach dem Knutsch-in ging es zum Bier, gemeinsam. Und der Staat Belgien kriegte auch wieder die Kurve.

Patriotisches Knutschen also: Ein Land, das sein Leben ungewöhnlich romantisch nach schmachtenden Arien bei einer Opernaufführung beginnt, fährt mit diesem Symbol der Einigkeit und inniger Gemeinsamkeit nicht schlecht. Küssen stärkt das Immunsystem.

# Anhang

## Literaturempfehlungen (Sachbücher, Literatur, Comics)

Barth, Alexander: 111 Orte in Lüttich, die man gesehen haben muss. Emons Verlag, Köln 2016

Bechlenberg, Archi W.: Streifzüge durchs östliche Belgien. Vom Herver Land bis in die Eifel. Meyer & Meyer Verlag, Aachen 2015

Claus, Hugo: Der Kummer von Belgien. Klett-Cotta Verlag, Stuttgart 2016

De Coster, Charles: Ulenspiegel. Neuausgabe Tredition Classics, Hamburg 2012

De Dijn, Rosine: Deutsche unter Belgiern: Grenz-Echo Verlag, Eupen 2011

Derwahl, Freddy: Bosch in Belgien. Grenz-Echo Verlag, Eupen 2006

Derwahl, Freddy: Die fliehende Frau. Leykam Verlag, Graz 2012

Derwahl, Freddy: Nonna stirbt. Herder Verlag, Freiburg 2016

Filz, Willi / Schüren, Hermann-Josef: Das Hohe Venn. Bilder einer Landschaft. Grenz-Echo Verlag, Eupen 1992

Goscinny, René / Uderzo, Albert: Asterix bei den Belgiern. Egmont Verlag, Köln 1979

Hergé (eigtl. Georges Prosper Remi): Alle »Tim und Struppi« Bände. Carlsen Verlag, Hamburg

Küchenberg, Alfred: Eupen. Gestern war heute. Grenz-Echo Verlag, Eupen 2016

Nothomb, Amélie: Böses Mädchen. Diogenes Verlag, Zürich 2005

Nothomb, Amélie: Der japanische Verlobte. Diogenes Verlag, Zürich 2010

Pirotte, Emmanuelle: Heute leben wir. S. Fischer Verlag, Frankfurt 2017

Schmitz-Reiners, Marion: Belgien für Deutsche. Einblicke in ein unauffälliges Land. Ch. Links Verlag, Berlin 2006

Schmitz-Reiners, Marion: Der Fremde in meinem Bett. Grenz-Echo Verlag, Eupen 1994

Schürings, Ute: Benelux. Porträt einer Region. Ch. Links Verlag, Berlin 2017

Schuiten, François: Brüssel (1992). Neue deutsche Ausgabe: Schreiber & Leser, Hamburg 2012

Simenon, Georges: Die »Maigret«-Romane, alle im Diogenes Verlag, Zürich

van Istendael, Geert: Le labyrinthe belge. Le Castor Astral 2008, Pantin (Frankreich) 2008

Vanvleteren, Stephan: Belgicum. Uitgeverij Kannibaal, Lichtervelde (Belgien) 2016

Weidermann, Volker: Ostende. 1936, Sommer der Freundschaft. Kiepenheuer & Witsch, Köln 2014

Zwijgers, Tineke: Voeren buiten de lijntjes. De Euregio tussen Maastricht, Luik en Aken. Schuyt België, Leuven 2009

## Magazin

Neu in Belgien, Infos für Neuankömmlinge.
*Halbjährig erscheinendes Informationsmagazin. Grenz-Echo Verlag, Eupen*

## Deutschsprachige Websites

Allgemeines:
brf.be
*Seite des Belgischen Rundfunks Eupen, Schwerpunkt Ostbelgien, belgische Politik*

flanderninfo.be
*Deutsches Nachrichtenangebot der VRT, der öffentlich-rechtlichen Rundfunkanstalt Flanderns mit tagesaktuellen Neuigkeiten zum Schwerpunkt Belgien, Rubriken zum Beispiel »EU-Land Belgien«, »Land und Leute«.*

belgieninfo.net
*Website eines gemeinnützigen Vereins »über das Land in dem wir leben« mit Hintergrundgeschichten, Features und Kommentaren*

Tourismus:
belgien-tourismus.de
*Informationen zu Wallonie und Brüssel*

visitflanders.com/de
*Informationen zu Flandern*

visit.brussels/en
*Aktuelle Besucherinfos Brüssel (englisch)*

Nordsee
de Haan
Ostende
Brügge
Sint-Niklaas
Gent
Dünkirchen
Diksmuide
Westflandern
Ostflandern
Aalst
Ypern
Kortrijk
Oudenaarde
Brüssel
Halle
Soignies
Hennegau
Mons
N
S
FRANKREICH
Belgiens Provinzen und Gemeinschaften
Flämische Region
Wallonische Region
Flämische und Wallonische Gemeinschaft (Region Hauptstadt Brüssel)
Deutschsprachige Gemeinschaft

NIEDERLANDE
rnhout
twerpen
Limburg
Hasselt
DEUTSCHLAND
misch-
Brabant
en
Maastricht
Tongeren
Aachen
Voeren/Fourons
Sippenaeken
avre
bant
Lüttich
Eupen
Verviers
Lüttich
Huy
Namur
Spa
Malmedy
Namur
St. Vith
Dinant
peville
Bastogne
Luxembourg
Bouillon
Neufchâteau
LUXEMBURG
Arlon
Luxemburg
0
30 km

## Basisdaten

**Fläche:** 30 528 km² (Deutschland: 357 376 km²)

**Einwohnerzahl:** 11,32 Millionen (Deutschland: 82,17 Millionen)

**Prognose Eurostat 2060:** 13,6 Millionen (Deutschland: 80,8 Millionen; hochgerechnet gäbe es schon um das Jahr 2400 mehr Belgier als Deutsche)

**Bevölkerungsdichte:** 374 Einwohner/km²
(Deutschland: 229 Einwohner/km²)

**Amtssprachen:** 3

**Religion:** 75 % Katholiken, 1 % Protestanten, 8 % Muslime, 16 % konfessionslos (Deutschland: 29 % Katholiken, 27 % Protestanten, 10 % Muslime und andere, 34 % konfessionslos (Mehrheit))

**Staatsform:** parlamentarische Erbmonarchie

**Wahlbeteiligung:** um die 90 % (Wahlpflicht);
(Deutschland: 70 – 75 %)

**Bruttoinlandsprodukt:** 420 Milliarden Euro
(Deutschland: 3134 Milliarden Euro)

**Wachstum 2016:** 1,2 % (Deutschland: 1,9 %)

**BIP pro Kopf 2016:** 37 170 Euro (Deutschland: 38 100 Euro)

**Exportanteil außerhalb EU:** 27,8 % (Deutschland: 41,5 %)

**Inflationsrate 2016:** 1,8 % (Deutschland: 0,4 %)

**Arbeitslosigkeit:** 8,0 % (Deutschland: 6,1 %)

**Zeitarbeitsverträge:** 7,4 % (Deutschland: 10,1 %)

**Mindestlohn:** 9,28 Euro (Deutschland: 8,84 Euro)

**Anteil Erwerbslosigkeit bis 24 Jahre:** 20,1 % (Deutschland: 7 %)

**Anteil Bevölkerung armutsgefärdet:** 14,8 %
(Deutschland: 16,7 %)

**Nationalfeiertag:** 21. Juli (Vereidigung König Leopolds 1831)

**Lebenserwartung Männer:** 78,7 Jahre (Deutschland: 78,3 Jahre)

**Lebenserwartung Frauen:** 83,4 Jahre (Deutschland: 83,1 Jahre)

**Geburtenrate:** 1,7 (Deutschland: 1,5)

**Städte über 100 000 Einwohner:** 7 (Deutschland: 79)

**Motorisierung (Auto) pro 1000 Einwohner:** 497 (Deutschland: 548)

**Verkehrstote (2015):** 732 (Deutschland: 3459)

**Anteil Frauen / Parlament:** 39,3 % (Deutschland: 37,1 %)

**Frauenquote Studierende:** 55,5 % (Deutschland: 50,1 %)

**Schüler pro Lehrer an Grundschulen:** 12,5 (Deutschland: 16,0)

**Ausgaben Touristen / Besuch:** 581 Euro (Deutschland: 461 Euro)

**Anteil erneuerbare Energien:** 7,9 % (Deutschland: 14,6 %)

**Tour de France-Siege:** 18 (Deutschland: 1)

*Quellen: Statistisches Bundesamt, Eurostat*